Coordenação:

Firmino Silva e José Augusto Alves

ERP e CRM

Da empresa à e-empresa - soluções de informação reais para empresas globais

CENTRO**ATLANTICO**.PT

Edições Centro Atlântico
Portugal/2001

ERP e CRM

Coordenação: Firmino Silva e José Augusto Alves
Colecção: Desafios
Direcção gráfica: Centro Atlântico
Capa: Paulo Buchinho

© Centro Atlântico, Lda., 2000
Ap. 413 - 4760 V. N. Famalicão
Av. D. Afonso Henriques, 1462 - 4450 Matosinhos
Tel. 22 - 938 56 28/9   Fax. 22 - 938 56 30
Rua da Misericórdia, 76 - 1200 Lisboa
Tel. 21 - 321 01 95   Fax 21 - 321 01 85
Portugal
geral@centroatlantico.pt
www.centroatlantico.pt

Impressão e acabamento: Inova
1ª edição: Janeiro de 2001

ISBN: 972-8426-31-3
Depósito legal: 157.192/00

ÍNDICE

INTRODUÇÃO

Firmino Silva e José Augusto Alves

Neste artigo inicial (chamado vulgarmente de "Introdução"), vamos abordar alguns conceitos que julgamos importantes para a mais fácil compreensão dos restantes 14 artigos de 15 autores que convidamos e que compõem este livro.

Resumidamente, vamos abordar os seguintes assuntos:
- Conceitos de *Informação* e *Conhecimento*
- O poder da *Informação*
- As Tecnologias e Sistemas de Informação – Factores de Integração/ Evolução
  - As Tecnologias de Informação e Comunicação (TIC)
  - Os Sistemas de Informação (SI)
- A Gestão de Informação

- Soluções Informáticas para empresas

  - **ERP**
    o Estrutura típica
    o A implementação
    o Benefícios
    o Problemas associados
    o Causas de insucesso na implementação
    o A continuidade após instalação
    o O futuro

- **CRM**
  - o Definição do modelo de relacionamento
  - o Redesenho dos processos de atendimento ao cliente
  - o Selecção da solução de informação
  - o Implementação do CRM
  - o Factores críticos de sucesso
  - o Relação online com clientes – e-CRM

- **SCM**
  - o Estado da arte
  - o Cadeia de valor
  - o Gestão da Cadeia de valor
  - o SCM e as *Redes de Valor*
  - o *A evolução do SCM para o e-SCM*

- Soluções Standard versus Soluções desenvolvidas à Medida

- *e-needs* de *e-corporations* – O Futuro Presente
  - o *e-need*
  - o *e-commerce* e *e-business*
  - o *e-corporation*
  - o *e-economy*
  - o *e-marketplace*
  - o *e-conclusion*

Resumo dos artigos

Keywords:
Informação; Conhecimento; TIC; SI; e-way.of.life; Tecnologias; Sistemas; Empresas; Dados; Trabalho; Custo; Segurança; Utilização; Gestão; Estrutura; Projecto; Futuro; Internet; Modelo; MRP; MRP II; ERP; go live; CRM; e-CRM; online; SCM; Serviço; Qualidade; Capacidade; Resposta; Modelo; e-SCM; Redes; Valor; e-Needs; e-corporations; e-empresas; e-commerce; e-business; e-economy; B2B; B2C; e-marketplaces.

Conceitos de *Informação* e *Conhecimento*

O termo *Informação* deriva do latim *informatióne* e pode significar:

> *Conjunto de dados, em princípio imprevisíveis, recebidos do exterior, ou por um ser vivo (especialmente o homem) por intermédio dos seus sentidos, ou por uma máquina electrónica.*
>
> (Porto Editora, Dicionário Online)

> *É o acto de dar a conhecer o conteúdo desse conhecimento transmitido a outrem.*
>
> (Verbo, Dicionário Enciclopédico Online)

> *Desenho, esboço, ideia, concepção, representação de uma ideia pela imagem de uma palavra ou representação do sentido de uma palavra pela sua etimologia.*
>
> (J. Pedro Machado, Dicionário Etimológico)

Hoje, dificilmente se consegue encontrar a definição para o conceito *informação*, tal é o âmbito multidisciplinar com que é usado. Por exemplo, na disciplina de economia, a *informação* reveste-se de um carácter essencialmente orientado a agentes que determinam as condições de mercado; a um nível bancário, a *informação* está associada a uma envolvente que, para além de reflectir todo um ambiente específico, tem como pressuposto (na nossa realidade) o sigilo das respectivas contas; a um nível informático, *informação* representa essencialmente o objecto de trabalho, nuclear ao desenvolvimento e suporte de actividades processadas electronicamente de acordo com um significado.

Este é, portanto, um tema de difícil abordagem, tal sendo a inerente complexidade de manuseamento, que serve de base ao desenvolvimento de dissertações académicas, apoiadas em rigorosa investigação científica de forma a alcançar o conhecimento para cenários actuais e futuros.

Podemos contrapor a complexidade actual de estudo deste tema aos conceitos de três pioneiros nas áreas das Ciências da Informação, cuja incidência temporal é certamente muito diferente da que habitamos actualmente:

A definição de *informação* de *Louis-Marcel Brillouin* (1854-1948), prende-se com o facto de que a *informação* pode contribuir para diminuir a incerteza, centrando--se no seu aspecto semântico. Define-a como uma função da relação entre as possíveis respostas antes e depois da recepção da *informação*, preparando as bases para a mensurabilidade quanto a critérios de qualidade e utilidade.

Norbert Wiener (1894-1964), autor de *Cybernetics: or, Control and Communication in the Animal and the Machine* – o pai da cibernética, centrou--se no aspecto pragmático de *informação*, evidenciado no controlo teórico e prosseguindo com o *feedback* para a fonte da *informação*. Na sua opinião, *informação* é um nome para o conteúdo do que é trocado com o mundo exterior, à medida que a este nos ajustamos e em função deste.

Claude E. Shannon (1916), autor de *A mathematical theory of communication*, exprimiu *informação* em termos matemáticos e relacionou a *informação* com a sua representação digital, focando principalmente o seu aspecto sintáctico.

Com base neste enquadramento, podemos "olhar" a *informação* como um objecto, ao qual são associadas características próprias – dependendo do âmbito disciplinar de aplicação, e com reacções também particulares – dependendo do objectivo com que é usada e do conhecimento que permite construir.

Tem por base e objectivo, a redução de incertezas perante o *Mundo*, viabilizando a movimentação no sentido da sua compreensão e da geração de conhecimento, disponível como um instrumento facilitador, que pode ser considerado como ingrediente básico do qual depende um processo de decisão.

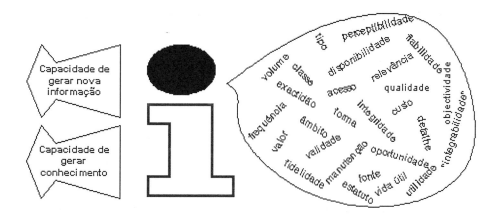

Toda a informação tem uma intenção ou um objectivo a ser alcançado, estando-lhe sempre agregado o princípio da transformação do seu *activo* em *conhecimento*.

No entanto, o facto de ter *informação* não significa que se tenha *conhecimento*. *Conhecimento* constitui-se como um outro tema cuja abordagem, actualmente, se torna também complexa. Poderemos "olhar" o *conhecimento* como o ingrediente fundamental para a orientação de cada passo que se dá, traduzindo-se por uma espécie de matéria--prima que está presente na construção da decisão de cada movimento.

Segundo *Thomas A. Stewart*, "*Informação* e *conhecimento* constituem-se como as armas termonucleares competitivas da actualidade. O *conhecimento* é algo mais precioso e poderoso que os próprios recursos naturais".

O *conhecimento* é um fluído composto por experiências, valores, informações do contexto e apreensão sobre o próprio domínio de actuação que fornece uma aparelhagem cognitiva para avaliar e incorporar novas experiências e informação.

De uma forma mais abrangente, o mesmo autor identifica como *Capital Intelectual* o somatório do *conhecimento* de todos e tudo o que existe numa organização ou sociedade, que lhes permita auferir uma posição destacada na orla da competitividade.

Estes conceitos estarão sempre implícitos em todos os artigos que compõem este livro.

Já imaginaram como poderá ser uma sociedade baseada numa *rede de valor* sustentada por *conhecimento* – uma denominada *Sociedade do Conhecimento*?

Para dar uma consistência aos conceitos aqui expressos segundo uma *ordem natural das coisas*, podemos resumir que:

- Os *dados* compõem a matéria-prima de um produto a ser obtido, que é a *informação*. Estes podem ser expressos por diferentes formatos sendo também diversa a forma de os coligir – constituem o elemento básico para a produção de novas informações.

- A *informação* é o resultado obtido da lapidação de dados, ou seja, a partir do momento em que os dados são organizados, manipulados, integrados para uma finalidade específica têm-se a produção de novas informações. Os dados por si só, na maioria dos casos, não constituem elementos úteis para dar suporte à tomada de decisão ou planeamentos estratégicos. Já a informação é o elemento fundamental a esses processos.

- O *conhecimento* é a consciência e entendimento da realidade, sendo que este se desenvolve e melhora através de informações adquiridas e acumuladas ao longo do tempo.

- Uma definição filosófica mostra que o *conhecimento* é o pensamento que resulta da relação que se estabelece entre o sujeito que conhece e o objecto a ser conhecido. Sem dúvida alguma, podemos afirmar que *conhecimento é poder*.

O Poder da *Informação*

Habitamos um mundo em transformação constante. A permanente procura de melhores alternativas aos processos existentes, a percepção generalizada de sinergias que resultam de um colectivo agregado e o aperfeiçoamento de tecnologias que permitem lapidar a realidade global a construir, confluem num recurso que emerge como factor de evolução e demarca as sociedades de sucesso: a *Informação*.

A nova ordem a que assistimos é determinada pela apreensão de *informação* e sustentada pela capacidade de geração de *conhecimento* a partir desta. Cada dia que passa, o futuro é transformado em *realidade possível*, é apreendido e decomposto nas mais elementares partes de um sistema a atingir, que permite ao ser humano criar sonhos, ultrapassar barreiras, projectar-se dignificado.

O acesso à *informação* é, pois, determinante para a realização individual e colectiva.

Vale a pena fazer uma retrospecção neste domínio para ganharmos maior consciência deste facto:

Os livros antigos eram colecções de placas de metal, de madeira, de argila, de cascas de árvore ou de folhas. Com o tempo, passaram a ser feitos em papiro ou em pergaminho. O papiro era uma espécie de papel primitivo, feito com o caule da planta do mesmo nome. O pergaminho era feito com pele de animais, principalmente carneiros e cabras, cuidadosamente preparada. As folhas de papiro ou de pergaminho eram emendadas, formando longas tiras de alguns metros de comprimento e enroladas para facilitar o manuseamento, ou mesmo cosidas formando um caderno.

Antes da invenção da imprensa, os livros eram arduamente copiados à mão, um por um, o que aumentava em muito o seu custo. Eram poucos os que se podiam dar ao luxo de possuir uns poucos livros. Isto, naturalmente, tornava a aquisição destes livros, no fundo o acesso à informação, um privilégio só ao alcance de determinadas classes da população.

A cultura antiga não estava baseada na palavra escrita e os conhecimentos eram transmitidos principalmente através dos mestres, dos poetas e dos cantores, que recitavam de aldeia em aldeia os antigos poemas sobre os feitos de heróis e deuses. A *informação* era assim divulgada por estes canais.

Um destes livros, a Bíblia, foi escrito à mão com recorrência a estes materiais: pergaminhos e papiros. Para se obter um livro com a dimensão da Bíblia e em caracteres *desenhados* com o auxílio de estiletes, seria, por certo, um enorme volume incomportável para que alguns homens pudessem carregar. Não havia então mais de 30 Bíblias completas em todo o mundo.

Nestes tempos, o acesso dos devotos às Sagradas Escrituras já estava dificultado pela ausência de ferramentas e técnicas que permitissem a sua fácil divulgação. Adicionalmente, os escritores bíblicos eram hebreus, língua muito restrita ao respectivo povo, o que limitava ainda mais o acesso a este livro.

Os padres eram geralmente os únicos membros das comunidades que possuíam uma cópia da Bíblia e isto significava que as respectivas interpretações não podiam ser contestadas.

O controlo das fontes de *informação* significava também o controlo das ideias, da cultura e da sociedade.

A imprensa de *Gutenberg* veio irremediavelmente mudar o mundo. Permitiu que fossem feitas cópias de livros a preços mais acessíveis. De imediato foram disponibilizadas largas cópias de Bíblias (de 42 linhas e a Bíblia Latina) a custo acessível.

Este evento da nossa História proporcionou que uma maior parte da população pôde então ter as suas próprias fontes de informação religiosa, não controladas pelos padres da Igreja Católica, e, a Reforma protestante, praticamente logo após, teve início.

De facto, a imprensa e o computador têm sido, provavelmente, as maiores máquinas de mudança da história. Ambas essencialmente democráticas na forma com que removeram o controlo da *informação* das elites em direcção às massas.

A revolução industrial teve a sua própria maneira de processar informações. O telégrafo e o telefone foram necessários para trabalhar o grande fluxo de energia e matéria-prima nas fábricas, para controlar grandes massas de trabalhadores e para encaminhar a distribuição dos produtos. Os jornais, rádio e televisão foram necessários para que se anunciassem as grandes quantidades de produtos à venda. Ao mesmo tempo, as máquinas de somar contabilizavam os inventários e as vendas.

Mas o mundo jamais vira algo como os computadores! De longe, a mais poderosa ferramenta jamais inventada para gravar e transmitir códigos ou símbolos de representações do conhecimento humano. Foi a primeira máquina que, *alimentada* com adequada informação simbólica, pôde estimular o trabalho de outras máquinas, incluindo as imaginárias.

Com *software* adequado, um computador pode transformar-se em qualquer coisa imaginável. Pode reproduzir o som de CD's, trabalhar como uma televisão ou um rádio (substituindo estes aparelhos, que também transformaram o mundo). Pode imitar instrumentos musicais ou a voz humana, transmitir conversas telefónicas ou faxes, editar e transmitir imagens de vídeo e música, ou guardar fotografias. Pode organizar enormes quantidades de dados, bibliotecas completas de livros e coordenar outras máquinas pelo tempo e espaço. Pode fazer voar um avião, desde a partida à aterragem, substituindo o piloto, sem que este quase ponha as mãos num único dispositivo de controlo.

O computador, hoje, está a modificar a essência da realidade. Utiliza, para isso, dados reais ou imaginários, podendo simular complexos processos físicos e criar a chamada *realidade virtual*, que terá qualidade suficiente para nos fazer duvidar que o que se está a visualizar na televisão ou cinema é real ou virtualmente real.

Talvez seja cada vez mais difícil adivinhar essa diferença entre um e outro. Quando vistos, por exemplo, no filme *Jurassic Park*, os dinossauros parecem tão reais aos olhos dos espectadores quanto os actores, ou no mais recente *Matrix*, onde a criação de sistemas realmente virtuais permitem iludir um complexo cenário de metamorfoses e transportes.

Para terminar esta secção, dois excertos de textos que reflectem a necessidade de promover o acesso à *informação*: um retirado de "O Livro Verde para a Sociedade da Informação em Portugal":

> *Ao tomarmos como nosso esse lema geral, sedutor e aparentemente neutro da Sociedade da Informação, retirámos-lhe a falsa neutralidade e tomámos, antes de mais, partido pela cidadania, contra a exclusão; pelo conhecimento, contra a manipulação do espírito; pela liberdade, contra a opressão, especialmente contra a opressão confortada tecnicamente; pela inovação contra os monopólios.*

E um outro excerto retirado do texto sobre a "Iniciativa Nacional para os Cidadãos com Necessidades Especiais":

> *A Sociedade da Informação tem que ser uma sociedade para todos. Os cidadãos devem, sem discriminações, ter oportunidade de nela participar e, desse modo, beneficiar das vantagens que ela oferece. A democratização da sociedade do futuro passará pela possibilidade de os vários sectores da população terem acesso às tecnologias de informação e pela respectiva capacidade de as utilizar. Se tal objectivo não for alcançado, o desenvolvimento da sociedade da informação poderá tornar-se num poderoso factor de exclusão social.*

As tecnologias são, por definição, um prolongamento do indivíduo na sua relação com o meio físico e social. Do pleno sucesso desta ligação resulta a motivação para a inovação e evolução tecnológica, constituindo um forte catalisador para a inclusão das pessoas no seu meio.

Neste novo contexto, o da *Sociedade de Informação*, é de facto necessário agir rapidamente para que não se crie mais uma classe nesta *sociedade* que se pretende global: a dos *info-excluídos*, é necessário que se ganhe consciência disso. Não nos devemos esquecer que há cerca de 30 anos atrás, 40% da população portuguesa grassava de analfabetismo e há menos de 10(!), esta taxa ainda marcava pontos acima da dezena percentual. Hoje, o adjectivo *analfabeto* é muito mais abrangente, não se enquadra nos mesmos moldes, perdeu as fronteiras do *não saber ler nem escrever*, e assume um novo índice de distribuição que também constitui um factor de preocupação. Se adicionarmos o facto de que, apenas na década passada, o nosso país ter evidenciado um crescimento qualitativo em termos sociais e económicos, e a taxa de desemprego ter diminuído consideravelmente nos últimos anos, podemos pensar que os pilares em que se deve sustentar esta *Sociedade de Informação* devem ser fortemente apoiados numa estrutura dinâmica e inovadora, desenraizada de processos tradicionais, suportada por todas as instituições que dela pretendem fazer parte, cabendo ao Estado, como veículo promotor (pelo menos numa primeira instância, nomeadamente na criação de bases, programas de apoio, legislação, etc.), o papel de maior protago-nismo na dinamização deste novo *e-way.of.life*.

As Tecnologias e Sistemas de Informação – Factores de Integração / Evolução

As Tecnologias de Informação e Comunicação (TIC)

Actualmente, um dos principais aspectos inerentes à relação entre tecnologias de in-formação e comunicação e comportamento estratégico de uma organização está no facto de que dificilmente se pode competir, para a maior parte dos ramos de negócio, sem que as tecnologias de informação e comunicação exerçam um papel preponderante e fundamental no comportamento da organização.

O mercado estabelece determinados requisitos, que são por vezes dinâmicos, sendo na maior parte orientados por conceitos de produto óptimo – ou seja, qualidade maximizada, tempo de entrega minimizado e custos minimizados – estando a organização cada vez mais dependente, para concretizar estes conceitos, do uso intensivo de tecnologias de informação e comunicação.

Se na Era Industrial o recurso fundamental era o capital, que permitia a aquisição de máquinas para gerar economias de escala e capacidade de fabrico em largos volumes, hoje os requisitos de competitividade estão mais relacionados à capacidade de integrar, de flexibilizar sem perder custos de escala, de gerir as especificidades de mercados segmentados mais sofisticados.

Torna-se evidente hoje que a evolução de uma organização em geral passa a ser sustentada em recursos estratégicos, entre os quais estão o conhecimento e a informação, abdicando definitivamente de domínios do passado, que passavam pela máxima exploração de recursos naturais.

Nas décadas de 50 e 60, os esforços desenvolvidos na criação de infra-estruturas para sustentarem um comércio mais fluente foram orientados às grandes vias de comunicação e aproximação de populações. Nomeadamente, a dinamização da televisão, o desenvolvimento de aeroportos, o crescimento de redes telefónicas aproximando continentes, a implantação de redes viárias de ligação entre diferentes países – em particular auto-estradas, etc., todas estas infra-estruturas provocaram um grande desenvolvimento dos países desde os anos 60 até aos nossos dias.

As infra-estruturas necessárias actualmente estão focalizadas nos grandes canais de comunicação, por meio dos quais fluirão informações, conhecimentos, bem como a maior parte dos processos de negócio das organizações e serão estas redes fundamentais para o crescimento e competitividade das nações no início deste século.

O trabalho será realizado cada vez mais em tempo real – com flexibilidade, as decisões serão tomadas no próprio local – onde são necessárias, com configurações de rentabilidade que evitem a produção em massa e o consequente armazenamento de produtos, estando assim mais perto do cliente. Isto significa que serão necessárias ferramentas adequadas para poder competir nesta nova ordem, com informações a fluir online, do ponto de produção para o mercado e vice-versa.

A infra-estrutura de informação que cada organização criar trará poder e acesso a recursos extremamente importantes com ganho de competitividade pelas empresas, sendo a rapidez no acesso à informação um dos factores determinantes e até vital para a sobrevivência destas organizações no mercado.

Os supercomputadores de hoje serão certamente os computadores pessoais de amanhã, com um formato mais reduzido assim como o preço de aquisição, havendo sempre um espectro cada vez maior de utilizadores e de utilizações.

Uma das principais virtudes destas tecnologias é a capacidade de integração da informação, tanto ao nível interno da organização como na integração da informação de múltiplas organizações.

Actualmente, devido ao grande desenvolvimento que tiveram os recursos técnicos de informática, principalmente na última década, a informática deve ser encarada de uma forma muito mais abrangente, e com impactos muito mais profundos.

Uma das características mais relevantes é a de que todas as tecnologias mais recentes comportam um objectivo comum no seu desempenho: a vertente de *integração* de processos, onde o computador é apenas um dos vários componentes, permitindo sustentar a respectiva operacionalidade.

A capacidade de competir num mundo cada vez mais exigente, como já foi referido, obriga a uma nova concepção de sistemas de informação para a organização, que deve comportar o conjunto de actividades assente em mecanismos de integração, capazes de provocar a *desfragmentação* das respectivas operações.

A única forma viável nos nossos dias, de provocar esta *desfragmentação*, ao mesmo tempo que aumenta a qualidade de produtos e serviços, reduzindo custos e tempos de produção, tanto a nível industrial como administrativo, é a automatização e *integração* de processos associados a essas áreas.

A tecnologia e filosofia associada a sistemas *integrados*, capazes de tratar de forma desfragmentada todo um conjunto de processos, são a base mais sólida para projectos de reengenharia de organizações que visam na competitividade dos mercados onde actuam, uma actualização necessariamente obrigatória, sendo, mesmo assim, por vezes insuficiente.

Os Sistemas de Informação

No passado ainda relativamente próximo, tendo em conta a realidade do nosso país, todos os desenvolvimentos de *Sistemas de Informação* sofriam invariavelmente dos seguintes sintomas:

- acumulação de soluções díspares, sem orientação funcional credível na fase da respectiva análise ou sem metodologia apropriada;

- desenvolvimento sem *integração*, à medida que as necessidades surgiam, eram implementadas sem estudo de impacto ou estratégia definida;

- o uso de *Sistemas de Informação* (SI) / *Tecnologias de Informação* (TI) acontecia sem quaisquer implicações de mudança no negócio ou na organização –

não havendo um estudo prévio elaborado e aprofundado até às raízes dos problemas destas.

São apenas alguns dos episódios conhecidos que aconteciam na maior parte das organizações, até porque não existiam ferramentas robustas ou estudos suficientemente desenvolvidos, que possibilitassem aos gestores o conhecimento necessário para que a área de *SI / TI* tivesse diferente dinamismo.

Indexando a três variáveis as debilidades da envolvente que tem caracterizado os *SI*, podemos abordar este conteúdo pelo seguinte enquadramento:

- **Constrangimentos Técnicos** – abordagem às fragilidades tecnológicas dos *SI*, segundo uma orientação direccionada às componentes de suporte de *hardware* e infra estruturas;

- **Constrangimentos Funcionais** – exposição das deficiências dos processos de negócio, resultando nas falhas ou redundâncias de informação;

- **Constrangimentos Sócio-Organizacionais** – em que é tida em conta, a relação directa da organização com a sociedade – nomeadamente ao nível da respectiva missão, cultura e forma como afecta a postura e comportamento dos respectivos colaboradores.

Passando a detalhar alguns dos pontos mais críticos de cada um destes constrangimentos:

Constrangimentos Técnicos:

- *a idade avançada dos SI* – assim era a realidade anterior ao fenómeno Y2K, o que implicava uma série de dificuldades na implementação de novos conceitos funcionais de gestão, contribuindo como oposição para a evolução nesta área, nomeadamente, na aplicação de ferramentas de manutenção e automatização de processos;

- plataformas obsoletas e ultrapassadas – constituindo-se normalmente como sistemas fechados, inviabilizando processos de integração com outras plataformas e domínios;

- dificuldades de manutenção das aplicações e respectiva evolução – as alterações sucessivas a programas, numa forma permanente de ajustamento a processos não desenhados de forma integrada, ao longo do tempo, tornavam as respectivas manutenções quase impraticáveis;

- custos elevados de manutenção das aplicações de todas as áreas – os programas de apoio à gestão de cada área eram desenvolvidos em consonância com as necessidades particulares de cada uma destas áreas, sem que houvesse uma orientação de integração horizontal a todas estas, por este motivo, não só estes desenvolvimentos, por vezes redundantes, mas sobretudo a manutenção destas aplicações resultava num custo impossível de mensurar de todo um conjunto de outras actividades que não se desenvolviam devido à alocação de tempo destinado a estas operações;

- deficiente organização e falta de metodologia na implementação das aplicações – por parte das equipas de desenvolvimento - grande número das aplicações antigas eram inicialmente desenvolvidas sem a adopção de uma estrutura organizacional ou metodologia apropriada, de notar que a área de desenvolvimento de sistemas de informação é recente e somente quando a informática passou a ganhar um novo estatuto e a constituir mais um ramo das ciências / engenharias é que esta área começou a ser amplamente abordada;

- <u>rigidez das aplicações</u> – como consequência dos pontos anteriores e por outro lado derivado também pela falta de flexibilidade das linguagens de programação utilizadas;

- <u>problemas de performance</u> – resultantes muitas vezes do modelo de dados implementado, constantemente alvo de alterações para que se implementassem necessidades de pormenor, com recorrência a *truques* ou uso de campos alternativos para situações temporárias ou não previstas, que remendavam determinadas situações, mas degradavam a performance tanto da base de dados como das aplicações;

- <u>pouca segurança e confidencialidade da informação</u> – ausência de uma arquitectura de acessos e esquemas de autorizações para diferentes níveis de acesso às aplicações, tornando-se determinada informação de acesso comum a vários utilizadores ou então completamente negada;

- <u>proliferação de diferentes aplicações que repetiam procedimentos comuns</u> – como a introdução de dados de terceiros (por exemplo, pela necessidade de informação em cada área), as mesmas entidades (clientes, fornecedores, artigos, etc.) eram criadas isoladamente pelas diferentes áreas, por diferentes aplicações, causando redundância da mesma entidade na base de dados – a falta de integração da informação numa base de dados única e de acesso comum com o objectivo de partilha, provocava também a redundância de trabalho de codificação e inevitável desperdício de tempo;

- <u>dificuldade de identificação e de resolução de alguns dos problemas associados ao Y2K</u> – como listagens, campos de ecrã, associadas à dificuldade de efectuar testes: existindo, na maior parte dos casos, apenas um ambiente de trabalho (comum a testes e produção), não tendo sido previsto nem criado um ambiente específico para desenvolvimento de testes relacionados com este fenómeno;

- impossibilidade de viabilizar a implementação da moeda única: o *Euro* – pela razão de o dicionário de dados ser redundante, para além de ausência de documentação actualizada, não só do modelo de dados, mas também de rotinas, tornavam (ou tornam ainda, uma vez que a maior parte das empresas só agora começa a desenvolver projectos LCC (*Local Currency Changeover*)) esta operação de difícil exequibilidade;

- ausência de políticas de homogeneização de desenvolvimentos - fragilizava a necessidade de complementaridade de informação ao nível de um grupo de empresas – a visibilidade do estado de situação num determinado período de tempo de um grupo de empresas, obrigava a processos de recolha de informação manualmente e a uso de sistemas paralelos (como ferramentas de folhas de cálculo) para poder integrar e uniformizar a informação, por vezes com recorrência a complexos processos de conversão de ajustamento de dados – estes episódios verificavam-se em fases de consolidação de contas das empresas do grupo e em outros processos que careciam de unificação da informação.

Constrangimentos Funcionais:

- dispersão e duplicação de informação – provocada pela falta de integração da informação numa única plataforma de base de dados;

- falta de integridade da informação – provocada pela dispersão de informação e necessidade redundante de introdução da mesma informação em vários sistemas funcionais – o que provocava dificuldades posteriores no cruzamento de informação de diferentes áreas relativamente a uma mesma entidade;

- grande carga de trabalho manual – derivada da necessidade de repetição dos mesmos passos no tratamento da mesma informação em diferentes aplica-

ções e da respectiva correcção de erros ocorridos (quando detectados e identificados), elevando, por um lado, os custos de processamento (pela necessidade de repetir processamentos) e, por outro, os custos com pessoal,
descurando o seu potencial para outras actividades permitindo gerar mais valor;

- <u>segurança deficiente no contexto da informação</u> – ausência de rigorosos procedimentos de validação nas diferentes interfaces entre sistemas ou aplicações,
  provocando, por vezes, a inserção dos mesmos registos em duplicado;

- <u>rigidez de processos</u> –certas actividades (como por exemplo: o fecho / abertura
  de anos contabilísticos) por limitações do próprio processo funcional, complexo
  e com diversas etapas intermédias, realizadas manualmente (sujeitas a erro e
  respectiva correcção, obrigava a um afunilamento de trabalho e uma quebra no
  normal quotidiano operacional da organização;

- <u>fluxos de informação morosos baseados em grandes quantidades de papel</u> –
  com demasiadas operações intermédias e custos elevados no suporte da comunicação (em papel), adicionando a falta de procedimentos para controlo deste
  fluxo. Como resultado tínhamos o inevitável risco de perda de documentos;

- <u>grandes limitações de *reporting*</u> – provocadas pela falta de uma eficiente estrutura de informação de gestão, sendo exigente em termos de processamento
  (pelo deficiente modelo de dados) e normalmente disponibilizada fora do período de laboração – inviabilizando qualquer tomada de decisão imediata;

- *quintas de informação proprietária* – a informação produzida e vinculada a cada
  uma das áreas, pela ausência de integração num único repositório de dados,
  gerava as chamadas *ilhas* ou *quintas de informação*, propriedade das áreas
  responsáveis pela sua geração nas suas aplicações. No entanto, outras áreas
  ficavam desta desprovidas, tendo que a produzir de novo e vinculando-a à sua

área, perdendo-se sinergias evidentes e cultivando-se a *interioridade* de cada área com todas as consequências conhecidas;

- <u>deficiente comunicação entre as áreas/empresas da/do empresa/grupo</u> – da qual deriva um certo grau de autonomia e independência, em que, apesar de concorrerem para cumprir os mesmos objectivos da empresa ou do grupo, fazem-no de *costas voltadas*, perdendo o valor acrescentado destes *links* internos – estas situações aconteciam com maior frequência em empresas cujo perfil e cultura se moldavam a um mercado estático, num mercado em que era possível recuperar este tempo perdido - não nos nossos dias, não faz sentido perder-se valor internamente, a estabilidade é volátil, a concorrência é atroz e o mercado determina claramente as regras do jogo no seu indicador de sobrevivência;

- <u>as interfaces com outros sistemas / aplicações eram processadas em *batch*</u> – o que provoca a impossibilidade de obter imediatamente a informação em outras aplicações para processamento (este procedimento normalmente ocorria durante a noite o que por si só determinava que todos as operações realizadas durante o dia numa aplicação só estivessem disponíveis para outras no dia seguinte) – esta dificuldade originava problemas de actualização e dificuldades ao nível do *front-office*;

- <u>elevada carga de trabalho manual em folhas de cálculo</u> – provocada pela necessidade de cruzamento de informação que não está disponível no *SI*, sendo necessária para suprir as limitações de *reporting* e complementaridade da informação, o que se traduz numa actividade morosa já que era necessário reunir e integrar num computador informação de vários sistemas e aplicações.

Constrangimentos Sócio-Organizacionais

- <u>deficiente comunicação entre colaboradores de diferentes áreas</u> – devido à existência, por um lado, de *quintas de informação* internas, e por outro lado, ao grau de autonomia e independência de cada área - desta situação resultavam muitas dificuldades no planeamento e execução de actividades que relacionassem áreas diferentes, sobretudo para a área dos *SI* que tem que trabalhar com todos os ecossistemas da organização, por vezes, servindo mesmo de charneira de entendimento para as diferentes áreas;

- <u>falta de formação dos colaboradores</u> – a formação nunca foi apanágio por parte das empresas, sempre foi encarada como uma despesa sem retorno do investimento – visão que foi radicalmente alterada com a entrada do nosso país na CEE em 1986 (isto é, somente há 14 anos) sendo criados diversos quadros de apoio como forma de aceleramento desta temática, o que veio sensibilizar os gestores portugueses para o facto de que ter quadros bem preparados significava ter uma organização competitiva; tal significa também que, hoje, a área de recursos humanos de uma organização deve ser das mais fortemente apetrechadas ao nível da capacidade de gestão, porque será (já o é!) certamente um factor competitivo e constituir-se-á sem qualquer dúvida como denominador comum às empresas de sucesso no turbilhão que se avizinha – será este *Capital Intelectual* a fonte de sobrevivência das organizações neste futuro presente; o lema de *Aprender por ver fazer* já não se aplica;

- <u>pouca apetência dos gestores (logo dos colaboradores) para a mudança ou inovação</u> – resultante do ponto anterior e por consequência da falta de postura pró-activa e dinâmica da parte dos próprios gestores – se estes não têm a capacidade de interiorizar a mudança, com todos os cambiantes inerentes, é irrealista ter-se expectativas que os colaboradores em geral possam vir a contribuir para essa mudança, porque jamais se sentirão motivados para isso; o artigo incluído neste livro, relativo à mudança: *Tecnologias de Informação: Um álibi para a mudança organizacional* tem uma passagem verdadeiramente pertinente que tomamos a liberdade de transcrever: "*Todavia, na maior parte das vezes, os problemas imputados ao sistema são apenas falta de capacidade analítica. É óbvio que, para os gestores que não interiorizaram a mudança ou a receiam, tornar-se-á mais fácil culpar o sistema informático do que reconhecer que era necessário mudar mas não se conseguiu.(...) A escola que até agora ocupava um espaço limitado na vida dos indivíduos (dos 6 aos 20 e tal anos) vai ter que acompanhar-nos toda a vida seja em termos de qualificações académicas ou em termos de formação profissional.(...)"*; é Peter Drucker que afirma que *"(...) A mudança não se gere – descobre-se, antecipa-se, aproveita-se, lidera-se. Os tempos de transição e de oportunidade são para empreendedores não para gestores.(...);".*

- pouca afirmação da área dos *SI* na organização – a área dos *SI* nos organigramas de muitas organizações esteve associado ao pelouro de responsabilidades do director da área Administrativa / Financeira, sendo vista como um afluente das áreas de negócio sem que engrossasse o caudal dos lucros, pelo contrário, primeiro cliente *esbanjador* destes lucros sem aparentemente contribuir para o seu aumento, daí que esta área fosse apelidada como uma *Cara Instituição Sem Fins Lucrativos*; naturalmente que hoje deverá existir uma nova postura da organização perante a área de *SI*, constituindo-se esta como a arma estratégica de competitividade nos mercados que perdem fronteiras, assim como os *SI*, também estes em permanente estado de evolução.

Naturalmente que estes constrangimentos são genéricos, não se aplicando como é óbvio, a todas as empresas, mas é uma verdade que, na nossa realidade, apenas a alguns anos a esta parte, e com a proximidade do espectro do *Ano 2000* e do EURO e da respectiva envolvente problemática, é que a maior parte dos gestores portugueses acordou para a necessidade de desenvolvimento e aposta definitivamente nos *SI*.

As consequências do tempo perdido são muitas:
- oportunidades de mercado perdidas;
- uso ineficiente dos recursos;
- perda de capacidade competitiva, etc..

Actualmente, os investimentos em *SI / TI* por parte de clientes, fornecedores e concorrentes obrigam a organização a mudar a sua abordagem de gestão de *SI / TI* de forma a *integrá-los* na estratégia do negócio. Hoje, torna-se impossível estabelecer a estratégia do negócio sem ponderar a forma como os *SI / TI* vão ser postos ao serviço dessa estratégia. É, para isso, de vital importância que os gestores de topo tenham consciência e sobretudo alguns conhecimentos nos domínios das novas tecnologias de informação para poderem ter sensibilidade nas decisões a tomar quando confrontados com novas realidades de formatação do negócio.

A capacidade de obter a *Informação* desejada imediatamente, é, no mercado actual, um factor determinante de sucesso para as organizações – daí que esta questão seja de facto ponderada com este nível de rigor e preocupação.

De outra forma, as consequências da falta de uma estratégia de *SI / TI* bem definida e consonante com os objectivos da organização, são várias:

- a concorrência avança rapidamente, devido à tecnologia que evolui também de igual forma, ganhando terreno que poderá ser fatal para a organização;

- os fornecedores e clientes ganham também enormes vantagens, deixando a empresa sem poder de negociação – perdendo competitividade;

- os objectivos do negócio não são cumpridos, visto não existir eficácia no tratamento da informação;

- os sistemas desenvolvidos atrasam-se e custam mais do que o que se esperava e não cumprem as funções previstas;

- alteram-se continuamente os planos e prioridades, reduzindo a produtividade e criando conflitos entre os actores do processo, nomeadamente quando ao persistir remenda-se o problema, a verdade é que se continua a afunilar o respectivo processo - consequência das fragilidades de orientação estratégica global da organização;

- as *TI* não só não se *integram* no negócio, como podem constituir, mesmo, obstáculos ao seu sucesso – quando desajustadas ou desapropriadas para o processo;

- não existem meios para estabelecer níveis de recursos de *SI / TI*, avaliar os investimentos e estabelecer prioridades de forma consistente.

A Gestão de Informação

Actualmente, a importância que é conferida à informação não surpreende ninguém porque todos temos consciência tratar-se de, senão o mais relevante, um dos recursos cuja gestão e aproveitamento mais influencia o sucesso das organizações e sociedades.

Para além de ser tida em linha de conta e gerida com a complexidade e rigor que qualquer outro recurso merece observar, a informação é também considerada e utilizada em muitas organizações como um factor de reestruturação e um instrumento de gestão global da organização, bem como uma forte arma estratégica indispensável para a obtenção de vantagens competitivas no mercado. As organizações baseadas na informação deixam de ser cada vez mais uma excepção, sendo inevitável, para as organizações convencionais (ainda não centradas na informação), por razões de sobrevivência e competitividade, a mutação ou evolução neste sentido.

Os novos paradigmas da gestão revelam-se autênticas pranchas de salvamento tentando cumprir dois objectivos: o de manter a organização competitiva e a desenvolver as práticas mais recentes de acordo com a evolução dos mercados, e o outro, incutir uma atitude de permanente estado de sobrevivência na organização, permitindo-lhe flexibilizar, adaptar, reinventar a sua própria estrutura e formato de negócio. Alguns destes recentes paradigmas de redesenho e funcionamento organizacional como a *Engenharia da Organização*, *Total Quality Management*, *Process Innovation*, etc., implicam uma crescente valorização do papel da *informação* e da infra-estrutura que a suporta no desenho e funcionamento da organização. Este crescente de importância e valorização manifestam-se na taxa de crescimento que os investimentos em *TI* e suportes dos *SI* têm tido na estrutura de custos das organizações modernas.

Segundo *Peter Drucker* a informação tornou-se tão importante que defende o axioma da informação como sendo a base e a razão para uma nova forma de fazer gestão, em que a expectativa reside na troca do binómio *capital / trabalho* pelo binómio *informação / conhecimento* como factores determinantes no sucesso empresarial. Enfrenta-se a sociedade do saber onde o valor da informação tende a suplantar a importância do capital. A *informação* e o *conhecimento* são a chave da produtividade e da competitividade.

A informação é, então, o recurso que mantém viva a actividade de uma empresa no mercado, irrigando através de canais de comunicação internos e externos todas as áreas e envolventes a essa actividade. O grande objectivo de uma eficiente *irrigação*, por outras palavras, gestão de informação é apoiar a política global da organização justamente porque permite obter um melhor conhecimento e articulação de todas as componentes que a constituem.

De acordo com Tom Wilson, a gestão de informação é entendida como a gestão eficaz de todos os recursos de informação relevantes para a organização, tanto ao nível de recursos gerados internamente como os produzidos externamente.

A gestão de informação pretende então estabelecer uma ligação entre a gestão estratégica da organização e a aplicação das *TI*, com o objectivo de identificar que e qual informação é de facto relevante para a vida da organização, para depois, criar o desenho de processos e o modelo do *SI* mais conveniente e apropriado para a respectiva realidade.

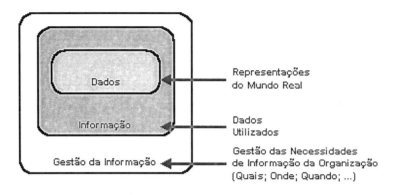

Esta área da gestão de informação, sendo ainda muito recente, terá certamente um reconhecimento e uma aplicabilidade científica cada vez maior. Arrastadas pela importância que reconhecem à informação, muitas organizações não se apercebem (ou não reagem), a alguns excessos na procura e manutenção da mesma informação. A classificação da informação como *crítica*, *útil*, *interessante* e *sem interesse*, identifica já esses excessos.

Esta formulação é refeita, em função do papel que a informação pode desempenhar nas actividades da organização.

Deverá haver uma evolução do esforço por parte da organização na procura e manutenção da *informação crítica*, da *informação mínima* e da *informação potencial*. Já sobre a *informação excedentária* o esforço é, obviamente, no sentido de se evitar qualquer dispêndio de recursos.

A aceitação do princípio subjacente a classificações como esta é comum e utilizado em muitas abordagens. Contudo, a operacionalidade deste princípio é muito delicada pois a classificação de uma determinada informação em particular numa dada classe é, obviamente, um problema de difícil resolução prática.

Esta classificação da informação decorre da aceitação de dois princípios. Primeiro: de que o custo total da informação utilizada, resulta do custo de oportunidade (de não ter a informação necessária) e do custo de obtenção, manutenção e utilização da informação necessária.

Este custo total evolui conforme ilustrado na figura seguinte, onde é apresentado um ponto de custo mínimo, a partir do qual os custos aumentam com o aumento da utilização da informação.

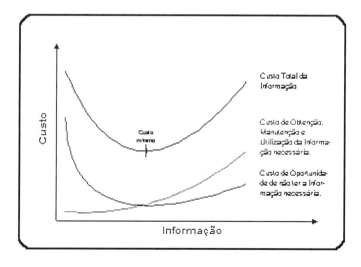

O outro princípio, de que a capacidade de processamento tem um ponto máximo (de saturação) nas pessoas, parece ser também aplicável às organizações.

Assim, aceita-se que existe um ponto de saturação, a partir do qual ao aumento da *Informação* disponível, não corresponde um aumento da sua utilização, correspondendo até a uma diminuição conforme se ilustra na figura seguinte:

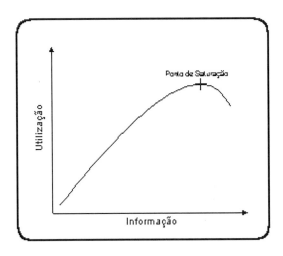

Contribuem para esta saturação, um conjunto de dificuldades de *Gestão e Utilização da Informação*, que quanto maior e distinto for o respectivo âmbito, mais complexo se torna o seu manuseamento. Quanto mais fiável, oportuna e exaustiva for essa informação efectivamente necessária, mais coesa será a empresa e maior será o seu potencial de resposta às solicitações do mercado.

Soluções Informáticas para empresas

O desenvolvimento de ferramentas de Gestão de Informação ganhou, finalmente, na década passada, a importância necessária para que fosse contemplada uma das mais complexas necessidades das organizações – exactamente a gestão da informação. Sem dúvida que a proximidade da transição do ano 2000, com toda a envolvente problemática que lhe era reconhecida, despertou os fabricantes de aplicações *ERP* para o desenvolvimento de sistemas abertos, desenhados em arquitecturas modulares, multiplataforma e com filosofias *client-server*, que pudessem dotar as organizações de verdadeiras armas estratégicas de gestão dos recursos de informação, ao mesmo tempo que lhes conferisse também a faculdade de evoluir facilmente segundo as tendências dos mercados. Sem dúvida também que a proximidade de fenómenos como a conversão da moeda para o EURO[1], terá constituído um dos fortes argumentos no desenho destes sistemas de informação. Também a forte utilização da Internet para fins comerciais, terá contribuído para estes objectivos.

ERP

ERP – Enterprise Resource Planning, é um termo genérico que pretende identificar o conjunto de actividades executadas por um *package* de *software* modular e tem por objectivo primário, o auxílio dos processos de gestão de uma empresa nas mais importantes fases de seu negócio.

De uma forma abrangente e integrada, estas actividades incluem, por exemplo, o desenvolvimento de produto; a compra de matéria-prima e componentes; a interacção com fornecedores e clientes; o acompanhamento de ordens de produção; o serviço a clientes; a gestão de stocks; a gestão contabilística e financeira; a gestão de recursos humanos; a gestão da qualidade; a gestão de projectos; etc..

Estes produtos visam essencialmente eliminar a redundância de operações e a burocracia, por meio da automatização de processos. Assim, os módulos que compõem o *ERP* possibilitam, em tempo real, desenvolver e gerir o negócio de forma integrada.

---

[1] Acerca da adaptação dos sistemas de informação ao Euro é aconselhada a leitura do livro "Euro e Informática" (Editora Centro Atlântico) – http://www.centroatl.pt/titulos/desafios/euro_e_informatica.html

Além disso, as informações tornam-se mais consistentes, possibilitando a tomada de decisão com base em dados que reflectem a realidade da empresa num dado momento.

Os sistemas *ERP* têm raízes no *MRP* (*Material Resource Planning*), tratando-se de um processo evolutivo natural proveniente da maneira como a empresa gere o respectivo negócio e interage no mercado. Nestes (sistemas *ERP*), foram agregadas funções de programação da produção; cálculo de necessidades de capacidade; controlo de compras e *Sales & Operations Planning*. Desta forma, os sistemas *MRP* deixaram de abordar apenas as necessidades de informação relacionadas ao cálculo da necessidade de materiais, para incluir também as necessidades de informação para a tomada de decisão de gestão sobre outros recursos de produção. O *MRP* passou, então, a receber a designação: *MRP II*.

Com o objectivo de ampliar a abrangência dos produtos vendidos, os fornecedores de sistemas desenvolveram mais módulos, integrados nos módulos de produção, mas com um âmbito que ultrapassa os limites da própria produção. Como exemplo, foram criados os módulos de Gestão de Recursos Humanos; de Vendas e Distribuição; de Finanças e *Controlling*; entre outros.

Estes novos sistemas, capazes de suportar as necessidades de informação para todo o empreendimento da organização, são denominados *Sistemas ERP*.

Estrutura típica

Os módulos abordados na seguinte figura fazem parte, normalmente, da estrutura típica da maioria dos sistemas *ERP* existentes no mercado. Além destes, alguns sistemas *ERP* ainda possuem módulos adicionais, tais como: Gestão e Controlo da Qualidade; Gestão de Projectos; Gestão da Manutenção; entre outros.

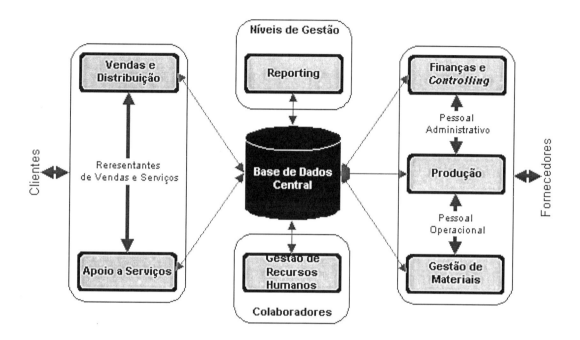

O sistema *ERP* é a espinha dorsal da gestão da informação do negócio da organização. Permite estabelecer e criar uma metodologia de trabalho segundo o padrão definido para o seu sistema de informação. Dependendo das aplicações, o *ERP* pode permitir a gestão de um conjunto de actividades que viabilizam o acompanhamento dos níveis de fabrico tendo em conta a carteira de pedidos ou previsão de vendas.

Como resultado, a organização passa a ter um fluxo de informação consistente que é *irrigada* entre as diferentes *interfaces* do negócio. Na sua essência, o *ERP* propicia a informação oportuna, para a pessoa certa, no momento ideal.

Seis características são imediatamente evidenciadas por um ERP:

- a sua concepção modular;

- a sua arquitectura é independente de plataformas, baseada numa filosofia *cliente / servidor*;

- a descentralização do processamento, outrora centralizada;

- a parametrização de cada módulo, tendo em linha de conta as necessidades e características da organização;

- a integração da informação gerada por todas as áreas num único repositório de dados, disponível a todas as áreas da organização;

- e a disponibilidade dessa mesma informação em tempo real ou online.

A implementação

As funcionalidades dos módulos de um sistema *ERP* representam uma solução genérica que reflecte uma série de considerações sobre a forma como as empresas trabalham na generalidade.

Para flexibilizar a respectiva utilização num maior número de empresas de diversos segmentos de actividade, os sistemas *ERP* foram desenvolvidos para que a solução genérica possa ser configurada até um determinado nível, viabilizando assim, o cumprimento das necessidades em particular destas organizações.

Na implementação de um sistema *ERP*, a configuração dos processos de negócio (e outros) é um compromisso entre os requisitos da empresa e as funcionalidades disponíveis no sistema. Na maioria das vezes, os processos de negócio das empresas carecem de uma redefinição para que os seus requisitos se aproximem das funcionalidades do sistema standard.

A primeira medida de configuração de processos é a selecção dos módulos que devem ser instalados. A característica modular permite que cada empresa utilize somente os módulos que necessita e possibilita que módulos adicionais sejam agregados com o decorrer do tempo, de acordo com novas necessidades da organização que venham a surgir. Para cada módulo, são feitos ajustes nas tabelas de configuração para que o sistema se adéqúe da melhor forma possível aos novos processos de negócio.

Mesmo com a recorrência à configuração disponível, a solução pode não atender a alguns requisitos específicos das empresas. Nestes casos, as empresas devem utilizar outros sistemas complementares ou abandonar os requisitos específicos e adoptar processos genéricos. A esta diferença entre o que seria pretendido e discriminado nos requisitos da empresa (derivado da análise prévia do sistema futuro) e o que é de facto possível implementar no ERP, designa-se: *GAP*.

Por esse motivo, a decisão de implementação de um sistema *ERP* só deve ser tomada após uma análise detalhada e rigorosa dos processos da empresa e das funcionalidades dos sistemas *ERP*. Além disso, é muito importante que as empresas considerem, desde o início da implementação, os impactos que a redefinição dos processos e a introdução do sistema terão na estrutura, cultura e estratégia da organização.

Na implementação de um Sistema *ERP*, devem ser tomados em atenção, alguns pontos que contribuem, em determinadas situações, definitivamente para o sucesso deste processo:

- total empenhamento da alta direcção da organização:
  - o sem o acompanhamento e comprometimento de recursos (dinheiro,

tempo, equipamentos, instalações, formação, etc.) da administração, o projecto de implementação dificilmente terá sucesso visto que a dificuldade de tomadas de decisão determinará um atraso considerável do arranque;

- comunicação entre equipas de projecto e utilizadores:

  o o envolvimento dos futuros utilizadores deve ser considerável, pois só estes conhecem a prática do negócio;

- gestão de expectativas:

  o dependendo do grau de evolução dos processos de negócio, é até possível que o sistema *ERP* não tenha performance superior ao sistema actual;

  o as vantagens do *ERP* estão na integração dos processos, na redução de tempo de ciclos e na reorganização de métodos, não apenas na funcionalidade;

- evitar alterações ao Standard do sistema *ERP*:

  o o *software* deve ser utilizado tal como foi concebido, só em certos casos críticos deverá sofrer alterações que serão pacíficas quanto a implicações com outros módulos ou que comprometam a evolução do próprio produto;

  o a empresa deve adaptar o *software* aos seus processos via funcionalidades apropriadas para isso (configuração) e adaptar-se às novas funcionalidades – sem alteração de código fonte de programação;

- um bom sistema *ERP*, mesmo assim, não altera automaticamente dados errados:

    o o sistema processa a informação que recebe, ainda não existe nenhum processo mágico que permita corrigir o âmbito desta;

    o o sistema *ERP* será tão preciso quanto o forem as informações fornecidas.

Benefícios

Os sistemas *ERP* funcionam com a utilização de uma base de dados comum. As decisões que envolvem análise de custos, por exemplo, podem ser calculadas pela distribuição proporcional de todos os custos da empresa com melhor performance, ao contrário do levantamento parcial em cada unidade. Além de evitar a conciliação manual das informações obtidas entre os *interfaces* das diferentes aplicações / módulos.

Um sistema integrado permite garantir a fidelidade de dados, consistência e comparação de dados, devido à utilização de um critério único em todas as actividades da empresa.

Suportado por um prévio projecto de *reengenharia* aos processos de negócio, a implementação do *ERP* elimina a redundância de operações na organização e a redução do tempo do respectivo ciclo, é obtida através da minimização do processo de obtenção e disseminação das informações.

Reconhecendo as necessidades em reduzir o tempo de resposta ao mercado de produtos e serviços, os sistemas *ERP* são desenvolvidos para responder de imediato a novas necessidades não previstas. As operações podem facilmente mudar sem conflito com as actividades em curso.

As empresas estão continuamente à procura de novos nichos de mercado. Um negócio não envolverá necessariamente, sempre o mesmo produto. Internamente existirão novas necessidades de processos e os sistemas *ERP* estarão preparados para tal, bastando para isso, recorrer ao sistema de configuração para que seja orientado ao novo objectivo.

Uma das características mais importantes de um *ERP* é sem dúvida a sua concepção. A passagem do fenómeno Y2K foi certamente pacífica para as organizações que previamente a este evento, já tinham implementado um *ERP*, assim como acontecerá com outro fenómeno próximo, o da conversão da moeda interna para o EURO. Graças à sua arquitectura e estrutura do dicionário de dados, os sistemas *ERP* garantem a transição sem o caos que seria de esperar em sistemas sem estas características.

Problemas associados

O processo de implementação de um sistema *ERP* pode ser mais ou menos demorado, dependendo da complexidade a implementar, mas normalmente é elevada a duração deste processo, que comporta um conjunto de actividades árduas e dispendiosas.

Segundo a conclusão de um estudo realizado nos EUA no final da década passada, revela que as organizações que implementaram sistemas *ERP* gastaram quatro vezes mais no processo de instalação / configuração do *software* do que na compra da respectiva licença de utilização, e, em adição a este cenário, despenderam pelo menos o dobro do tempo previsto inicialmente.

As empresas consultoras, parceiros de implementação destas soluções de informação, afastam este tipo de dificuldades disponibilizando equipas profissionais com alto nível de conhecimento de gestão empresarial, mas se por um lado economizam tempo de implementação, por outro, tornam o processo dispendioso, já que praticam preços elevados.

Seleccionar o sistema *ERP* menos adequado (por ser, do mercado, o que tem um custo mais acessível) pode resultar em incompatibilidades de arquitecturas, com as infra-estruturas já existentes, ou mesmo, disponibilizarem funcionalidades que não se enquadram com a estratégia da organização. Entretanto, existem processos específicos que devem ser mantidos, desde que comprovada a sua necessidade. Para estes casos, torna-se necessária a configuração de algumas funções, sugerindo aplicações específicas, desenvolvidas no respectivo ambiente, mas para as quais é necessária a constituição de equipas de desenvolvimento com a adequada formação.

Causas de insucesso na implementação

Uma das maiores causas de insucesso num processo de instalação de um sistema *ERP* são as expectativas da empresa geradas em torno das capacidades do sistema. O *ERP* não é um sistema que comporte funcionalidades mágicas que sejam capazes de mudar a empresa de um momento para o outro.

Quando a empresa se encontra desorganizada ao nível dos sistemas de informação, o resultado pode ser surpreendente, mas se a empresa se encontra bem ajustada, pode ressaltar a sensação de que apenas existe uma maior facilidade no fluxo de trabalho e velocidade na obtenção de respostas.

Geralmente as empresas reconhecem o compromisso financeiro da implementação de um *ERP*, mas frequentemente falham no dimensionamento dos recursos necessários. Tempo suficiente e formação são factores cruciais para uma implementação bem sucedida, até porque os sistemas *ERP* são tecnicamente complexos.

A complexidade da implementação é por vezes subestimada. O vínculo a uma data de arranque *apertada*, com um tempo de projecto também *apertado*, são por vezes causadores de problemas adicionais que podem afectar o projecto. Assim, um projecto desenhado com um calendário de folgas, para que se possam amortizar alguns deslizes é sem dúvida a melhor estratégia.

Como já foi abordado, os sistemas *ERP* despendem grandes recursos na respectiva aquisição e implementação. Faz todo o sentido então que se aplique uma parcela destes recursos na investigação dos vários sistemas disponíveis, o que muitas companhias ainda não fazem no momento da compra. Esta compra pode ocorrer sem uma rigorosa análise dos requisitos críticos e necessários, sem um conhecimento em detalhe das funcionalidades do sistema. Tais decisões podem resultar na aquisição de um sistema que não satisfaça as necessidades da empresa, e pior ainda, sem o envolvimento e o comprometimento dos responsáveis pelas áreas nas quais acontecerá a implementação.

Outra das principais causas de insucesso reside na falta de verdadeira motivação, dedicação e apetência da organização para a mudança, necessariamente obrigatórias na implementação de um projecto deste calibre, implicando também por vezes uma mudança cultural.

A continuidade após instalação

Segundo *Michael Hammer, (...) o go live - o momento em que o sistema ERP entra em produtivo – ao contrário do que muitos pensam, é o início de tudo, não o fim. É nesse momento que a prática dos processos se inicia. (...).*

De facto, o projecto de instalação e o início de operações em produtivo representam somente os primeiros passos, pois a empresa tem ainda de superar os desafios da continuidade pós implementação. Este não é de certo um desafio menor ao do projecto de implementação.

As fases planeadas e concluídas contemplam apenas uma etapa do longo caminho a seguir.

Após terminada a primeira grande fase, segue-se um período de observação do comportamento do sistema em produção e de implementação de pequenos e inevitáveis ajustes, tanto na componente de configuração como na de desenvolvimentos (caso ocorram). Este período é relevante para avaliar a consistência da implementação e devem ser tomadas medidas de acompanhamento que abordem basicamente os seguintes aspectos:

- a equipa de projecto:

    o os principais utilizadores que, durante o tempo de duração do projecto se afastaram das suas áreas para participarem no desenho do novo modelo de processos de negócio no sistema *ERP*, adquiriram um perfil equivalente ao dos consultores – mais valorizado ainda que estes pelo facto e conhecerem a realidade anterior;

    o todos os que já passaram por projectos deste calibre saberão justificar que serão estes elementos as pedras mais importantes doravante para o sistema de informação da organização;

    o detentores das metodologias e dos conhecimentos técnicos e funcionais, no fundo do *know-how* da implementação, compete a uma atenta gestão de recursos humanos preservar estes elementos fundamentais na organização, dado que a procura destes conhecimentos no mercado é por vezes insustentável para determinadas práticas de gestão de recursos humanos;

- suporte e apoio aos utilizadores:

    o é necessária a criação de uma equipa que preste apoio aos utilizadores, tanto a um nível técnico como funcional, isto é, um *helpdesk* orientado à realidade de um *ERP*;

o   esta equipa deverá ter conhecimentos da implementação do projecto para que possa responder de imediato às solicitações dos utilizadores, de contrário, é o sistema *ERP* que poderá entrar em descrédito;

o   a estrutura deste serviço deve seguir o seguinte:

- todos os pedidos dos utilizadores devem ser registados para garantir o controlo do acompanhamento e para evitar dúvidas recorrentes, assim como servirão para a cobrança do serviço e avaliação do tempo envolvido em cada acção;

- o primeiro nível de contacto deverá ser com os elementos funcionais que participaram na implementação do projecto e que regressaram às respectivas áreas;

o   o objectivo é que se forme uma equipa híbrida, composta por técnicos e funcionais, para que possam assegurar um centro de competências interno à organização, para que a sua autonomia seja efectiva;

- estabilidade e aderência:

o   durante o projecto foram identificadas as funcionalidades imprescindíveis que devem ser desenvolvidas ou adaptadas ao modelo de negócio, no entanto, outras poderão surgir durante esta fase;

o   estes desenvolvimentos devem ser observados com grande rigor no sentido de se julgar concretamente a sua necessidade real, isto é, haverá sempre a tendência por parte dos utilizadores em geral de invocar os processos antigos ou parte deles de se manifestarem em consonância com pedidos de desenvolvimentos adicionais ou mesmo de alterações ao standard;

o certamente que todos os que já tenham passado por implementações de projectos *ERP*, saberão do caos que representam as múltiplas alterações ao standard de um produto com estas características;

o deverá existir uma comissão coordenadora de actividades a este nível e que possa decidir sobre a viabilidade destes pedidos.

Os sistemas *ERP* foram desenhados numa perspectiva que contemplam a evolução do próprio produto, de acordo com as necessidades da empresa, isto é, após a fase de estabilização e o natural conhecimento prático dos utilizadores (agora do sistema, uma vez que dos processos de negócio já eram conhecedores), deve continuar a ser explorado no sentido de se retirar mais valias do investimento feito. Até porque neste domínio, novas versões do *ERP* estão continuamente a ser desenvolvidas e é quase obrigatório por parte dos respectivos fabricantes que as empresas desenvolvam projectos de *upgrade* para que se mantenham o mais possível actualizados com os novos desenvolvimentos do produto.

As empresas não podem entender um *ERP* como uma ferramenta estática, que após conclusão do projecto de implementação, tenha terminado as actividades de exploração e melhoramento dos processos. O *ERP* deve constituir uma arma estratégica e dinâmica que esteja sempre adaptada às exigências do mercado.

O futuro

Actualmente, o grande desafio das empresas é a expansão do *ERP*, integrando os processos internos com os do mercado externo. Os fornecedores de sistemas *ERP* procuram, na verdade, estabelecer um elo de ligação entre a empresa e os seus clientes e fornecedores, obtendo com isso um tempo de resposta menor ao mercado e uma vantagem competitiva nos negócios.

A caminhada no sentido de uma utilização cada vez maior da Internet para efeitos comerciais, é seguramente o passo decisivo para uma nova revolução de arquitecturas e formatos de negócio.

A criação de mercados virtuais, a aproximação e individualização do cliente, a necessidade de criação de redes de valor onde a participação de concorrência é tão importante como a de parceiros de negócio, onde a partilha de informação pelos vários elementos da cadeia é fundamental para a existência de todos – assegurando o enriquecimento de cada elo da cadeia, seguramente que não só as tecnologias de informação mas sobretudo as mentalidades sofrerão um novo *baque* com o turbilhão que se avizinha.

É uma característica dos tempos que habitamos, a sucessão de desafios em matéria de complexidade é desenhada através de uma exponencial para a maioria dos gestores não preparados para estas aventuras.
Assim, os sistemas *ERP* estão a mudar o foco que possuíam nas actividades internas da empresa e a transformar as características do sistema à gestão dos *interfaces* do negócio.

Nestes tempos de rápidas mudanças, onde também as necessidades se alteram constantemente, as empresas que se prepararam e reinventaram os seus processos, suportados por um sistema *ERP*, certamente agora discutem as evoluções a seguir de acordo com essas necessidades. De uma coisa poderá estar confiante: a aposta por um sistema de informação *ERP* era simplesmente inevitável (devido a algumas das suas características já mencionadas) e foi uma batalha já conquistada, mas (in?)felizmente novas rapidamente se avizinham...

CRM

CRM - Customer Relationship Management, como o termo indica é a integração entre o marketing e as tecnologias de informação para dotar a empresa de meios mais eficazes e integrados para atender, reconhecer e *cuidar* do cliente em tempo real e transformar estes dados em informações que disseminadas pela organização permitem que o cliente seja conhecido e claramente identificado quanto ao seu perfil, por todos e não apenas pelos operadores de *Call Center*.

É um dos métodos de gestão mais sofisticados e eficientes, que transformam a maneira como as empresas podem vir a aumentar a rentabilidade dos clientes actuais. O uso da Internet como canal de relacionamento e de vendas, é amplamente facilitado e viabilizado por este novo método.

Actualmente, para que o Marketing desenvolvido em *tempo real* tenha aplicabilidade prática, todo o conjunto de acções e decisões referentes ao alvo cliente (que a empresa já detém e ao potencial), é necessário que estejam fortemente alicerçadas em informações que permitam agilizar e optimizar todo o processo de vendas e atendimento ao cliente.

As informações que facultam a individualização do cliente, identificando o seu perfil em particular, devem estar disponíveis no momento em que o contacto entre a empresa e o cliente decorre, permitindo direccionar-lhe produtos, serviços e ofertas de acordo com esse perfil, o que poderá resultar numa preferência pela marca, repetir a compra ou inclusive, pagar mais para obter o valor agregado que lhe é oferecido.

Este tipo de relacionamento com o cliente, baseado na informação colhida antes, durante e após qualquer contacto, permitindo antecipar todas as necessidades do cliente, proporciona um determinado grau de lealdade à marca comercializada (seja produto ou serviço), reduzindo à empresa o investimento na captação de novos clientes, esforço que é tido como cerca de 5 vezes maior do que o esforço de fidelizar o cliente e gerar a repetição da compra.

A implementação de uma solução *CRM* deverá estar plenamente suportada por:
* um desenho de processos que tenha no cliente o seu alvo de atenções e que seja disseminado horizontalmente na organização;

- uma forte utilização da informação relacionada com o cliente integrada com as áreas de Marketing, de Vendas e de Serviços da organização.

O *CRM* sem um inevitável redesenho de processos e sem um modelo de relacionamento que permitam a criação de valor para o cliente, não trará mais vantagens que um projecto de informatização de um *Call Center*. Deverão observar-se as seguintes quatro etapas num projecto *CRM*:

- definição do modelo de relacionamento;

- redesenho dos processos de atendimento ao cliente;

- selecção da solução de informação;

- implementação do *CRM*.

Uma das grandes fontes de problemas em projectos *CRM* é pensar-se imediatamente nas tecnologias de informação e soluções de informação disponíveis e adquiri-las (como se por esta decisão viesse a resolver os problemas de informação da empresa), sem primeiro equacionar uma formatação adequada dos processos críticos. A mudança para a competição em tempo real obriga a organização a investir somas significativas em recursos de vária ordem assim como a promover a mudança da própria cultura.

Tendo por objectivo o aumento das vendas, a retenção dos clientes e a diminuição de custos, a implementação de um CRM deve obedecer ao seguinte:

Definição do modelo de relacionamento

- esta etapa é responsável pela definição da forma como o cliente será abordado no novo sistema;

- quais os procedimentos a adoptar, que tipo e classe de eventos deverão ser gerados;

- que plano de comunicação será construído de forma a concretizar o relacionamento entre a empresa e o cliente para que lhe seja disponibilizado o valor acrescentado da estratégia competitiva que a empresa optou seguir;

- a definição do modelo de relacionamento é essencial para que seja integralmente implementado na tecnologia a adquirir (através de sistemas de configuração disponíveis), suportado pelos processos a redesenhar;

- como em qualquer projecto crítico, o acompanhamento e envolvimento dos responsáveis da organização deve ser efectivo, havendo neste caso lugar à tomada de decisões que determinarão a mudança de postura perante o cliente.

Redesenho dos processos de atendimento ao cliente
- esta etapa é determinada pelo rigoroso levantamento de processos (e consequente documentação) existentes desde a montante (isto é, desde o pedido de visita do cliente) até a jusante (ou seja, até à concretização do pedido do cliente);

- dependendo da estratégia a adoptar pela empresa nesta etapa, o redesenho de processos poderá seguir uma linha radical, cortando qualquer *link* com os processos do passado, ou redefenindo-os, enquadrando-os na nova realidade a atingir;

- um dos objectivos importantes nesta etapa a alcançar é o de vir a ultrapassar as limitações dos processos antigos, adicionado mais valias pelo facto de virem a estar suportados por uma tecnologia de informação, especificamente orientada ao alvo procurado: o cliente.

Selecção da solução de informação

- naturalmente que a selecção da solução para implementar o redesenho de processos efectuado, deve obedecer a um caderno de requisitos onde, baseado nas fases anteriores, deverá ser exigente e peremptório quanto à validação das características das soluções disponíveis;

- a decisão do *CRM* a adoptar é determinada sobretudo pelo modelo de relacionamento a seguir no futuro, podendo em alguns casos acontecer que a escolha do *software* virá depois a condicionar a aquisição do *hardware*.

Implementação do *CRM*

- etapa de implementação prática dos processos na tecnologia – configuração do modelo de relacionamento no produto adquirido;

- no fundo, é nesta etapa que é implementada a nova estratégia de relacionamento com o cliente, incluindo todo um conjunto de dispositivos e ferramentas de apoio, como telemarketing, terminais de ponto de venda, canais virtuais de relacionamento, etc..

As novas necessidades sentidas pelas empresas nestas áreas têm-se traduzido num número crescente de projectos de soluções *CRM*, na justa forma em que estas procuram responder às evoluções de mercado no que respeita a manterem-se competitivas, a aumentarem as receitas – mantendo as margens, reduzindo os ciclos de vendas e, claro, aumentando o grau de satisfação dos clientes.

O âmbito destes projectos tem sido cada vez mais abrangente no sentido de integrarem todas as áreas da empresa com possíveis pontos de contacto com o cliente, onde a informação captada em cada um destes pontos, se torna disponível a todas, enriquecendo o conhecimento sobre o perfil de cada cliente. Em adição, a complexidade de implementação destes projectos tem também aumentado com a necessidade de integração com outros sistemas de *front-office* e *back-office*.

Factores críticos de sucesso

Segundo um estudo da *Deloitte Consulting*, realizado em empresas que atingiram ou excederam as expectativas na implementação de projectos *CRM*, existem sete factores críticos de sucesso a observar na execução de um projecto desta natureza, que serão abordados de forma sucinta:

- envolvimento e comprometimento da alta direcção:

    o o apoio e acompanhamento de um elemento executivo é inevitável para um projecto com estas características – deve assumir a liderança e viabilizar a correcta condução segundo a estratégia definida pela empresa;

    o deve ser o responsável pelo cumprimento ou realização efectiva da ocorrência de mudança;

    o deverá possuir um perfil visionário, motivador e assumir todas as decisões para transpor dificuldades e obstáculos durante a execução do projecto.

- focalização nos processos em detrimento da tecnologia:

    o como já foi referido, as tecnologias de informação são um meio para alcançar objectivos, não constituem a solução dos problemas por si só;

o   a mudança efectiva ocorre ao nível da transformação dos processos – as tecnologias apenas permitem acelerar processamentos, mantendo intactas as mesmas deficiências do sistema funcional.

- aplicação da tecnologia ideal para o negócio:

o   a análise da tecnologia a aplicar como suporte de processos, deve preencher as necessidades específicas do negócio;

o   a perspectiva de perceber que funcionalidades estão disponíveis numa determinada solução tecnológica não é tão importante como o conhecimento de como é que estas funcionalidades são realizadas;

o   a compreensão global da arquitectura da tecnologia é de vital importância para que seja facultada a viabilidade de implementação total da estratégia que está inerente ao projecto.

- competência multidisciplinar da equipa de projecto:

o   coligir o número de pessoas com as características e capacidades ideais é sem dúvida uma das chaves de sucesso;

o   a um nível funcional, é necessário que as pessoas envolvidas tenham conhecimento do negócio, das novas tecnologias de informação e tenham apreendidas as necessidades de mudança e, claro, estejam motivadas para o fazer;

o   devem ter isenção suficiente para questionar e contrapor alternativas aos processos sugeridos – de forma a gerar (nova) discussão e enriquecer o projecto;

o   a reengenharia de processos de negócio só acontece com um espírito
    crítico orientado à discussão;

o   as plataformas técnicas de suporte à implementação da solução de in-
    formação, como por exemplo, a rede de comunicação de dados da em-
    presa, devem ser contempladas com a participação de pessoal especi-
    alizado ao nível da respectiva integração;

o   a inclusão activa de utilizadores no projecto é também muito importante
    de forma a publicitar e *vender* a nova solução, passando a ideia de que
    o projecto é também e seguramente de todos, responsabilizando-os de
    igual forma pelo sucesso.

- acompanhamento de utilizadores – essencial para a viabilidade do novo sistema:

  o   o novo formato de negócio resultante da implementação *CRM* deve ser
      seguido por pessoal preocupado com as alterações da postura da em-
      presa – programas de apoio aos utilizadores devem ser estabelecidos
      de forma a minimizar o impacto na sua (nova) produtividade.

- estratégia de *go live* – etapa a etapa:

  o   é preciso não esquecer uma ideia fundamental: servir por excelência e
      reter o cliente é a atitude fundamental da organização – a implementação
      de projectos desta natureza, se aplicados em prática segundo princípi-
      os *Big Bang*, podem trazer problemas e congestionar a organização;

  o   o estabelecimento de prioridades de tratamento / arranque no tempo,
      consoante as áreas ou processos críticos de negócio devem ser pon-
      deradas, por forma a evitar constrangimentos – até porque estes pro-

jectos comportam características que permitem à própria liderança da equipa aprender com a respectiva evolução do projecto e adaptar-se às etapas seguintes com redobradas performances de conhecimento.

- consistência da integração do sistema:

  o   fundamental para o melhor funcionamento da organização;

  o   a integração do novo sistema na vida da organização e a forma como é explorado determina o sucesso da implementação – como já foi referido, estes novos sistemas de informação constituem-se segundo uma arquitectura e filosofia que permitem uma contínua actividade de melhoramentos à respectiva performance – depende da postura da empresa um retorno efectivo do investimento realizado, coleccionando mais valias e vantagens competitivas.

A relação on-line com clientes – eCRM

No passado, as actividades de marketing eram orientadas essencialmente para um objectivo: o aumento de quotas de mercado. Nos últimos anos, verificou-se uma mudança paradigmática com focalização na gestão do relacionamento com o cliente. Esta alteração de comportamento está subjacente à ideia de que preservar a relação a longo prazo com clientes é preponderante para a saúde financeira e sucesso da empresa.

O aproveitamento das características interactivas e a disponibilidade permanente de informação da Web, para optimizar, flexibilizar e automatizar o relacionamento com o cliente, é cada vez mais utilizado segundo aplicações de *CRM* orientadas à Internet, as soluções *eCRM (eCustomer Relationship Management)*, integrando as potencialidades do *e-commerce* com as ferramentas *CRM*, por forma a criar um verdadeiro relacionamento on-line com clientes.

Para que esta passagem do *CRM* para uma nova política de *eCRM* venha a suceder com êxito, devem ser observados os seguintes princípios:

- oferta de uma gama de produtos e de serviços de elevada qualidade:

  - é fundamental para a empresa, o desenvolvimento e fornecimento de bons produtos / serviços de elevada qualidade ao mercado, através de canais que viabilizem a interacção com o cliente – a Internet;

  - com cada vez maior adesão de empresas à rede global, a informação que nesta circula, sobre os produtos disponíveis, preços praticados, vantagens oferecidas, etc., obriga a que todas adoptem posturas pró-activas no que respeita à gestão do conhecimento / relacionamento com o cliente;

  - este relacionamento com o cliente, deixa de ser vinculado a uma região ou país para passar a ter dimensões globais – o que implica que se tenham em linha de conta outros aspectos neste relacionamento, como por exemplo: a cultura / tradição / religião / clima do país de origem do cliente; a língua; factores políticos; etc.; a empresa deve estar prepara-da para entender e relacionar-se com comportamentos específicos;

  - como consequência da quantidade de informação na Web, os clientes estão cada vez mais bem informados e naturalmente que exigem as melhores condições – a tolerância para com empresas ineficientes no mercado é cada vez menor.

- um atractivo *site* de *e-commerce*:

  - existem vários objectivos para a elaboração de um *site* de *e-commerce* – a divulgação da empresa na rede global e dos seus produtos / serviços; a obtenção e partilha de informação de clientes; a realização de sondagens e estatísticas; a realização de pedidos via Internet e a compra / venda de produtos / serviços via a rede global;

o para além de atractivo, o *site* deverá possuir boas capacidades de processamento de informação – a rapidez do serviço é também um factor competitivo; com facilidades de navegação e ser intuitivo, usando para isso técnicas recentes específicas à modelação de *sites* orientados ao comércio electrónico; quem procura um determinado produto / serviço pretende encontrá-lo rapidamente, sem muito esforço e com o máximo de informação útil;

o a informação de um *site* desta natureza deve estar permanentemente actualizada – será de uma irresponsabilidade tremenda facultar informação excedentária assim como sobretudo fora do prazo (não interessa para rigorosamente nada comprar um jornal de uma semana ou mês atrás, a não ser para embrulhar qualquer coisa...);

o é essencial que exista informação disponível no *site*, de forma a disponibilizar o contacto com a empresa.

- planeamento:

  o é necessário elaborar um plano de actividades rigoroso onde devem ser identificados todos os pontos críticos de relacionamento com o cliente e a respectiva estrutura do *workflow*;

  o o levantamento de pontos de automação possível é relevante para que se possam libertar recursos de tarefas rotineiras e sem valor acrescentado – afectando estes recursos em actividades efectivamente importantes para a organização.

- marketing _one-to-one_:
    - o   é necessário identificar, segmentar, interagir e configurar – constituem etapas alvo em negócios on-line;

    - o   para que se disponha de uma base de dados consistente, sem redundância de registos de clientes, é necessário criar programas de fidelização do cliente, onde este será identificado claramente e atribuído um perfil característico;

    - o   a respectiva segmentação do cliente deve ser efectuada com base nas suas necessidades e no _life time value_ deste para a organização;

    - o   decorrente da interacção entre os clientes e os _prospects_, a organização extrai informação relevante para alcançar uma segmentação que faculte a personalização da relação com o cliente – o processo da personalização da relação com o cliente não será conseguido de imediato, será fruto de trabalho dirigido, inicialmente, aos clientes mais importantes para a empresa, por forma a que se possa atingir uma boa performance para a personalização de todos os clientes.

- selecção da solução _eCRM_:

    - o   a integração de uma ferramenta _CRM_ que automatize as tarefas rotineiras, estruture todo o relacionamento com clientes e _prospects_, processe a informação transaccional da base de dados, é fundamental para a partir daí, dar o salto para a plataforma da rede global.

- integração de outros canais de comunicação:

    - o   uma empresa que adopte uma estratégia que a leve a implementar um _eCRM_, não pode de forma alguma esquecer formatos anteriores mais usados para o contacto com o cliente como: o telefone, o fax, o contacto pessoal, a carta, o centro de atendimento, etc.;

o   só com uma base de dados global do cliente é possível vir a ter o seu conhecimento também global;

o   este conhecimento permite desencadear acções concertadas e plane-adas de forma a cultivar o relacionamento com o cliente.

- procura constante de melhoramentos à solução:

  o   como já foi aqui abordado, é necessário que a organização adopte uma postura crítica perante estes sistemas de informação, no sentido de procurar atingir melhoramentos à solução;

  o   a evolução dos mercados é também constante e a organização deve aprender com as interacções que realiza no seu sistema de informação de forma a adaptá-lo às alterações do mercado.

- acrescentar mais valor ao relacionamento com o cliente:

  o   a partir do momento em que o conhecimento sobre o perfil do cliente é por fim obtido, o relacionamento é feito em função desse conhecimento – todas as acções que a partir daí se desenrolam são orientadas e têm por base um conjunto de afinidades que sustentam a relação;

  o   o valor acrescentado deste relacionamento só é profícuo quando o cli-ente que compra, recebe exactamente o que deseja comprar e só rece-be campanhas comerciais dos temas / produtos a que realmente está receptivo – de outra forma, este relacionamento não adiciona mais vali-as e certamente está mal construído por falta de informação.

SCM

Hoje, as expectativas dos consumidores originam uma postura arrojada das organizações no mercado. De uma forma geral, todos os consumidores têm necessidades particulares e pretendem que estas sejam observadas através de produtos e serviços que sejam desenvolvidos para que respondam inteiramente às suas expectativas.

Baixos preços, qualidade e curtos prazos de entrega não se constituem como os únicos factores de competitividade, dado que, para satisfazer as necessidades individualizadas de cada consumidor, as organizações deverão orientar-se por políticas estratégicas dirigidas às necessidades destes.

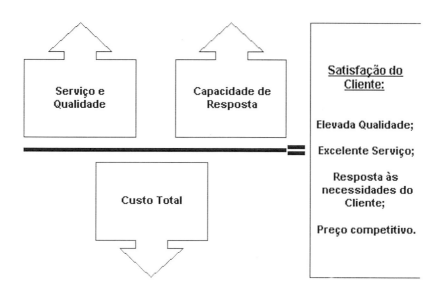

A postura das organizações deve incidir sobretudo em:

- desenvolver soluções ao nível da logística;

- responder às necessidades de distribuição;
- possuir flexibilidade para implementar alterações na cadeia de valor;
- dinamizar as relações com entidades externas;

de forma a:

- reduzir o *time-to-market*;
   - o permitindo rápidas entregas;
   - o respondendo a alterações e cancelamentos de encomendas;
   - o efectuando entregas em reduzidos *lead-times*;
- gerir as alterações de engenharia (produto e processos);
- implementar uma adequada gestão de recursos humanos.

Neste ambiente dinâmico existem muitas alterações a aplicar ao nível do negócio:

- gestão de mercados emergentes e de novos canais de distribuição;
- gestão da cadeia de valor – *Supply Chain Management (SCM)*;
- manutenção da liderança numa competição global;
- redução dos custos operacionais da cadeia de valor;
- maximização da utilização de recursos:
   - o pessoas;
   - o equipamentos;
   - o espaços.
- satisfação total do cliente;
- optimização de investimentos em stocks;
- gestão de riscos resultantes das flutuações cambiais;
- maximização de lucros e retorno de investimentos.

Face às actuais circunstâncias, verifica-se um conjunto de alterações que originam um novo paradigma que está a mudar o modo como as organizações apresentam os produtos e serviços aos consumidores:

Antigo Modelo	Novo Modelo Evolutivo
- Aposta em servir o próximo elemento da cadeia;	- Aposta em servir cliente finais com elevado valor;
- Focos no baixo custo;	- Focos no melhor valor;
- Focos na Qualidade;	- Focos na Qualidade e no Serviço;
- Competir com outros elementos da cadeia;	- Competir com outra cadeia;
- Fluxo de informação limitado e selectivo;	- Fluxo de informação mais aberto e acessível;
- Dimensão: o grande absorve o pequeno...	- Velocidade o rápido vence o lento...

Estado da arte

A evolução das *TI* demonstra um aumento de maturidade nos últimos 30 anos:

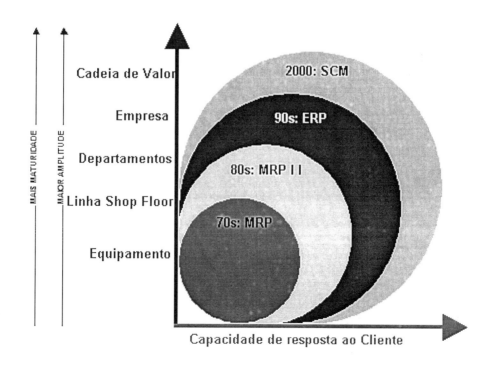

- **70s: MRP:** O MRP (*Materials Requirements Planning*) é basicamente uma ferramenta de lançamento de encomendas (Produção e Compras):

    o originalmente desenvolvido nos EUA nos anos 60 por *Joseph Orlicky* numa fábrica da IBM;

    o tal como o seu nome indica, é uma ferramenta de Planeamento de Materiais (compra e fabrico);

    o principais *inputs*:

    § Plano Mestre de Produção – *Master Production Schedule* (MPS);

    § Lista de Materiais – *Bill Of Materials* (BOM);

    § Estado de Stocks – *Work in Progress* (WIP).

    o Outputs:

    § Necessidades líquidas de Produção e / ou de Compra:

    - Plano de Produção e de Compras.

- **80s: MRP II:** O MRP II (*Manufacturing Resource Planning*) é uma extensão (como evolução natural) do MRP:

    o desenvolvido por Oliver Wight em 1973 e popularizado nos anos 80;

    o MRP I I = MRP +

    § Plano Mestre de Produção;

    § Planeamento da Capacidade;

    § Programação e Controlo da Produção (*shop floor control*);

    § Aprovisionamento;

    § Função Comercial / Marketing;

    § Funções Financeiras e Contabilísticas;

    § Recursos Humanos;

    § Qualidade e Manutenção; Etc.

- **90s: ERP:** O ERP (*Enterprise Resource Planning*) é a evolução natural do MRP II e permite a gestão da integração de recursos de uma organização:

o   conceito popularizado pelo *Gartner Group* nos anos 90;

o   o ERP envolve a integração de todas as áreas de negócio da organização;

o   permite a multi-localização (exemplo: empresas multi-nacionais);

o   apoiado em sistemas informáticos poderosos;

o   assente em sistemas de informação de grande amplitude:

§   Extranets;

§   Intranets;

§   Internet.

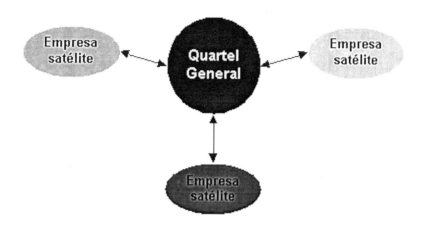

o ERP permite a integração de todas as actividades da Cadeia de Valor de uma empresa:

o   suporta a Cadeia de Valor Interna:

§   integra funções e processos através dos diferentes departamentos;

§   partilha informações entre funções.

o   pode suportar actividades da Cadeia de Valor Externa.

Cadeia de Valor

Actualmente, a forma de trabalhar das organizações e o seu relacionamento com outros parceiros de negócio, constituem aspectos cruciais com vista à competitividade no mercado. Isto acontece, a partir do momento em que se apercebem da importância da Cadeia de Valor para a organização e da forma como poderia ser duramente afectada com a quebra de um dos elos da cadeia.

De nada adianta a um fabricante conceber e implementar todos os seus sistemas de informação em plataformas conceptualmente evoluídas se o seu principal fornecedor de matérias-primas não tenha adoptado o mesmo conjunto de procedimentos e, perante isso, deixasse de entregar o pedido de encomenda efectuado no prazo estabelecido, comprometendo seriamente a produção de determinado produto ou prestação de serviço.

É de extrema importância que se procurem formas concretas que permitam estreitar o relacionamento entre fornecedores, fabricantes, clientes e distribuidores de forma a estabelecer um melhor controlo de todas as partes e acelerar o desenvolvimento de processos.

Como já foi mencionado, um dos grandes desafios e objectivos dos sistemas *ERP* foi o de promover a integração interna das empresas, sobretudo das grandes organizações, onde o conjunto de todos os departamentos constituía um autêntico mar habitado por ilhas de informação. A comunicação entre departamentos era rudimentar, havendo grandes níveis de redundância de informação espalhada por toda a organização, originando custos difíceis de mensurar. Era de facto a integração o que mais se pretendia com a implementação de um *ERP* numa organização. A integração e claro, a disponibilidade da informação em tempo real.

Como evolução natural do MRP (sistema adoptado inicialmente pelas indústrias que precisavam de melhorar ou optimizar o controlo e planeamento de produção), o *ERP*, num segundo momento, passou também a integrar as áreas administrativas, financeiras e de recursos humanos, respondendo assim a solicitações de mercado.

Desta forma, o novo *cardápio* de soluções de informação *ERP*, que é actualmente desenhado, inclui *ferramentas* para facilitar a integração entre parceiros de negócio, como as de *Supply Chain Management*, *Customer Relationship Management*, *Business Intelligence*, *Sales Force Automation* e *e-Commerce*.

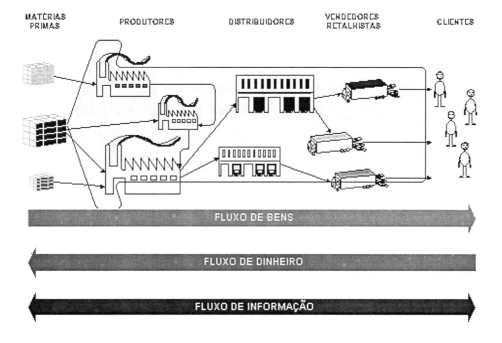

- A Cadeia de Valor refere-se ao processo de transformação de materiais em produtos e serviços para satisfazer os consumidores;

- A Cadeia de Valor não é linear: tem múltiplas ligações (elos) e relações, de facto assemelha-se mais a uma rede;

- Uma Cadeia de Valor integrada optimiza o "todo" e dá ênfase aos *links* inter-empresa.

Gestão da Cadeia de Valor

Por definição – e esta pode variar, dependendo da perspectiva – *SCM* significa a gestão baseada na integração da Cadeia de Valor (bens, serviços, informações, etc.), dos vários parceiros de negócio, para que juntos, possam competir num mercado globalizado como uma entidade logística integrada e única, permitindo atender às necessidades dos clientes de uma forma contínua, partilhando recursos, riscos e custos.

Os elos do *SCM* são compostos por entidades de negócio, fornecedores e compradores, fabricantes e distribuidores e, naturalmente, clientes. O *SCM* é a estrutura (ou infra-estrutura) que permite a execução de funções críticas de marketing – como a troca de produtos e informações, transporte e gestão de materiais, aprovisionamento de capital e crédito, por exemplo – criando valor para cada cliente enquanto explora métodos colectivos para inovação e sincronização do fluxo de bens, serviços e informações.

Constitui-se como uma potente força de mercado nos dias de hoje, pois provê uma infra-estrutura que é fisicamente dispersa e formada por funções e competências diferentes.

Os avanços das tecnologias de informação tornaram possível às entidades empresariais desenvolver e manter organizações ágeis capazes de responder rapidamente às constantes mudanças das condições de mercado.

Para a gestão da Cadeia de Valor ser efectiva é necessário criar funções críticas dentro da empresa e, também fora dela, incluindo fornecedores, parceiros e clientes numa rede produtiva eficiente e segura.

Na verdade, *SCM* é fazer com que a entidade integrada pela rede de vários parceiros de negócio seja maior que o somatório das partes individualizadas, criando sinergias que permitam fortalecer cada uma destas entidades.

SCM e as *Redes de Valor*

Desde há muito tempo que a grande ambição do empresário é a de combinar as virtudes da produção em massa com as da personalização. Hoje, este posicionamento já é possível devido, essencialmente, às novas tecnologias digitais que vieram também proporcionar a implementação do marketing *one-to-one*.

Neste contexto, as *value nets - redes de valor*, integram as operações da cadeia de valor através de redes digitais – ou seja, utilizando como instrumento as tecnologias de informação – por forma a satisfazerem as exigências dos clientes em termos de rapidez, conveniência e fiabilidade na aquisição de produtos e serviços desenvolvidos à sua medida.

Assim, as cinco características seguintes distinguem um negócio estruturado com base numa *value net*, que se posiciona com vantagens no design tradicional de negócios e relega a estrutura baseada na cadeia de valor:

- focalização no cliente:
  - o as escolhas dos clientes dão origem à afectação de recursos, à concepção de produtos e serviços e à sua distribuição; diferentes segmentos de consumidores são atendidos com diferentes soluções, personalizadas; estes comandam as *value nets*, e nunca são considerados como receptores passivos da cadeia de valor;

- colaborativa e orgânica:
  - o as empresas comprometem-se com fornecedores, consumidores, e mesmo com concorrentes, numa rede de trabalho única de desenvolvimento de relações de valor; cada actividade é distribuída pelo parceiro especializado, que se encontra melhor posicionado para a desempenhar; uma significativa parte das actividades operacionais são subcontratadas a fornecedores especializados. Assim, toda a rede de trabalho entrega resultados excelentes graças à colaboração, à comunicação orgânica e à gestão de informação;

- ágil e flexível:
  - o sensibilidade às alterações da procura, lançamento de novos produtos, rápido crescimento, *re-design* da cadeia de distribuição, são respostas asseguradas através de flexibilidade na produção, na distribuição e no design do fluxo de informação; as respostas às variações da procura

são imediatas; os ciclos de produção e distribuição são encurtados; os constrangimentos gerados por barreiras físicas e psíquicas são reduzidos ou eliminados; na *value net* tudo é flexível, quer seja físico ou psíquico;

- fluxo rápido:
  - o a entrega é veloz e adequada às necessidades do cliente; as encomendas vão de *mão em mão* num volume de carga flexível e adequado; o que significa que as ordens de entrega ao consumidor são programadas para entrega na empresa, no gabinete, ou em casa; o tempo é quantificado em horas ou dias, e não em semanas ou meses; em simultâneo, tudo isto significa uma redução de stocks para a empresa;

- digital:
  - o o *e*-commerce é a base de todas as capacidades futuras; mas por trás da Internet está o design do fluxo de informação posicionado no *core* da *value net*; as redes digitais de informação ligam e coordenam todas as actividades dos seus consumidores e fornecedores; as análises em tempo real proporcionam a tomada de decisões rapidamente;

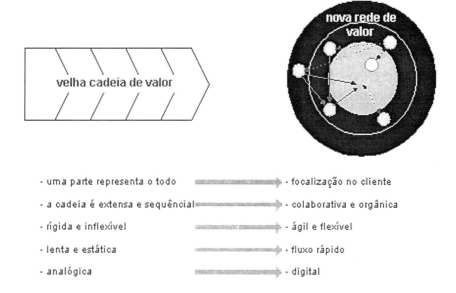

A evolução do SCM para o e-SCM

A Internet está a alterar permanentemente o funcionamento dos negócios, e o desenvolvimento do seu potencial ainda se encontra numa fase embrionária. O Comércio Electrónico, as edições Web e a valorização das comunicações internas e externas representam os esforços iniciais do período emocionante que vivemos. São pois as evoluções das tecnologias de informação que proporcionam a antevisão de um futuro promissor para a gestão da Cadeia de Valor.

Cenário que leva a crer que a actividade empresarial enfrenta novos desafios pelo facto da Internet aumentar a velocidade a que se processam os negócios, o que deverá levar os empresários a pensar:

- no ritmo de trabalho (tempo de ciclo) a adoptar face às constantes alterações motivadas pela Internet, de forma a manter um baixo custo com elevada qualidade de produtos e serviços;
- na fidelização do cliente como forma de competir com as e-empresas (empresas estruturadas com base na Internet);
- como competir com a evolução da globalização e confiar nos fornecedores e parceiros a milhares de quilómetros de distância.

Desta forma, o que há pouco tempo era um sonho em termos de *SCM*, hoje transforma-se em realidade. A partir de agora, todas as empresas podem realmente trabalhar como uma cadeia integrada, composta por elos electrónicos cada vez mais ágeis, seguros e fáceis de implementar.

Por outras palavras, foi superado o grande desafio do *SCM*, que sempre residiu nas dificuldades em gerir a informação que nesta flui.

Facto que possibilita a organizações *visionárias* a criação de *extended enterprises* para melhor competirem na nova economia da Internet. Uma *extended enterprise* é capaz de conjugar o poder da Internet com as novas estruturas de negócio e de processo, de forma a eliminar as velhas barreiras organizacionais e as restrições geográficas. O *SCM* cria ligações contínuas de comunicação entre parceiros, fornecedores, produtores, distribuidores e consumidores.

O que motiva a evolução das ferramentas de análise e de optimização da Cadeia de Valor através de produtos de *software* com grande capacidade de modelação, com processamentos baseados em simulações matemáticas, integrados fortemente em sistemas *ERP*.

Nesta segunda onda de aplicações de *software* de gestão, tais ferramentas passam a constituir factores decisivos para adicionar valor à respectiva cadeia, seja por meio da redução de custos, seja pelo ganho de oportunidades (mercados e clientes).

Com a utilização intensiva da tecnologia Web, o mercado assiste a uma grande popularização das relações *business-to-business* e *business-to-consumer*, facilitadas pela navegabilidade e simplificação das interfaces utilizador / computador.
Assim, os Web *sites* passaram a ser portais corporativos, capazes de disponibilizar na Internet tudo o que os colaboradores de uma empresa precisam de vir a aceder e, mais importante, para a execução dos processos de negócios.

As relações entre fornecedores, clientes, parceiros e até concorrentes estão cada vez mais concentradas em verdadeiros portais de negócios, os chamados *marketplaces*, onde os elos da Cadeia de Valor passam a interagir entre si.

Diante de todas estas transformações e avanços, as vantagens de um *e-SCM – Supply Chain Web-based Management* são evidentes:
- o uso de uma tecnologia simples e cada vez mais divulgada;
- custos operacionais decrescentes;
- integração online e em tempo real;
- disseminação de aplicações escaláveis.

O *SCM* finalmente sai do papel e passa a ser uma realidade concreta no quotidiano das empresas.

Soluções Standard *versus* Soluções desenvolvidas à medida (a feitio)

Qual é que prefere? Justamente uma questão pertinente e de difícil abordagem.

Para que seja equacionada esta questão, existe naturalmente um conjunto de sintomas de necessidades de informação que se prendem com os objectivos, obviamente estratégicos, de posicionamento da organização no mercado.

As organizações na desenfreada competição pela conquista de quotas de mercado favorável, tendem a concorrer neste campo com armas genericamente semelhantes, mas com especificidades tácticas e estratégias muito diferentes. Daí que seja difícil a comparação entre duas empresas ou perceber os pormenores que distingue o líder de mercado em determinado ramo, do imediatamente segundo classificado desse campeonato.

Os sistemas de informação são cada vez mais genéricos e com características semelhantes, e de certa forma, cada organização usa uma ferramenta *ERP* para a gestão de todos os seus recursos, um sistema de *CRM* para a gestão optimizada de clientes, um sistema *SCM* para a gestão da sua cadeia de valor integrada, sistemas de *data mining*, *datawarehouses*, etc.. Se atendermos a esta realidade, pode ser pertinente colocarmos esta questão das *Soluções Standard versus Soluções à Medida* como um decisivo contributo para a competitividade das empresas.

Claramente, e apenas sob um ponto de vista do sistema de informação, sem abordagem à envolvente da decisão que leva a organização a optar por uma ou por outra via (seguramente o caderno de requisitos de um novo sistema poderá constituir um forte argumento para esta decisão), são apresentadas algumas vantagens e desvantagens dessa posição:

- **solução standard:**
  - o <u>vantagens:</u>

• Actualização de versões e de novas funcionalidades do produto – os fabricantes de *software* estão permanentemente a desenvolver novas funcionalidades para que também eles se mantenham com os seus produtos competitivos no mercado;	=> faculdade de acompanhamento da evolução da solução, sem esforço interno de desenvolvimento.
• Imputação de situações anómalas ao fabricante;	=> havendo da parte do fabricante a responsabilização por contrato de resolução destas situações.
• Disponibilidade por parte do fabricante de canais de auto pesquisa e resolução rápida de problemas;	=> obtenção automática de *feed-back* a problemas inerentes à configuração standard do produto, sem custos adicionais.
• Utilização de canais de auto formação e de documentação sobre o produto;	=> permitindo um melhor conhecimento do produto e das novas *releases*;.
• Faculdade de integração e expansão de novas componentes modulares do sistema de informação;	=> possibilidade de preencher rapidamente novas necessidades da organização sem custos adicionais de desenvolvimento, mantendo a organização preocupada com o negócio e não com o sistema que o suporta.
• Equipas reduzidas da área de sistemas de informação para a respectiva manutenção e desenvolvimentos adicionais fortuitos e sem impacto na solução standard;	=> o reduzido número de elementos significa um reduzido orçamento para a manutenção da equipa.

  - o <u>desvantagens:</u>

• Dificuldade de implementação de processos de negócio específicos à organização e não contemplados no produto standard;	=> a ausência da capacidade de implementação de determinado processo de negócio pode ser crítico.
• Custos de instabilidade provocados por obrigatoriedade de implementação de *upgrades* de versão;	=> a manutenção e suporte de versões por parte dos fabricantes é vinculada por um calendário de datas impostas – o que obriga a organização a custos adicionais de implementação de projectos de *upgrade*, onde o estudo das novas funcionalidades deve ser rigoroso, normalmente recorrendo ao apoio de consultores.
• Risco associado ao desaparecimento do fabricante do mercado;	=> originando por vezes situações insustentáveis para as organizações.
• Dificuldades de evolução para novas tecnologias de informação, caso o fabricante demore na adopção das mesmas em relação às soluções que comercializa;	=> necessidade de selecção prévia de fabricante de valor reconhecido (normalmente caro) e com provas dadas no lançamento de novas versões (ou novos produtos) adaptados a novas tendências do mercado em relação a novas tecnologias de informação.
• No caso de alterações ao standard, grandes dificuldades na implementação de *upgrades*;	=> correndo riscos de perda de funcionalidades – as especificidades desenvolvidas numa determinada *release* poderão não funcionar numa mais recente.
• No caso de alterações ao standard, perda do suporte do fabricante e da respectiva consultoria, assim como da sua responsabilização perante situações anómalas que possam advir provocadas pelas alterações ao standard ou que tenham tido origem na própria configuração standard;	=> em qualquer dos casos, o fabricante deixa de se responsabilizar perante qualquer manifestação anómala ou inconsistência que surja no sistema – este perde a integridade desenhada inicialmente.

• solução à medida:

O seguinte enquadramento é feito tendo em conta duas situações: o desenvolvimento da solução de raiz e uma visão das consequências de alterações efectuadas a partir de uma solução standard.

o <u>vantagens:</u>

• Desenvolvimento de especificidades de processos de negócio baseado numa análise formal das necessidades completas da empresa e a sua preparação numa lógica de evolução;	=> satisfação de clientes internos e implementação das estratégicas específicas da organização.
• Independência da disponibilidade do fabricante para a resolução de situações anómalas;	=> abandono do sistema de suporte do fabricante e dos respectivos tempos de resposta.
• Adaptação do sistema segundo as novas necessidades da organização calendarizadas de acordo com um planeamento orientado às suas conveniências;	=> grau de autonomia elevado para execução de projectos segundo o melhor calendário para a organização.

o <u>desvantagens:</u>

• Necessidade de manter uma equipa alargada de sistemas para manutenção e evolução da solução (ou recorrência à contratação externa de serviços - *outsourcing*);	=> custos elevados com pessoal especializado para a manutenção do sistema / evolução da solução.
• Obrigatoriedade de cumprir com todas as alterações do foro legal que sejam promovidas pelas respectivas entidades;	=> necessidade de estar atento a modificações da legislação e do impacto sobre os sistemas de informação – estas situações podem por vezes, por necessidade de cumprimento de prazos, acarretar problemas imprevistos.
• Preocupação da empresa não só nos processos de negócio mas também no seu envolvimento constante ao nível dos sistemas de informação;	=> custos adicionais, não só financeiros mas sobretudo desvio de recursos técnicos e funcionais para validação do próprio sistema.
• Dificuldades de evolução para as novas tecnologias de informação, caso os responsáveis de informática não estejam atentos a todas as novidades a nível de tecnologias de informação e comunicação;	=> obriga a que a solução esteja de acordo com as tendências de mercado ao nível dos sistemas de informação – implica que exista uma equipa permanentemente à escuta de sinais neste âmbito, situação que poderá ser incomportável.

São apenas alguns pontos de comparação entre estas duas estratégias. No fundo, o que é importante, é que a organização pondere exaustivamente com uma visão de futuro qual das vertentes lhe poderá trazer mais vantagens competitivas. Ambas têm vantagens acolhedoras mas as desvantagens podem ser insustentáveis.

e-needs de *e-corporations* – O Futuro Presente

Às portas de um novo milénio, dois grandes fenómenos a que assistimos, a globalização e o avanço tecnológico, têm revolucionado definitivamente o processo de criação de valor. A palavra mudança (por vezes apregoada em vão) tem-se constituído também como um forte ingrediente associado à implementação de projectos de transformação de posturas e comportamentos, fundamental para que a organização esteja efectivamente apta a desfrutar de um novo cenário de fazer negócios e obter vantagens competitivas num mercado cada vez mais complexo.

A exploração das tecnologias de informação e comunicação, a sua importância nos processos de suporte à decisão na cadeia de valor, a emergência da *Organização Virtual*, os novos conceitos do *e-Management*, o comércio e negócio electrónico, os *marketplaces*, a transição da economia industrial tradicional para a economia baseada na informação, a transformação e adaptação das sociedades à informação, têm criado novos paradigmas organizacionais não só ao nível do formato de negócio como também na forma de habitar a actual sociedade.

As necessidades de informação que as empresas hoje sentem, são lacunas que estas descobrem no fluxo dos seus processos perante a realidade mutante dos mercados. As empresas têm que adoptar uma postura de permanente aprendizagem para que tenham a capacidade de claramente apostarem na antecipação, se quiserem acompanhar a corrente mais favorável que lhes confira o estatuto de se manterem competitivas. Daí que o *Capital Intelectual* que detêm seja o bem mais precioso, cuja riqueza devem preservar e incrementar.

e-need

O conceito que é mais explorado na era da informação, embora de uma forma implícita, é exactamente o *e-need* já que todas as necessidades de uma organização na actual nova ordem, confluem para que sejam sustentadas por plataformas tecnológicas de informação e comunicação inovadoras. A diminuição do *lead-time* de decisão e a essência do negócio na Sociedade de Informação – o *time to market* – assim o exige que seja.

As *e-needs* nascem do processo de aprendizagem da organização, da tal postura de permanente procura de inovação. Da simbiose entre a geração de necessidades e o processo de complemento destas, é criado um novo ciclo para a geração de novas necessidades.

São as organizações que fazem movimentar as correntes de mercado motivadas pela sobrevivência segundo uma das mais elementares leis da vida: vence o que é mais forte. As novas correntes de gestão advêm do seu comportamento e evolução, da atitude de permanente procura de *fazer diferente*. Um dos melhores exemplos actuais são as *redes de valor*, formadas por organizações de diferentes ramos de actividade que se interligam e complementam as necessidades de cada uma, fortalecendo cada elo da cadeia e, naturalmente, marcando pontos no mercado.

As *e-needs* são portanto um catalisador de novas tecnologias de informação que complementam as necessidades das *e-corporations* (gerando de novo um ciclo para novas necessidades), tendo como objecto dinâmico associado a este princípio, o conhecimento daí resultante.

Subjacente às *e-needs* está uma base de conhecimento da evolução do cenário da fisionomia das organizações: para actuarem em mercados virtuais – *e-marketplaces*, e para explorar a forma como melhor poderão competir num cada vez mais mercado global.

e-commerce e e-business

As soluções de *e-commerce* permitem à organização disponibilizar processos de negócio de compra e venda de bens e serviços via Internet.

Em adição, disponibilizam mecanismos de processamento de encomendas de produtos ou serviços – criando autonomia ao processo de comunicação; permitem a expansão do negócio à dimensão da rede global; economizam as infra-estruturas de imobilizado – reduzindo-as ao estritamente essencial; minimizam custos de processamento; minimizam o *lead-time*; aumentam as margens – reduzindo custos associados a fluxos em formato papel: impressão, manuseamento, arquivo, etc.; permitem a aposta no desenvolvimento de melhores produtos; etc.

Mas é importante distinguir entre os dois termos: *e-commerce* e *e-business*. Como já foi abordado, o *e-commerce* consiste no comércio electrónico, ou seja, compra e venda de produtos e serviços através da Internet. O *e-business* é muito mais amplo! Deve ser compreendido não apenas como compra e venda, mas permitir que a empresa reforce o seu relacionamento com clientes e fornecedores através da partilha de informação, facilitando a tomada de decisão, por exemplo.

Os serviços de *e-business* são muito específicos de cada empresa, sendo para cada caso recomendado um tipo de plataforma tecnológica diferente e envolvendo portanto custos também muito diferentes.

Existem *sites* que promovem o negócio entre empresas e consumidores (*B2C - Business to Consumer*) e *sites* que permitem o negócio entre empresas (*B2B - Business to Business*).

e-corporation

Estamos perante, definitivamente, um novo paradigma de negócio. As organizações deixam de se focalizar na competitividade dos seus produtos, para adoptarem uma nova competitividade que tem por base o modelo de negócio – a tecnologia é fundamental para implementar esse passo. Não é possível dissociar a estratégia de negócio da organização sem ter como pano de fundo a tecnologia que assegurará viabilidade a esse formato de negócio. A fisionomia da organização é cada vez mais tecnológica.

Uma *e-corporation* é composta pela integração de servidores *Web*, ferramentas de análise de dados de *datawarehouses* e aplicações *ERP* – que por sua vez integram a gestão de todos os recursos da *e-corp*, disponível numa nuvem global – Internet.

O negócio digital causa a (r)evolução da fisionomia do próprio mercado. Perdem-se os monopólios locais, as *e-corp* estão em todo o lado sempre disponíveis num fórmula 24 x 7 (24h x 7 dias/semana) e aptas a responder às expectativas de qualquer cliente. Perde-se o conceito de mercado regional ou nacional – as características das *e-corp* permitem abolir as fronteiras físicas, com a capacidade de disponibilizar o produto ou serviço na Tasmânia ou Timor-Leste com o mesmo nível de valor acrescentado. Perde-se a lógica tradicional da comparação – as presas passaram a ser os caçadores – se antes o processo de comparação de produtos e serviços era moroso e tendencioso, agora são os clientes que comparam directamente baseados na informação que lhes está disponível – o que faz nascer novas oportunidades de negócio como o dos *agentes neutros* (uma espécie de *sites* de discussão, onde são partilhadas as experiências sobre a qualidade efectiva de um determinado produto ou serviço e, onde intervêm também, especialistas nas diversas áreas de abordagem).

As *e-corporations* são qualquer coisa de inevitável, que faz parte da *ordem natural das coisas*, sendo impossível mudar o curso impetuoso de uma torrente que se avizinha.

e-economy

Uma empresa que queira sobreviver na nova economia, terá que se reinventar e integrar a Internet em tudo o que realiza. Ao fazê-lo, tudo se transforma. Esta transformação é visível pela forma como os colaboradores comunicam entre si, como a empresa vende e distribui os seus produtos, transformando também a forma da empresa comunicar com outras empresas.

A mudança ocorre sobretudo ao nível da forma como a empresa comunica com os seus fornecedores – transformando-se o modo como compra bens e serviços de que necessita, causando impacto ao nível da forma como é gerida toda a sua cadeia de fornecimentos.

Ocorre também ao nível das políticas de preços, transformando preços fixos em sistemas de preços dinâmicos – viabilizando a redução de custos na área das compras, assim como a redução de stocks de produtos acabados e de matérias primas, facultando a disponibilidade do produto mais rapidamente.

A nova economia é uma economia em rede, com inter conexões ricas e profundas entre estas organizações, entre si e entre instituições.

E-economy não é apenas um novo mercado económico, assim como certamente a Internet não é meramente um novo canal de distribuição. A tecnologia digital está a transformar a natureza e funcionalidades da organização, assim como de cada sector da economia. O impacto destas tecnologias de informação tem repercussões tanto sociais como económicas e novos regimes jurídicos serão necessários para que se adoptem e uniformizem as novas regras de jogo.

e-marketplace

Os *e-marketplaces* são mercados electrónicos destinados à concretização de negócios por via electrónica. Em detalhe, os verdadeiros *e-marketplaces* são destinados a facilitar as transacções entre empresas que habitualmente se relacionam entre si (sendo estes mercados fechados - com *passwords* restritas a um conjunto de empresas) ou mesmo entre empresas que, habitualmente não se relacionando entre si, confrontam--se com a necessidade de rapidamente encontrarem um fornecedor ou potenciais clientes para os seus produtos (nesta situação tratam-se de mercados abertos).

As relações electrónicas permitidas por um *e-marketplace* são realizadas entre fornecedores e os seus clientes – nas formas *B2B (business to business)* e *B2C (business to consumer)* ou mesmo até *B2M (business to many)*; entre fornecedores e respectivos agentes – nas formas de *B2B*; num formato mais restrito, normalmente orientado a particulares (como *sites* de leilões) – nas formas de *C2C (consumer to consumer)*; etc.

No caso de uma forma de relacionamento *B2B* (entre empresas) existem 2 hipóteses:

- o *site* (*e-marketplace*) permitir apenas o relacionamento entre quaisquer entidades registadas;

- ou a entidade gestora do *site* funcionar como intermediário (*infomediário*) entre todas as entidades registadas - neste caso, o *stock* de produtos da entidade gestora do *site* é um *stock* virtual (que será o somatório de todos os produtos disponíveis no *site* para venda) - desta forma este *site* pode ajudar facilmente um potencial comprador de qualquer matéria-prima (ou outro produto, equipamento ou mesmo serviço disponível para transacção no *site*), a encontrar várias alternativas / vários fornecedores ou mesmo anunciar a disponibilidade dessa matéria-prima ao preço médio virtual de XXX (que será calculado usando uma média ponderada dos vários preços anunciados com *stock* disponível):

preço esse médio virtual que seria meramente indicativo para o potencial cliente (utilizador do *site*), ficando este sujeito (no caso de efectuar a encomenda) a esse preço +/- um determinado desvio possível a considerar, atendendo ao fornecedor que efectivamente garanta a encomenda mediante especificações prévias do cliente em relação a essa escolha entre fornecedores com stock para o respectivo fornecimento desejado (prioridade a preço mais baixo, prioridade a menor tempo garantido de entrega, prioridade a ...);

Exemplos de *e-marketplaces* em português já não são novidade: existem algumas empresas que estão a implementar (ou já o fizeram) projectos de mercados digitais que promovem o desenvolvimento das empresas portuguesas, melhorando a sua competitividade através do acesso a novas tecnologias.

A nível mundial são também conhecidos imensos exemplos sobretudo em mercados verticais como o da indústria aeroespacial (e aviação) e defesa, indústria automóvel, indústria de construção e serviços relacionados (arquitectura, engenharia, etc.), indústria química, indústrias de papel e pasta de papel, retalho (transacções entre retalhistas, etc.), tecnologia e electrónica de consumo, utilidades (energia, petroquímica, etc.), entre outros. Existem neste momento já mais de 1.500 *e-marketplaces* a funcionar em todo o mundo e a tendência é para este número aumentar muito rapidamente.

Estes projectos têm por objectivo a criação de infra-estruturas que disponibilizem transacções comerciais, a promoção de negócios, o acesso à formação profissional, o apoio técnico e o acesso remoto de sistemas de informação empresariais, a partir de portais na Internet, destacando-se o *e-procurement*, o *e-selling*, leilões, concursos on-line, meios de pagamento electrónico e a criação e gestão de catálogos.

Ao nível da educação / formação (sobretudo a formação profissional), começa a nascer uma nova realidade que são os sistemas de *e-learning* – com acesso, por meio de inscrições on-line, a conteúdos específicos e devidamente estruturados e orientados ao apoio do *cliente de formação*, assim como a permitir a participação em congressos e seminários on-line. Os mercados virtuais integram todas estas vertentes com vantagens para todos os que nele participam.

e-conclusion

Como temos vindo a realçar ao longo desta introdução, a Internet, com tudo o que a caracteriza, representa tanto uma oportunidade como uma ameaça.

Oportunidade para os pioneiros e inovadores que já perceberam antecipadamente que é uma questão de tempo para que o *e-market* emirja definitivamente e já se preparam (ou prepararam) para um novo nível de competitividade empresarial.

Ameaça para os que ficarem impavidamente a assistir à sucessão de *e-qq* (que em português significa *electronic qualquer coisa*), numa atitude de tradicional cepticismo, aguardando ou adiando que mais adequados ventos soprem de feição para o seu negócio convencional.

O ritmo de (r)evolução é explosivo e será ainda mais acentuado com a convergência da tecnologia de voz, dados e imagens. Ou seja, num futuro[1] próximo, a linha convencional de telefone (ou outra suportada sobre o mesmo ou outro meio - fibra óptica, Internet sobre linhas eléctricas, etc.; ou outro meio: UMTS, TV digital e interactiva, etc.) suportará a transmissão de vários formatos multimédia em alta velocidade, integrando-se à televisão e ao computador, podendo originar um único equipamento (reunindo características de todos os outros), permitindo que a grande massa de consumidores possa ter acesso à Internet e usufruir dos seus benefícios.

Para além dos *e-'s* que aqui foram abordados existem alguns outros conceitos que se traduzem em serviços ou ferramentas como por exemplo o *t-commerce (television commerce),* o *e-learning,* o *e-tourism,* o *e-procurement,* o *e-estado,* o *e-...*

Nicholas Negroponte, no seu livro *Being digital,* refere que *Ser digital é sobretudo uma questão de estado de espírito e de mentalidade,* como conclusão e após a leitura dos artigos aqui propostos, vamos digitalmente pescar uns *e-'s...*

Resumo dos artigos

Pensamos que não assustamos ninguém quando afirmamos que não é possível habitar o mercado tradicional durante muito mais tempo. É como se de um recurso natural se tratasse, que também naturalmente se esgota, resultado da nossa, também natural, constante e predadora insatisfação.

Não nos devemos preocupar muito com isso porque hoje é *e-natural* que as coisas assim aconteçam. Só temos que o admitir.

Sendo irreversível, as nossas organizações já começam a ganhar sensibilidade para isso. Isto já as motiva para a discussão. É um bom sinal...

É certo que estaremos a muitos *kilógrametros* de uma realidade americana, mas é também certo que as coisas têm um momento para começar, e, na nossa realidade, apesar de falarem de alguns *arranques em falso*, o que não é menos certo, é que o comboio já está em movimento, e gradualmente ganha velocidade...

Com este livro, gostaríamos de abrir uma janela sobre esta nossa bela quinta tecnológica, tendo como pano de fundo as experiências de profissionais nos domínios das soluções de informação, falado integralmente em *e-português*.

É com um resumo de cada artigo que terminamos a introdução deste livro que, esperamos, vos deixe expectativas de espreitar um pouco mais por esta janela. Esse, era o nosso objectivo.

Resumo

Este é um livro sobre experiências em soluções de informação – inovadoras, que permitem à organização projectar-se competitiva no futuro. Uma das vertentes destas soluções, e que participa no título deste livro, são os *CRM*.

O artigo *Unified Customer Interaction™: Gestão do Relacionamento num Ambiente Misto de Interacção Self e Assistida*, oferece-nos uma visão das tecnologias de gestão do relacionamento com o cliente, sobretudo através de uma lógica integrada ou unificada de todo um conjunto de *canais de acesso self-service com os canais assistidos por agentes, consolidando todos os acessos numa base de dados de clientes, interacções e eventos de negócios*.

Três conceitos fundamentais serão abordados neste artigo: *a unificação, a personalização e a integração. Através deles é optimizado todo o relacionamento com o cliente*. É sobre estes pilares que assenta o desenvolvimento de uma tecnologia inovadora o *Unified Customer Interaction™*, que será também aqui abordada.

Cuidar bem de um cliente é uma necessidade sempre urgente, pois *fazer negócio com a base de clientes existente é entre cinco a sete vezes mais eficiente do que captar novos clientes(...)*.

O artigo: *Enterprise Systems – Uma moda de futuro*, apresenta uma visão prática resultante da implementação de um projecto *ERP*, abordando a perspectiva da Gestão de Projecto: *a utilização de plataformas de informação e comunicação comuns ou, no mínimo, mais abertas, proporcionou e irá, com toda a certeza, proporcionar a curto-prazo, oportunidades únicas de integrar operações com parceiros de negócio (...)*

Como podemos começar a aperceber, uma das virtudes deste livro é que, para além destes profissionais nos revelarem da sua experiência sobre os domínios da informação, em aparentemente áreas diferentes, todas estas experiências de certa forma se interligam como tecnologias e sistemas de comunicação que representam.

Também o artigo *Memórias da implementação de um ERP numa PME*, nos dá visão essencial do quotidiano da gestão de um projecto de implementação de um *ERP*, neste caso, aplicado a uma PME: *(...) a evolução da informação é um processo contínuo e que muitas vezes os resultados são difíceis de medir, mas vale a pena porque a interligação das diversas áreas passa a ser real e a facilidade de utilização melhora a eficiência de toda a organização.*

O artigo *O Antes, Durante e Pós Implementação de um ERP* focaliza-se no estudo da implementação de um projecto *ERP*, numa visão detalhada de metodologias de abordagem e de exploração de cada etapa: *dever-se-á estruturar e planear todo o projecto de implementação, dando especial ênfase à "constituição da equipa", ao "detalhe das tarefas" a executar, à avaliação dos "recursos necessários" internos e externos e à "avaliação do impacto da implementação" em toda a empresa.*

O artigo *ERP – A espinha dorsal da e-empresa*, aborda *conceitos e tecnologias cruciais à sobrevivência das empresas nesta era de informação, integração e tempo real.* Segundo o autor são *conceitos e tecnologias relacionados com negócio, velocidade, competição, tecnologia e sucesso, num mundo cada vez mais global e integrado.*
A actual era da informação *traz consigo dois conceitos fundamentais: o da integração (EAI – Enterprise Application Integration e IAC – Interprise Application Cooperation onde Interprise é abreviatura de Interenterprise) e o do tempo real.* Da melhor capacidade em apreender e usar estas tendências resultará *certamente a diferença no processo de selecção natural em curso no mundo digital.*

A aceitabilidade da mudança será sempre um factor de risco num projecto que desta necessite para que se atinjam objectivos. O artigo *Tecnologias de Informação: Um Álibi para a Mudança*, demonstra claramente que *o facto de se implementar um novo sistema de gestão da informação não significa, por si só, que se consegue introduzir a mudança diagnosticada como necessária. Os recursos, principalmente os humanos, devem ser cuidadosamente avaliados e todos os membros da organização devem ser envolvidos e motivados para a mudança, principalmente, os gestores de topo.*
Num projecto cujo investimento é elevado, se não for também investida larga quantidade

de motivação para a mudança, é tentar desenvolver algo que dificilmente terá viabilidade: *... é inútil tentar, por incessantes reformas da legislação, banir a marginalidade num estado cuja ordem fundamental está errada! (Platão in A Republica)*

Segundo uma outra vertente, o do *Dimensionamento de plataformas tecnológicas para ERP*, é abordada a questão dos *"sizings"* das soluções de informação a adoptar para a organização. Sendo uma temática pouco explorada nas empresas, na verdade *pode definir ou pelo menos contribuir para o sucesso ou insucesso de um projecto de implementação de soluções de gestão integrada.*

Uma visão do processo e dos parâmetros de dimensionamento é o que nos propõe este artigo, que, com a complexidade de integração de sistemas orientados à Internet *deverá considerar sobretudo factores de flexibilidade, crescimento e segurança que deverão ser intrínsecos das plataformas de suporte aos diversos componentes das soluções.*

O artigo *Uma velha questão, uma nova abordagem* descreve o relacionamento com o cliente recorrendo inicialmente a exemplos de práticas correntes, menos científicas, para depois as comprovar tecnológica ou conceptualmente: *No primeiro contacto que efectuei com o Sr. Costa no seu estabelecimento da pequena aldeia (...), o acolhimento recebido foi de imediato caloroso. (...).*

O tipo de abordagem à velha questão do relacionamento com o cliente é inovador: *(...) E* (o produto) *foi adicionado ao meu "carrinho de compras" (leia-se "balcão do estabelecimento")...*

Uma outra abordagem, uma outra experiência relacionada com esta área de preocupação: o relacionamento com clientes, podemos constatar no artigo *eCRM, um novo desafio*, onde somos conduzidos para um outro campo de soluções onde *os clientes estão apenas à distância de um clique para a aquisição de outras marcas e produtos. Assim, de forma a manter uma relação estreita e contínua com os clientes – ouvir, interiorizar e responder rapidamente aos vários tipos de exigências – é actualmente crucial para a sobrevivência de qualquer tipo de negócio.*

Neste artigo, são explorados os novos conceitos que resultam da integração de soluções CRM na Internet: *Com o despoletar do canal Web o conceito de CRM sofre uma nova dinâmica, os responsáveis pelo departamento de Marketing passam a preocupar-se com novos conceitos como o Web Marketing, o Customer web profile bem como os responsáveis pelas vendas por conceitos como o eSales, eServices, eSupport e eHelp.*

O artigo *Gestão Documental e Arquivo Óptico num ERP*, aborda uma solução que ecoa, na gestão de informação ao nível do *ERP*, uma necessidade que com o passar do tempo é premente implementar numa organização: *Inevitavelmente que uma solução SGD associada a um sistema ERP é uma optimização do próprio sistema ao nível da máquina e uma optimização dos processos de negócio ao nível da organização, permitindo um retorno de investimento da implementação do ERP mais rápido e mais valorizado.*

Duas das áreas mais importantes relativas à implementação de soluções de informação, e que se constituem como factores de competitividade para a organização é seguramente a de Recursos Humanos e o conceito de mudança que está subjacente à necessidade de implementação do projecto.

Uma outra visão sobre a implementação de ERP's é dada pelo artigo: *Implementações ERP*. Aqui são abordadas várias questões que se prendem, por um lado, com o desenvolvimento de um *ERP* como uma solução à medida das necessidades da organização, e por outro, com a aquisição de um *package* standard (com eventuais ajustes ao produto): *Apesar de grande parte das soluções para as solicitações dos utilizadores, serem possíveis efectuar através da customização da aplicação, será sempre necessário um técnico para desenvolvimento de código, para por exemplo aplicações complementares à solução principal (satélites), interfaces, formulários, programas de migração de dados de outros sistemas, carregamentos de dados inicias, etc..*

O artigo *Pós Implementação ERP*, aborda um estudo detalhado de um conjunto de procedimentos que estão afectos a uma fase posterior à implementação de um *ERP*:

Na fase pós implementação é um risco não empreender esforços de melhoria contínua e uma dinâmica constante em alinhamento ao Negócio, pois caso a aplicação não acompanhe esta dinâmica, rapidamente florescem as aplicações paralelas e falhas nos Processos Organizacionais.

Uma visão sobre os preparativos para a implementação de um projecto *ERP*, numa fase imediatamente prévia é o que podemos vir a ler no artigo: *Simbiose da empresa com os seus sistemas de informação*. Isto é: *A implementação de um sistema ERP começa muito antes da fase que habitualmente se chama de implementação; começa com a própria escolha do software mais adequado à empresa utilizadora.*

As fases posteriores são também analisadas: *a implementação é uma tarefa que exige uma atenção contínua que ajuste constantemente o ERP às alterações de negócio da empresa.*

O artigo *Os ERP's e as "Melhores Práticas" em Recursos Humanos* aborda a questão: *De que forma este recurso (humano) (...) está a ser gerido por empresas que se adaptam rapidamente à economia globalizada?*

Este artigo está construído essencialmente com base em 11 pontos que evidenciam as melhores práticas neste domínio, tendo por base a sua interligação com soluções *ERP*: *A introdução de ERP's em processos relacionados com a área de RH veio também redefinir o enquadramento tradicional das trocas de informação entre os empregados e o Departamento de RH.*

Votos de uma boa leitura (em papel, ou no seu computador, se estiver a ler o livro digital - *e-book*)

Firmino Silva e José Augusto Alves
11 de Novembro de 2000

Unified Customer Interaction™: Gestão do Relacionamento num Ambiente Misto de Interacção *Self* e Assistida

João António dos Anjos Cardoso
Altitude Software

Ao longo da última década as empresas têm dedicado cada vez mais esforços à conquista de *customer share* como *driver* de geração de receitas, em oposição à estratégia de considerar exclusivamente a conquista de *market share*.

O conceito CRM (*Customer Relationship Management*) funciona como suporte à criação, manutenção e desenvolvimento de relacionamentos duradouros com os clientes. No entanto, o aparecimento de novas formas de interacção entre os clientes e as empresas e o *empowerment* crescente dos clientes na escolha dos canais preferidos de acesso, tornou obsoletas as soluções tradicionais de CRM. As soluções *e-CRM*, por privilegiarem os acessos dos clientes via Internet, não oferecem também um suporte conveniente ao relacionamento com os clientes.

O *framework* de *Unified Customer Interaction*™ ([1]) **unifica** os canais de acesso *self-service* com os canais assistidos por agentes, consolidando todos os acessos numa base de dados de clientes, interacções e eventos de negócios. Suporta ainda toda a lógica de negócio num repositório central de componentes, o *uBusiness Server*, que implementa conceitos de negócio e *business rules*. E potencia a identificação de padrões de consumo e comportamento, a medição da eficácia de campanhas de *marketing* bem como a determinação da rendibilidade de cada cliente.

O *framework* contempla **personalização**, podendo esta ser feita pela empresa por forma a maximizar o potencial de negócio com cada cliente, ou pelo próprio cliente constituindo-se uma âncora poderosa deste à empresa. E o modelo de componentes do *uBusiness Server* assegura ainda a **integração** com os sistemas *legacy* de uma forma elegante e reaproveitável.

Os três conceitos fundamentais do *Unified Customer Interaction*™ são pois a unificação, a personalização e a integração. Através deles é optimizado todo o relacionamento com o cliente.

Unified Customer Interaction; unificação; personalização; integração; optimização; web collaboration; routing; self-service e serviço assistido; e-mails, processamento; CTI.

Introdução

A criação, manutenção e desenvolvimento de um relacionamento com o cliente são hoje preocupações constantes das empresas. A consciência de que fazer negócio com a base de clientes existente é entre cinco a sete vezes mais eficiente do que captar novos clientes, tornou óbvia a relação de causa efeito entre o estabelecimento de relações de lealdade com os clientes e a construção de valor para os accionistas. Esta consciência tem-se generalizado ao longo da última década e tem constituído um forte incentivo ao investimento, por parte das empresas, na constituição de relacionamentos duradouros com os seus clientes. Neste contexto, as empresas têm deslocado o seu *driver* de geração de receitas da tradicional conquista de *market share*, para uma estratégia em que a tónica é colocada no aumento de *customer share*, procurando ser cada vez mais eficazes na captação do poder aquisitivo dos seus clientes, por oposição à mera captação de novos clientes.

O CRM Operacionalizado

O conceito CRM (*Customer Relationship Management*) está na essência da adaptação das empresas a uma estratégia baseada no valor do relacionamento com o cliente, ao estabelecer um *framework* em que estas passam a desenhar o seu *front-end* de contacto com o cliente em torno justamente de uma lógica de criação, manutenção e desenvolvimento do relacionamento. O *framework* considera três silos funcionais principais: as vendas (com a correspondente criação do relacionamento), o serviço (fundamental à manutenção do relacionamento) e o *marketing* (permitindo desenvolver e estimular a relação comercial entre o cliente e a empresa). Estes silos têm uma implementação organizacional e são normalmente suportados por um conjunto de soluções tecnológicas mais ou menos sofisticadas e integradas, constituindo uma plataforma CRM.

---

[1] *Unified Customer Interaction* é um *trade mark* da Altitude Software.

Plataforma Tecnológica de CRM

As aplicações de SFA (*Sales Force Automation*) apoiam as equipas de vendas desde os primeiros contactos com *prospects* até à concretização das transacções comerciais. Auxiliam na elaboração de *forecasts* e no acompanhamento dos *pipelines* de vendas. Uma atenção especial é também normalmente dedicada à possibilidade dos vendedores poderem trabalhar nas aplicações em modo *off-line* e depois sincronizarem os seus *laptops* no sistema SFA.

Para a área de serviço ao cliente existem numerosas soluções de *customer support* dedicadas ao registo e acompanhamento de questões, problemas, reclamações, sugestões e pedidos de informação. Estas soluções suportam também o escalar criterioso dos assuntos pendentes, normalmente acompanhado de uma notificação para o cliente que desta forma é mantido informado, bem como o encaminhamento e agendamento dos assuntos de acordo com o SLA (*Service Level Agreement*) estabelecido com cada cliente em particular. Algumas soluções mais sofisticadas oferecem uma *knowledge base* e sistemas de *knowledge management* que facilitam a criação, manutenção e pesquisa da informação normalmente requisitada pelos clientes, nomeadamente com a possibilidade de interrogação utilizando linguagem natural.

Relativamente ao *marketing,* surgiram soluções de *data warehouse* que funcionam como enormes repositórios de eventos de negócio associados aos clientes, especialmente concebidos de forma a facilitarem análises posteriores, nomeadamente recorrendo a aplicações de *data mining*. Estas aplicações permitem descobrir relações não antecipadas entre as diversas preferências dos clientes, bem como padrões de consumo e comportamento nomeadamente com o objectivo de elaborar *forecasts*. Permitem ainda identificar perfis de clientes e estabelecer segmentação com base nesses perfis. Estas ferramentas são utilizadas como auxiliares na tomada de decisão, na elaboração de campanhas e como suporte para *cross-selling* e *up-selling*.

Dois elementos adicionais são ainda fundamentais para a coerência e inter-operacionalidade destes três silos. O primeiro é uma base de dados centralizada de clientes e eventos de negócio que todas as aplicações da plataforma CRM utilizam e mantêm actualizada, de forma a assegurarem o desenvolvimento de uma visão única e consistente do cliente. O segundo é um sistema de *workflow* que possibilite o fluir de processos e *work items* dentro de cada um dos silos e entre silos.

Vários fabricantes de *software* oferecem hoje soluções integradas dos três silos do CRM. A generalidade destes fabricantes começou por oferecer uma solução específica dentro de um dos silos, tendo depois tentado evoluir para o conceito mais abrangente de CRM. Como resultado, as suas soluções são normalmente mais fortes no seu *focus* inicial.

Interacção com o Cliente

Uma das características das aplicações convencionais na área de CRM, é o facto de se destinarem exclusivamente a serem acedidas internamente na empresa (por isso designadas por vezes de *inward applications*). Nada de extraordinário numa geração tecnológica pré-*web*, em que os contactos com o cliente eram essencialmente feitos em modo assistido através de agentes que interagiam com os clientes pessoalmente ou via telefone. As empresas desenvolveram inclusivamente infra-estruturas dedicadas ao contacto telefónico com os clientes: os *call centers*.

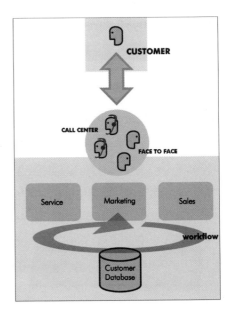

Quer isto dizer que todas as interacções se desenrolavam em modo assistido? Na realidade não. Os IVR's[2], e os ATM's no caso específico da banca, são exemplos de equipamentos que possibilitavam já a interacção entre o cliente e a empresa em modo *self-service*. No entanto, a generalidade das interacções eram feitas em modo assistido.

Entretanto, já desde o final da década de 80 que havia começado a despontar a tecnologia CTI (*Computer Telephony Integration*), justamente para suporte às interacções telefónicas. Esta tecnologia permite estabelecer um *binding* (ou ligação) entre a chamada telefónica e o contexto associado à chamada, incluindo os dados pessoais do cliente, o serviço solicitado e as transacções eventualmente executadas durante a chamada. O estabelecimento desta ligação entre voz e dados possibilita então a implementação de várias funcionalidades tais como:

1)   Relativamente ao fluxo de *outbound* (chamadas geradas pelo *call center* para contacto com os clientes, por oposição a *inbound* em que é o cliente a contactar o *call center*), a marcação telefónica e detecção de atendimento passam a ser feitos automaticamente pelo sistema, libertando o agente da tarefa de manter a lista dos contactos a estabelecer. Algoritmos sofisticados de *predictive dialing* estimam a duração das chamadas em curso e a probabilidade de sucesso de uma nova chamada e geram um número óptimo de chamadas, ainda com os agentes em conversação, por forma a maximizar a sua ocupação.

2)   Para além de uma optimização do fluxo de *outbound*, os algoritmos de *predictive dialing* permitem uma adequação do fluxo de *outbound* ao fluxo de *inbound* (sobre o qual o *call center* não tem obviamente controlo), possibilitando que os mesmos agentes estejam dedicados aos dois tipos de chamadas. Dependendo do tipo de chamada, o sistema lança uma aplicação adequada no *desktop* do agente, já previamente preenchida com os dados relativos à chamada.

[2] O IVR (*Interactive Voice Response*) é um equipamento hoje completamente banalizado, em que o cliente reage a menus vocais pré-gravados através do teclado do seu telefone. A tecnologia ASR (*Automatic Speech Recognition*) permite hoje que o cliente interaja também por via vocal.

3)   Transferências sincronizadas de voz e dados. Caso um agente não esteja qualifica-do para continuar a atender um cliente, poderá transferir a chamada juntamente com os dados já coleccionados para um outro agente do *call center,* ou até para um grupo de agentes. Neste último caso, caberá depois ao ACD (*Automated Call Distributor*) escolher um agente pertencente a esse grupo.

4)   Os clientes podem começar por se identificar e escolher o serviço pretendido junto de um IVR (*Interactive Voice Response*), para depois solicitarem a transferência sincronizada para um agente.

5)   A escolha do agente pode ser feita com base em critérios bem mais sofisticados que a mera distribuição de carga (como faziam os tradicionais sistemas ACD). Algoritmos de *skills based routing* permitem encaminhar a chamada para o agente mais qualifi-cado, atendendo às especificidades do cliente (língua materna, por exemplo) e servi-ço pretendido.

6)   Gravação digital de chamadas. As gravações ficam associadas aos dados da cha-mada, possibilitando pesquisas por cliente, agente, hora da chamada, transacção executada, etc.

A tecnologia CTI possibilitou o desenvolvimento de sofisticados sistemas CCMS (*Call Center Management System*), em que estas funcionalidades são oferecidas de uma forma integrada. Um componente importante do CCMS é o MIS (*Management Informa-tion System*) que permite controlar todo o *hardware* (computadores e PBX's) bem como os conceitos de *call center* presentes no sistema, através dos quais são disponibilizadas todas as funcionalidades. O CCMS mantém ainda uma base de dados com todos os eventos de telefonia, e eventualmente de negócio, gerados no *call center*, sobre a qual o MIS pode depois gerar *reports* estatísticos.

A Web e o e-CRM

A vulgarização da *web* provocou o aparecimento de numerosas *dotcom*'s a operarem com os mais variados modelos de negócio. Um dos aspectos revolucionários do *e-business* foi a mudança abrupta na forma como os clientes acedem à empresa: todas as interacções passam a ser feitas em modo *self-service*. Neste modelo é o próprio cliente que acede à aplicação de *front-end* da empresa, agora sob a forma de um *web site*.

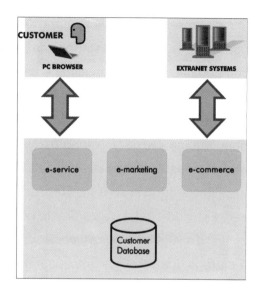

Entretanto, a necessidade de construir, manter e desenvolver relações duradouras com os clientes mantém-se para as *dotcom's*. O desafio, esse porém, é ainda maior do que para as tradicionais *bricks-and-mortar* já que os custos de mudança para os consumidores na *web* são menores do que nos modelos tradicionais. Desde logo se tornou contudo óbvia a dificuldade em adaptar as soluções CRM a estes novos modos de interagir com os clientes. As aplicações haviam sido desenhadas para serem utilizadas internamente por agentes e as *dotcom*'s precisavam de aplicações voltadas para fora da organização e que pudessem ser directamente utilizadas pelos clientes (e por isso chamadas de *outward applications*). Muito rapidamente, os fabricantes de CRM lançaram-se numa corrida para adaptar ou reconstruir as suas ofertas, enquanto que novos entrantes viam nesta mudança de paradigma uma imensa oportunidade de os desafiarem. Estes novos entrantes colocaram a ênfase na interacção com os clientes via *web* e *e-mail*, desenvolvendo soluções *web centric* especialmente vocacionadas para as necessidades das *dotcoms*. No início de 1999 começou-se a vulgarizar o conceito de e-CRM como sendo um novo *framework* para gestão do relacionamento com o cliente, especialmente concebido para interacções através da Internet.

A Convergência

O modelo *self-service* de interacção das *dotcom's* apresenta vantagens consideráveis para os seus clientes em termos de disponibilidade geográfica e temporal, facilidade de comparação de características e preços, possibilidades de personalização, etc.

Apesar de todas estas vantagens, o *e-commerce* no segmento B2C não cresceu ao ritmo que se previa. E várias razões se apontam hoje para explicar esse frustrar de expectativas. Uma delas é a insuficiente penetração daquele que é ainda o meio por excelência de acesso à Internet, o PC. Espera-se porém que esta limitação venha a ser resolvida com a utilização de novos meios de acesso, nomeadamente o telefone celular e a televisão interactiva. Uma outra são os problemas de capilaridade associados à entrega dos produtos ao consumidor final e para os quais a logística não encontrou ainda soluções adequadas. Uma razão mais profunda, passa por encarar o acto de comprar como fazendo parte integrante da omnipresente indústria do lazer e por reconhecer que o consumidor não irá necessariamente comprar através do canal que lhe permita poupar mais tempo ou dinheiro, se este não conseguir recriar o carácter lúdico da compra. Finalmente, existe unanimidade em apontar a falta de um serviço adequado como uma das razões para que o B2C não tenha crescido ao ritmo que se previa.

Na realidade, a experiência que temos ao aceder a um *e-tailer*, apresenta algumas semelhanças com a forma como compramos num supermercado. E todos apreciamos a possibilidade de compararmos diferentes produtos e preços e o facto de sermos surpreendidos por novas ofertas, criteriosamente arrumadas ao longo dos corredores. No entanto, todos nós sentimos também já a necessidade de falarmos com um assistente que nos esclareça relativamente a uma qualquer característica de um determinado produto. E a correspondente impaciência quando essa necessidade não é imediatamente satisfeita, resultando eventualmente em que acabemos por desistir da compra.

O mesmo acontece quando um consumidor acede a um *e-tailer*, com a agravante de que na Internet é muito mais fácil para ele procurar alternativa na concorrência, caso o *e-tailer* não seja capaz de lhe prestar a ajuda necessária. Afinal, estamos sempre a apenas alguns *mouse-clicks* de distância de um concorrente, que poderá eventualmente prestar um serviço mais conveniente aos seus clientes.

Por outro lado, assistiu-se nos últimos anos a um considerável *empowerment* do cliente que, dependendo das circunstâncias, quer utilizar o meio de acesso à empresa que lhe seja mais conveniente. Espera também que a empresa se lhe apresente de forma indistinguível independentemente do canal de acesso escolhido, que mantenha para com ele um relacionamento personalizado e que em cada novo contacto esteja presente por parte da empresa todo o histórico respeitante ao relacionamento passado.

O reconhecimento por parte das empresas deste tipo de fenómenos provocou uma convergência entre as *bricks and mortar* e as *dotcom's*, com as primeiras a oferecerem serviços *self-service online*, as segundas a prestarem ajuda assistida, e com ambas a evoluírem para um novo modelo de *clicks and bricks*. O suporte tecnológico a modelos de negócio com características mistas, tem passado pela utilização conjunta de soluções essencialmente *inward* (que vinham das *bricks and mortar*) com soluções

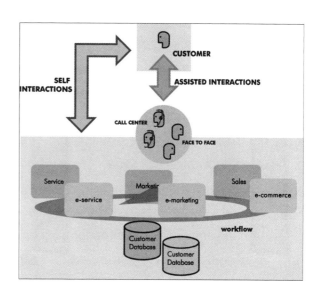

outward (desenvolvidas a pensar nas *dotcom's*) e ainda pela integração de sistemas específicos dos diferentes canais de acesso ao cliente. O resultado é invariavelmente a duplicação dos sistemas de informação, processos e dados, com várias consequências negativas:

1)   Em termos de interacção com o cliente, não existe suporte à transferência de modo *self-service* para modo assistido. Quantos portais permitem hoje que o cliente fale com um agente através do telefone, sem que se perca o contexto da interacção entretanto desenvolvida no portal (identificação do cliente, serviço pretendido, etc.)? Invariavelmente, o cliente é obrigado a marcar ele próprio para o *call center*, a ver a sua identificação validada de novo e a repor todo o contexto da interacção.

2)   O registo das interacções com os clientes é feito em diferentes sistemas, dependendo do canal de acesso utilizado. Ao ligar para o *call center*, o cliente espera porém que o agente contactado tenha acesso a todas as interacções anteriores. Isso obriga a que o agente conheça e tenha acesso aos vários sistemas, com inerentes custos em termos de operacionalidade e de formação.

3)   As chamadas telefónicas, *e-mails,* pedidos de *web collaboration* e *chat* são encaminhados para os agentes através dos mecanismos de encaminhamento presentes nos respectivos sistemas específicos de suporte. Normalmente são utilizadas disciplinas *push* para o tratamento das chamadas telefónicas (o sistema escolhe o agente que deverá atender e passa-lhe a chamada) e disciplinas *pull* para os *e-mails* (é da iniciativa do agente escolher um *e-mail* para responder). Torna-se então difícil estabelecer níveis de serviço mínimos no tratamento dos *e-mails*, e como resultado estes acabam por não ser processados de uma forma sistemática ou processados de todo. Até porque aos *e-mails*, por não implicarem espera activa por parte dos clientes, atribui-se uma prioridade inferior. Alternativamente, opta-se por vezes por alocar grupos de agentes específicos aos diferentes tipos de interacção. Esta solução implica porém uma deficiente utilização dos recursos humanos, potenciando situações em que agentes dedicados ao tratamento de *e-mails* (por exemplo) se encontram desocupados, enquanto um pico na entrada de chamadas telefónicas produz tempos de espera inaceitáveis neste canal.

4) A partir do momento em que diversos sistemas estão em funcionamento para suportarem todos os canais disponibilizados aos clientes, torna-se difícil garantir a coerência entre todos eles e assegurar que o cliente recebe as mesmas respostas independentemente do canal de acesso. Uma das ideias base do CRM, a existência de uma base de dados central onde fiquem armazenados todos os dados do cliente e do relacionamento com ele, é de difícil implementação, porque cada um dos diferentes sistemas incorpora por norma a sua própria base de dados de clientes. Também toda a parametrização dos sistemas, incluindo nomes e capacidades dos agentes, definição dos grupos de agentes, regras de encaminhamento das interacções, regras de personalização, configuração do *cross-selling* e *up-selling*, *reporting*, agendamento da operativa, etc. tem que ser replicada nos diversos sistemas. Obviamente, há um impacto directo sobre o *time-to-market,* já que a introdução de novos produtos implica agora a actualização dos diversos sistemas.

A construção de soluções CRM a partir da integração de sistemas que suportam os diversos modos de interacção, explica porque podem os tempos de implementação deste tipo de projectos alongar-se por períodos consideráveis de um a dois anos. O problema é que no actual contexto tecnológico e de negócio, as empresas não podem esperar tanto tempo pelas soluções, nomeadamente porque correm o risco de estas estarem já obsoletas no próprio dia em que entram em produção. E depois porque ao longo desse período incorrem em custos consideráveis, sejam eles decorrentes das despesas de integração, sejam inclusivamente custos de oportunidade que resultam de não poderem beneficiar mais cedo da intensificação do relacionamento com o cliente.

O reconhecimento deste tipo de problemas e limitações, provocou que a noção de e-CRM se tenha vindo a alargar, por forma a incluir não só o suporte das interacções electrónicas mas também as tradicionais formas de interacção assistida. E os fabricantes tradicionais de soluções CRM não hesitam também hoje em incluir-se no espaço e-CRM. As soluções oferecidas reflectem porém a sua própria história: os fabricantes de CRM optaram por incluir o suporte dos novos canais integrando com produtos de outras companhias que entretanto adquiriram ou com as quais se fundiram. E os fabricantes de e-CRM fazem o mesmo com soluções no espaço CCMS. O resultado mantém infelizmente muitas das limitações originais e não é substancialmente melhor que aquele que um integrador de sistemas conseguiria obter ao integrar sistemas específicos aos diferentes canais.

Unified Customer Interaction™ (1)

Qual é então o problema essencial das soluções actuais de e-CRM disponíveis no mercado? O problema é que dependendo da sua origem, estão desequilibradas relativamente ao suporte de um determinado tipo de interacções. Face a isto, os fabricantes têm tentado tornear as diversas limitações que resultam do problema, através de integrações sucessivamente mais aperfeiçoadas dos diversos sistemas que integram a solução completa. Ou seja, não têm propriamente procurado uma cura para o problema, mas sim uma melhoria dos seus sintomas.

A ideia de uma plataforma *Unified Customer Interaction*™ é atacar a origem do problema e não os seus sintomas: uma solução construída de raíz a pensar em todos os canais de interacção, perfeitamente equilibrada e simétrica no tratamento das interacções com o cliente independentemente do canal escolhido. Uma solução deste tipo apresenta as seguintes características:

1) Uma única base de dados onde são registados todos os dados do cliente e é mantido o registo de todo o relacionamento com ele, independentemente dos diferentes canais que tenha utilizado. O relacionamento com o cliente é ainda armazenado numa perspectiva de eventos de negócio. Um mesmo evento de negócio pode ter implicado variados contactos com o cliente eventualmente através de canais distintos.

2) O encaminhamento das interacções é feito por um único motor de encaminhamento, independentemente do meio de suporte da interacção. Fica assim assegurado o *blending* de chamadas telefónicas, *e-mails*, sessões de *web collaboration*, sessões de *chat* e até de *work items* geridos pelo motor de *workflow*. Este motor é suficientemente flexível para permitir definir o encaminhamento com base nas particularidades do cliente (acessíveis via base de dados), no serviço pretendido por ele e nas características dos agentes que se encontrem disponíveis. Relativamente aos agentes há que ter em atenção que as suas capacidades se classificam em diferentes dimensões ortogonais: domínio de determinados assuntos (produtos financeiros no caso de um banco, *packages* de *software* no caso de um *help desk*, por exemplo), canal suportado (alguns agentes apenas estarão habilitados a interagir por via escrita ou oral, mas não por ambas) e língua (uma dimensão que se tornará cada vez mais relevante com a mobilidade dentro da Comunidade Europeia). E que o motor de *routing* terá de ser capaz de apresentar soluções para lidar com um elevado número de capacidades organizadas por diferentes dimensões.

O processamento dos *e-mails* é feito segundo uma disciplina *push*, permitindo assim assegurar níveis de serviço aceitáveis. Este tratamento não é contudo suficiente, uma vez que um cliente pode enviar um *e-mail* e seguidamente telefonar para a empresa antes de receber resposta do *e-mail*. Nesta situação, o agente que processe a chamada tem a possibilidade de fazer o *pick-up* do *e-mail* da fila de espera.

3) A associação entre a interacção e o respectivo contexto é mantida ao longo de toda a interacção, evitando assim que o cliente tenha que repor o contexto (nomeadamente voltar a identificar-se e explicar o que pretende) sempre que a interacção é transferida de um canal *self-service* para um canal assistido, ou inclusivamente quando é transferida de um agente para outro.

4) O agente utiliza uma aplicação de apresentação *browser based*, que inclui a aplicação disponibilizada aos clientes através da Internet. Na realidade, a *interface* do agente pode ser encarada como um super-conjunto da *interface* disponibilizada ao cliente, pelo que o agente consegue mais facilmente ajudar os clientes em dificuldades. Por outro lado, o facto de ser *browser-based* dispensa a instalação de *software* adicional na *workstation* do agente.

5) Suporte à migração dos clientes do modo assistido para o modo *self-service* através de tecnologias como o *web collaboration* que possibilitam a formação dos clientes na utilização dos canais *self-service*. Estes canais envolvem um custo médio por interacção 10 a 15 vezes mais baixo que os canais assistidos. Ao deslocar clientes dos canais assistidos para os canais *self-service*, as empresas beneficiam pois de reduções de custos que podem ser apreciáveis. Tecnologias como o *web collaboration* permitem que os clientes ultrapassem as dificuldades iniciais de utilização do *web site* e o passem a utilizar como canal privilegiado de contacto com a empresa. O *web collaboration* não deve pois ser visto como um passo atrás em termos do potencial de *self-service* da *web* (por envolver intervenção de um agente e logo custos elevados) mas como uma forma extremamente eficaz de deslocar os acessos dos clientes dos canais assistidos para os canais *self-service*.

O *framework Unified Customer Interaction*™ possibilita que seja oferecida ao cliente uma experiência consistente e actualizada da empresa, independentemente do canal utilizado, e isso é absolutamente fundamental em termos da construção, manutenção e desenvolvimento do relacionamento com o cliente. Suporta modelos de negócio mistos, em que as interacções se podem fazer em modo *self-service* ou assistido e pode consequentemente ser visto como suportando uma evolução lógica do *eBusiness*: o *uBusiness*, ou *unified business*. O *uBusiness* resulta desde logo do reconhecimento da tendência de *empowerment* do cliente, em que tem que ser sempre este, e não a empresa, a escolher a forma preferida de interagir em cada momento particular. A empresa deverá ser capaz de manter coerência de interacção e de negócio entre todos os canais.

Arquitectura

O conceito de *Unified Customer Interaction*™ é suportado pela seguinte arquitectura:

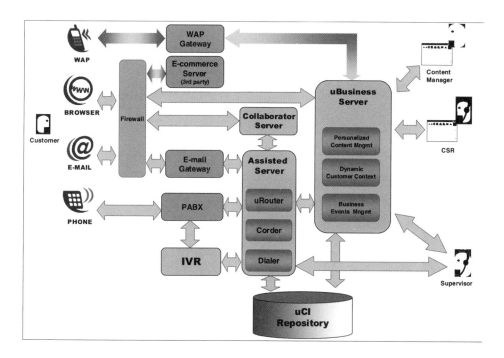

uBusiness Server

No centro do *framework* encontra-se o *uBusiness server*, um gestor de transacções de negócio. Do ponto de vista de estrutura, o *uBusiness Server* é um repositório de componentes. Cada componente encapsula lógica própria e eventualmente a sua própria apresentação (uma *web page*, na sua forma mais simples) e interage com outros componentes através de *interfaces standard*. Entre os componentes estabelecem-se relações de cliente-servidor através de um contrato que é definido pela *interface* do servidor. Todos os pedidos dirigidos ao componente são feitos respeitando a *interface* por ele exportada. Numa relação entre dois componentes, cada um ignora por completo a implementação do outro e apenas conhece os serviços por ele prestados.

Cada componente deve ter uma semântica própria bem definida e implementar um determinado conceito, eventualmente um conceito de negócio. Os componentes permitem implementar conceitos gradualmente mais complexos a partir de conceitos simples. As *business rules* são implementadas à custa de componentes e de relações de cliente-servidor entre diversos componentes. A introdução de um novo produto, por exemplo, passa pelo desenvolvimento de um componente que represente o conceito que está por detrás do produto. A introdução do componente no *uBusiness* Server é imediata, desde que o componente exporte uma *interface standard*, e permite que toda a lógica e apresentação associada ao produto fique de imediato disponível através de todos os canais de interacção.

Uma das funções dos componentes de negócio é o de atribuírem uma semântica de negócio às interacções que são mantidas com os clientes. Um determinado evento de negócio, uma compra de um produto por exemplo, pode envolver um conjunto significativo de interacções desde uma primeira em que o cliente coloca a encomenda, até à notificação de que o produto foi entregue, passando por pedidos de informação do cliente no respeitante à entrega do produto ou por eventuais pedidos de mudança na encomenda. Cabe ao componente que implementa a lógica de negócio associada ao produto, definir as regras de agregação das interacções, em eventos de negócio.

Do *uBusiness Server* faz parte um gestor de conteúdos que permite associar *billboards* portadores de informação a *place holders* existentes nas *web pages*. Os componentes, por implementarem eles próprios a apresentação dos conceitos de que são portadores, tiram partido do gestor de conteúdos. O gestor de conteúdos permite que a apresentação de um determinado conceito seja feita sem que haja necessidade de alterar o respectivo componente, através de *interfaces* gráficas de muito fácil utilização, que podem ser acedidas por utilizadores sem formação específica prévia.

O *uBusiness Server* faz ainda *tracking* automático de todas as páginas visitadas durante um acesso ao *web site*, sem que para isso haja necessidade de fazer qualquer esforço em termos de as instrumentalizar.

uCI Repository

O *uCI repository* é um *data mart* que suporta a persistência dos dados de cliente, eventos de negócio e interacções. As interacções são guardadas com grande nível de detalhe. A nível de chamadas telefónicas, é guardada a indicação de todas as fases da chamada, permitindo identificar quanto tempo esteve o cliente em espera, qual o agente que o atendeu, se o cliente foi deixado em *hold* (espera com música) e durante quanto tempo, todas as transferências entre agentes por que a chamada passou, etc. Relativamente a interacções no *web site*, ficam registadas todas as páginas consultadas, o caminho seguido pelo cliente, o ponto de abandono, etc.

Por conter uma tão grande riqueza de informação comportamental dos clientes, directamente relacionada com o respectivo impacto em termos de negócio, o *uCI repository* é a ferramenta ideal para *data mining* permitindo identificar relações não antecipadas entre as diversas preferências dos clientes, padrões de consumo e comportamento, e medição da eficácia de campanhas de *marketing*.

Collaborator Server

O *Collaborator Server* é a peça de suporte ao *web collaboration*. Esta tecnologia permite que agente e cliente partilhem uma mesma sessão de *browser*, enquanto mantêm uma conversação telefónica ou via *chat*: sempre que agente ou cliente mudam de página ou preenchem um campo numa *form*, essas mudanças são reflectidas de imediato no *browser* do outro. As sessões de *web collaboration* são desencadeadas a pedido do cliente a partir do *site* ou portal da empresa. Após selecção de um agente por parte do *Assisted Server* (mais propriamente do *uRouter*), é despoletada uma chamada telefónica ou uma sessão de *chat* (conforme a preferência manifestada) para o cliente. No caso de uma chamada telefónica, é necessário que o cliente tenha uma linha para além da que eventualmente estará a utilizar para aceder à Internet e que tanto poderá ser o seu telefone móvel como uma linha fixa caso, por exemplo, se encontre no seu emprego.

O *Collaborator Server* permite fazer colaboração incluindo *escorted form filling* (replicação dos conteúdos sempre que agente ou cliente preenchem um campo num *form*) sobre páginas HTML *standard*, sem que haja necessidade de proceder a qualquer instrumentalização dessas páginas e sem que o cliente tenha que fazer *download* de qualquer *applet*. O *Collaborator Server* garante ainda que os pedidos despoletados por um dos intervenientes na sessão de *web collaboration* não é duplicado no *web server* a montante, pelo facto da apresentação ser depois replicada no outro interveniente.

Assisted Server

O *Assisted Server* suporta todas as transacções assistidas. A peça fundamental do *Assisted Server* é o *uRouter*, o motor de encaminhamento das interacções assistidas. O *uRouter* permite definir algoritmos de encaminhamento arbitrariamente complexos e que especifiquem o encaminhamento em função de:

1) Dados da interacção. No caso de uma chamada telefónica, o *uRouter* poderá atender ao número marcado, por exemplo, enquanto que no caso de um *e-mail* poderá atender ao *subject* do *e-mail* ou mesmo ao texto do mesmo.

2) Dados do cliente. No caso de uma chamada telefónica por exemplo, a identificação do cliente pode ser feita pelo número do chamador ou através de um diálogo estabelecido entre o IVR e o cliente. Uma vez feita a identificação, o *uRouter* pode consultar

os dados respeitantes a esse cliente e escolher o agente mais qualificado para processar a interacção com base nessa informação.

3) Recorrendo ao motor de *skills-based-routing*. Uma vez determinadas as características que os agentes deverão ter para poderem processar uma determinada interacção, o motor de *skills-based-routing* encarrega-se de encontrar o agente mais qualificado. Ao fazer a distribuição das interacções, este motor pode também atender à carga de trabalho de cada agente, por forma proceder a uma distribuição mais equitativa.

Conforme se pode verificar pelo diagrama, a própria arquitectura do *Unified Customer Interaction*™ assegura que a informação prestada através dos diversos canais é coerente, uma vez que a fonte da informação é sempre o *uBusiness Server*.

Para além da unificação dos canais, dois outros conceitos fundamentais estão associados ao *Unified Customer Interaction*™: a personalização e a integração com sistemas *legacy*.

Integração

Ao unificar todos os canais de interacção, a plataforma *Unified Customer Interaction*™ constitui-se no *backbone* de acesso ao cliente e, consequentemente, no ponto privilegiado de integração com os sistemas *legacy*. A integração implica o desenvolvimento de um componente específico que esconda todas as particularidades do sistema *legacy*, eventualmente tirando partido de outros componentes genéricos, de integração ou não. Este componente é depois 'largado' no repositório de componentes, passando a fazer parte do *uBusiness Server* e a estar consequentemente disponível a todo o sistema. Esta abordagem garante que a eventual substituição no futuro do sistema *legacy*, apenas terá impacto ao nível do componente específico, ficando qualquer alteração circunscrita a esse mesmo componente.

Esta abordagem permite que embora o *framework* de *Unified Customer Interaction*™ contenha o seu próprio *data mart*, se possa optar por garantir a persistência de certas entidades em bases de dados alternativas presentes em sistemas *legacy*.

Personalização

A personalização deve ser vista segundo duas perspectivas distintas. Em primeiro lugar, pela possibilidade de ajustar a apresentação da empresa em função do cliente com que se está a interagir, situação em que é a empresa a personalizar a interacção com o cliente. Em segundo lugar, pela possibilidade que a empresa fornece aos seus clientes de personalizarem eles mesmos as interacções, e relacionamento em geral, que mantêm consigo.

Ao longo da década de 90, e desde que a preocupação em captar *market share* foi sendo parcialmente substituída pela preocupação em captar *customer share*, que se foram sucessivamente procurando mecanismos que evitem o *churn* para a concorrência e que intensifiquem o relacionamento com o cliente. Para consegui-lo, as empresas procuraram continuamente exceder as expectativas dos seus clientes, aumentando a sua satisfação. Esta busca contínua de excelência foi feita por via de minimizar o sacrifício do cliente, tornando os produtos mais acessíveis, mais fáceis de utilizar e por melhorias contínuas de serviço. E também pela criação de surpresa no cliente. Estas abordagens passam pelo recurso à primeira perspectiva de personalização aqui apresentada: a empresa adapta-se a cada cliente em particular por forma a justamente minimizar sacrifício e criar surpresa.

No entanto, rapidamente as empresas se começaram a aperceber da impossibilidade em sistematicamente excederem as expectativas dos clientes, até porque as expectativas vão também crescendo e tornando-se em exigências. Além disso, pequenas melhorias no produto ou no serviço não são percebidas pelo cliente e não produzem pois o efeito desejado. Apenas melhorias substanciais, que ultrapassem o limiar diferencial do cliente, são susceptíveis de provocar o desejado exceder de expectativas.

De um outro ponto de vista, há que atender a que as empresas produzem produtos a um determinado custo e os clientes adquirem-nos porque tiram dele um determinado benefício. O preço do produto deverá estar acima do seu custo de produção (ou a empresa preferiria não o produzir) e abaixo do benefício retirado pelo cliente (ou o cliente optaria por não comprar). O valor criado pela empresa mede-se pelo diferencial entre o benefício e o custo, e o preço define a parte desse valor de que a empresa se consegue apropriar. O restante é o que os economistas chamam de excedente do consumidor. A forma como esta partilha de valor entre empresa e cliente é feita, depende da indústria em questão, nomeadamente da intensidade da concorrência. Mas uma coisa é certa: para que uma empresa possa apresentar vantagens competitivas, terá necessariamente que apresentar um diferencial entre benefício e custo superior aos seus concorrentes. Ora, ao melhorar o nível de serviço, a empresa está a aumentar simultaneamente o benefício para o cliente e o custo associado ao produto. Esta melhoria só tem interesse quando permite aumentar o diferencial entre benefício e custo. Com níveis de serviço muito elevados, só é possível melhorá-los ainda mais com custos substanciais, o que por vezes faz com que o referido diferencial acabe por diminuir. Nestes casos, o valor criado pela empresa diminui efectivamente com a melhoria de serviço prestado, assim como as suas vantagens competitivas.

Uma forma alternativa de evitar o *churn* é fazer com que o cliente invista ele próprio no relacionamento, aumentando assim os seus próprios custos envolvidos na mudança para a concorrência. Serviços que impliquem um investimento por parte do cliente, nomeadamente em tempo, funcionam como âncoras que evitam o fácil deslocar do cliente para a concorrência.

A segunda perspectiva da personalização encaixa-se perfeitamente neste âmbito: ao personalizar o seu acesso a um determinado *provider*, o cliente está a investir nele e a aumentar os custos de mudança para a concorrência. É o que acontece, por exemplo, quando um utilizador personaliza o seu acesso a um portal de notícias, ou quando introduz uma determinada carteira de títulos num portal financeiro.

Proposta de Valor

O *framework* de *Unified Customer Interaction*™ permite optimizar todo o relacionamento com o cliente. Suporta o *empowerment* crescente do cliente, nomeadamente a sua liberdade de escolha relativamente aos canais preferidos para acesso à empresa, e em simultâneo fornece os meios para desviar os clientes de forma eficaz para os meios de acesso que são mais eficientes em termos de custos. Consolida todos os acessos e mantém uma visão a 360° do cliente. Potencia a identificação de padrões de consumo e comportamento, a medição da eficácia de campanhas de *marketing* bem como a rendibilidade associada a cada cliente. E suporta a personalização, podendo ser feita pela empresa por forma a maximizar o potencial de negócio com cada cliente, ou pelo próprio cliente constituindo uma âncora poderosa à empresa.

A orientação do *framework* aos componentes garante uma integração limpa com siste-mas *legacy* e *add-ons*, assegurando tempos de implementação mínimos para as solu-ções de *e-CRM*. Por outro lado, o *framework* assegura um *time-to-market* agressivo para novos produtos e serviços, já que a respectiva implementação a nível de *uBusiness Server* os torna imediatamente disponíveis em todos os canais. A utilização de *interfaces browser-based* por parte dos agentes assegura não só o reaproveitamento da apresen-tação de negócio para agentes e clientes, como também uma maior eficiência em termos de gestão dos equipamentos e sistemas internos da empresa.

Enterprise Systems
Uma "moda" de futuro

Vasco José de Castro Viana
Amorim Revestimentos, SA

Enterprise Systems, ERP's, Mudança, Rollout, Internacionalização, TIC, Gestão Informação, Integração, Uniformização

Introdução

O ponto de vista, estritamente pessoal, aqui apresentado, decorre de uma reflexão sobre o impacto da evolução das Tecnologias de Informação e Comunicações(TIC) no meio empresarial.

Várias fontes alimentaram essa reflexão, desde as frequentes trocas de opiniões e pontos de vista, com pessoas directamente ligadas ao meio empresarial, nomeadamente aquelas que mais interagem com os sistemas e tecnologias de informação nas empresas, até à observação da realidade, em tudo o que diz respeito ao impacto da evolução das TIC, passando ainda, pela vivência de uma experiência concreta de implementação de um sistema Enterprise Resource Planning (ERP), numa organização portuguesa.

Não sofrerá contestação a afirmação que, durante a década de noventa, a área dos sistemas de informação nas empresas foi "assolada por uma onda" de implementação de soluções ERP, mais correctamente designados Enterprise Systems (ES), de acordo com a definição dada por Thomas H. Davenport.

Este período foi marcado pelo dispêndio de grandes esforços humanos e financeiros nestes projectos, caracterizados por terem uma duração longa, por serem muito caros e por começarem a evidenciar resultados, na melhor das hipóteses, apenas algum tempo depois do seu início.

Apesar de tudo, parece ter sido, na maioria dos casos, a opção correcta, uma vez que foram construídas as infraestruturas para dar o salto qualitativo necessário, em termos de organização.

Na primeira metade do século XXI assistir-se-á à potenciação destas infraestruturas seguindo dois vectores de alto nível, direccionados para:

— Os processos internos da organização - procurando a optimização dos sistemas já implementados e em utilização e alargando o raio de acção dos ERP's aos processos ainda não abrangidos.

— Os processos externos à organização - abrangendo as transacções resultantes da interacção da empresa com os seus clientes, fornecedores e outros parceiros, tirando partido das tecnologias disponíveis.

Em todo o caso, a problemática das TIC nas empresas tem a ver com aspectos que ultrapassam a tecnologia e que estão mais relacionados com os negócios e a forma como se organizam as pessoas e as empresas.

Porquê os ERP's?

Várias razões terão contribuído para que se verificasse uma "onda" de implementações de ERP's durante a década de noventa, em especial na sua segunda metade.

Poder-se-á organizar essas razões em dois grandes grupos:

— Um grupo mais mediático, ligado a razões de "impulso" e de curto-prazo, onde se podem incluir a questão do "bug" do ano 2000 e o facto de os ERP's serem uma "moda" mundial.

— Um outro grupo, que inclui aspectos mais racionais e técnicos e que, de certa forma, explica a razão porque os ERP's se tornaram uma moda.

Grupo mediático

O segmento profissional onde se incluem todos aqueles que praticam a gestão, caracteriza-se pela sua grande apetência e abertura a novas ideias e práticas, onde o efeito "bola de neve" funciona muito bem. O papel dos "gurus" de gestão e dos consultores é fundamental no processo de divulgação e adopção dessas ideias e dessas práticas.

No caso dos ERP's, este aspecto foi particularmente evidente, tendo-se assistido a um envolvimento grande por parte das multinacionais de consultadoria do topo da tabela, na recomendação aos seus clientes de sistemas ERP e na participação em acções de divulgação e promoção destes produtos, juntamente com os principais fornecedores de sistemas.

Os trabalhos de implementação começaram também a ser realizados em parceria com esses fornecedores e protocolos de colaboração foram celebrados entre os principais intervenientes nesta nova "arena" de negócio.

Independentemente das razões profissionais e técnicas que justificaram esta postura por parte das grandes consultoras, é um facto que foi gerado um movimento positivo que alavancou os ERP's para o primeiro ponto das agendas das Administrações das grandes empresas em todo o mundo.

A análise da realidade, legitima a afirmação que Portugal não foi excepção à regra e que por isso aderiu a esta "moda" mundial.

A questão de ser uma "moda" não é, à partida, negativo. Existem modas boas e modas más e, no caso em análise, tudo indica tratar-se de um movimento que a médio-prazo trará benefícios às empresas.

Um dos principais aspectos positivos relacionado com o fenómeno "moda", consistiu no facto de ter sido a primeira vez que, de uma forma clara e efectiva, os gestores de topo se envolveram nos processos de selecção de "packages". No passado, estes processos eram deixados à responsabilidade de uma ou outra direcção de primeira linha, nomeadamente a Direcção de Informática, com todos os riscos que daí pudessem advir.

As características muito próprias destes projectos necessitavam de um envolvimento de topo para que, o longo processo de implementação e a posterior rentabilização do investimento, fosse compreendido e absorvido pela organização de uma forma positiva. Esta seria a única maneira de poder controlar o aparecimento de pressões internas negativas que poriam em risco todo o projecto.

Outro aspecto consequência desta "moda", está relacionado com o facto de, de uma maneira ou de outra, as empresas terem ficado mais semelhantes entre si, quer na forma como executam os seus processos operacionais, quer ainda em termos das plataformas de TIC que utilizam para suportar a sua actividade.

Este facto poderá vir a ter consequências importantes a diversos níveis, no futuro. Por um lado a comparabilidade entre empresas ficou mais fácil, diluindo, por mais paradoxal que possa parecer, vantagens competitivas que pudessem existir. No entanto, o acto de comparar é já, por si só, um factor potenciador da motivação nas organizações, no sentido da melhoria contínua dos seus processos, com a consequente diferenciação competitiva que daí possa advir.

Por outro lado, a utilização de plataformas de informação e comunicação comuns ou, no mínimo, mais abertas, proporcionou e irá, com toda a certeza, proporcionar a curto-prazo, oportunidades únicas de integrar operações com parceiros de negócio. Obviamente que a tecnologia não é a condição única, nem sequer a mais importante, para que estas ligações entre parceiros aconteçam mas, ajuda bastante.

O impacto real da implementação destes sistemas só será evidente no médio e no longo-prazo, altura em que as verdadeiras razões que justificaram a sua selecção e implementação, se materializarão nas organizações. Esse conjunto de razões estão inseridas no grupo aqui designado por racional.

Grupo racional

A evolução dos sistemas de informação na era pré-ERP, foi marcada pelos sistemas "stand-alone", i.e., sistemas que focavam apenas numa área departamental específica.

Como consequência a desintegração da informação nas organizações era elevada e a necessidade de realizar tarefas redundantes, de consolidação e conferência, tornou as organizações pouco eficientes.

Ao mesmo tempo, todo o ambiente à volta do meio empresarial foi evoluíndo e fenómenos como a globalização e a evolução tecnológica foram tendo um impacto maior no dia-a-dia.

As fusões e aquisições, envolvendo empresas de vários países, trouxeram complexidade à gestão, as pressões externas, no sentido de haver mais e melhores interacções com parceiros e com o mercado, aumentaram, em suma, a realidade foi mudando gradualmente.

A organização das empresas e a sua forma de trabalhar teria que ser alterada radicalmente. Os sistemas de informação estavam no centro da questão porque, fruto da sua desintegração, entravavam o necessário processo de mudança.

Atente-se por exemplo, nos projectos de reengenharia, outra "moda" se calhar não tão positiva, e que tanto traumatizaram as empresas dos anos oitenta.

Embora as ideias associadas à reengenharia, partissem de uma base correcta e lógica, eram sempre relacionadas, na prática, com processos de redução de custos por diminuição de efectivos.

No entanto, a verdadeira razão porque muitos falharam, relacionou-se com o facto de não existirem sistemas de informação adequados para suportar a implementação dos processos redesenhados.

Como os sistemas de informação podiam ser a chave para alterar o estado das coisas, os ERP's passaram a ser vistos como uma oportunidade para conseguir uma plataforma comum e integrada dos sistemas de informação das empresas, que permitiria suportar um funcionamento por processos.

O seu elevado nível de automatização e integração das transacções, o facto de serem desenvolvidos à volta da experiência acumulada pelos construtores de software e, ainda, porque aproveitavam o desenvolvimento das tecnologias de comunicações, tornaram-nos numa ferramenta com enorme potencial.

Ao mesmo tempo, como já foi aliás referido, pareciam fornecer os argumentos técnicos de aplicabilidade dos conceitos de reengenharia e de outros que foram surgindo entretanto, como por exemplo, os "Balanced Scorecard" introduzidos por Kaplan e Norton.

Em resumo, as razões racionais por detrás da escolha de um ERP estavam ligadas à criação de uma plataforma comum e integrada da informação, que permitisse uniformizar, aumentar a produtividade e dinamizar processos de mudança nas organizações.

O caso descrito a seguir, é demonstrativo da forma como um projecto de implementação de um ERP potenciou a materialização de uma estratégia e do processo de mudança a ela associado.

A UTILIZAÇÃO DE UM ERP COMO SUPORTE AO PROCESSO DE INTERNACIONALIZAÇÃO

No final dos anos oitenta, uma unidade de negócios, pertencente a um grupo industrial do norte de Portugal, entendeu que estar mais próximo do consumidor era fundamental para o seu desenvolvimento sustentado.

Para pôr em prática essa intenção estratégica, foi iniciado um processo de aquisições de empresas, situadas na Europa e com características vincadamente comerciais.

Embora com pequenas "nuances" de país para país, todas elas dispunham de uma estrutura semelhante, da qual faziam parte, uma força de vendas, um armazém e um sector de serviços administrativos de apoio à actividade quotidiana.

No final desta fase de aquisições, a situação podia ser caracterizada da seguinte maneira:

— <u>2 unidades industriais com:</u>

- — Filosofias de codificação de entidades completamente diferentes, dando origem, por exemplo, à atribuição de códigos diferentes para o mesmo produto.
- — Políticas de produção não integradas.
- — Sistemas de planeamento, aprovisionamento e controlo da produção próprios.
- — Especificações de fabrico - gamas operatórias e estruturas de materiais - definidas com base em critérios desenvolvidos autonomamente em cada empresa e em períodos anteriores à fusão.

— <u>12 empresas comerciais europeias com</u>:

  — Culturas, organizações e modelos de gestão diferentes com o "cunho" dos anteriores proprietários e gestores.

  — **Idiomas diferentes.**

  — Sistemas de codificação de mercadorias e produtos também diferentes.

  — **Conceitos desenvolvidos em cada empresa. Por exemplo, a definição de cliente ou de canal de distribuição poderia ser diferente, de empresa para empresa, incluíndo a sede em Portugal.**

  — **Armazéns próprios, geridos de forma autónoma.**

  — Sistemas de informação próprios.

  — Estratégias comerciais definidas e implementadas autonomamente em cada país.

Era evidente que a fase de aquisição de empresas, tinha sido apenas o primeiro passo do processo de internacionalização e de aproximação ao mercado final.

Faltava por isso, implementar uma organização que permitisse captar as necessidades e exigências desses mercados, processá-las, entendê-las e agir em conformidade.

Faltava aquilo que pode ser chamado de "software" do processo de internacionalização, i.e., a criação das condições que permitissem uniformizar linguagens e práticas, integrar a actividade e criar uma plataforma comum para que a informação fluísse, dentro da unidade de negócios como um todo.

Os responsáveis da unidade de negócio entenderam que a implementação de um ERP poderia desempenhar um papel fundamental.

Após um processo de selecção que durou alguns meses, foi escolhido um dos ERP's do mercado e foram proporcionadas as condições que pareciam ser necessárias à sua implementação.

Objectivos

Foi criado um projecto e definidos objectivos de alto nível, muito concretos, no sentido de permitir sensibilizar a organização para o projecto e focá-la nos aspectos relevantes que o envolviam.

Esses objectivos podiam ser sintetizados da seguinte maneira:

— Contribuir de forma relevante para a uniformização e integração global da unidade de negócios.

— Aumentar a eficiência e eficácia da organização.

— Melhorar a qualidade e fiabilidade da informação.

— Contribuir para a dinamização da comunicação interna.

— Desenvolver os primeiros passos para a criação de uma infraestrutura logística.

— Criar a infraestrutura de informação necessária à avaliação da "performance".

— Contribuir para a criação de vantagens competitivas de negócio.

Durante o processo de discussão e validação destes objectivos, ficou mais claro para a Administração e para a equipa do projecto, que não se tratava de uma simples implementação de um "package", mas de algo mais abrangente e com um maior impacto na organização.

Equipa e Planeamento

O planeamento determinou duas grandes etapas para o projecto de implementação, a terem lugar uma imediatamente a seguir à outra.

A primeira etapa definiria o modelo geral de funcionamento pretendido para a organização e poria esse modelo a funcionar nas empresas localizadas em Portugal.

A segunda etapa, implementaria o modelo definido nas restantes empresas estrangeiras.

São apresentadas a seguir, de uma forma muito sintética, as características principais de ambas as etapas:

ETAPA I

— **Onze meses de duração.**
— Equipa constituída por quinze elementos internos e sete consultores externos, distribuídos por três áreas funcionais (financeira, produção e logística) e uma área técnica.
— Cerca de cento e setenta utilizadores finais distribuídos pela sede, por duas unidades industriais e um empresa comercial, localizadas em Portugal.

Uma vez que os objectivos apontavam para questões, na sua maior parte, ligadas ao modelo de negócio a implementar no futuro, importava que a organização ficasse com todo o "know-how" que iria ser criado durante a implementação. Este aspecto foi determinante na definição da equipa do projecto para a primeira etapa, onde se optou por constituí-la com base em elementos internos da organização, que seriam envolvidos a cem por cento. Não se tratava, claramente, de um projecto do formato "chave-na-mão".

ETAPA II

— Dezoito meses de duração.
— Uma equipa central constituída por seis elementos internos e dois consultores externos.

— Uma equipa local, constituída por três elementos internos por país.

— Cerca de setenta utilizadores finais.

— Nove empresas comerciais em outros tantos países europeus.

Entendeu-se que os conhecimentos e experiência adquiridos durante a primeira etapa, permitiam criar uma equipa central baseada em elementos internos da organização que transitariam da equipa inicial.

Esses elementos eram todos eles portugueses e seriam apoiados apenas por dois consultores externos, também portugueses, que fizeram parte da equipa que realizou a primeira etapa do projecto.

Metodologia utilizada

Este caso tenta detalhar apenas a segunda etapa do projecto, uma vez que se pretende ilustrar a forma como a implementação de um ERP ajudou a pôr em prática uma deliberação estratégica de internacionalização e aproximação ao mercado final.

A metodologia utilizada para fazer aquilo a que na organização ficou conhecido por "Rollout" – rolar a implementação para as outras empresas da unidade de negócios - consistiu na criação de um modelo-base de organização que seria implementado em todas as empresas incluídas no âmbito do projecto.

No final da implementação, resultaria uma organização global que tiraria partido da mesma informação de alto nível para avaliar a "performance" e tomar decisões e que utilizaria as mesmas regras, procedimentos e processos, para desenvolver a sua actividade, independentemente do local e da origem dos intervenientes.

Foram deixados graus de liberdade para adequar o sistema às especificidades de cada país nomeadamente, às exigências fiscais e legais, às necessidades de informação interna dos operacionais de cada empresa local e à emissão de documentos externos adequados ao normal desenrolar da actividade.

A figura 1 tenta ilustrar o que se entendia por Modelo de Gestão e quais as áreas onde havia flexibilidade para alterar esse modelo.

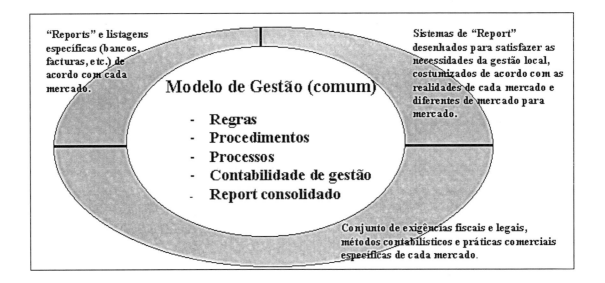

Figura 1 – Modelo de Gestão

A conceptualização deste modelo foi feita por equipas multidisciplinares e multinacionais, no sentido de conseguir uma solução mais uniforme, aceite por todos e adequada ao negócio.

Foi a fase mais importante, mas também a mais trabalhosa, de todo o processo, uma vez que implicou discutir e acordar passo-a-passo, quais os principais conceitos e regras que suportariam o negócio no futuro.

Para além de ser um processo formativo e que fomentava a comunicação entre os diversos elementos da equipa, foi também uma actividade negocial, onde as relações de poder desempenharam um papel importante.

O objectivo era chegar a um mesmo entendimento e interpretação para o mesmo fenómeno, independentemente de ser mais ou menos correcto do ponto de vista teórico.

Para desbloquear situações de impasse recorreu-se, muitas vezes, à expressão "...*mais vale estar aproximadamente certo, do que certamente errado...*", usada pelo Professor Robert Kaplan, conhecido por ter introduzido os conceitos de custeio ABC e do já referido "Balanced Scorecard".

Uma vez criado o modelo e parametrizado o sistema para responder aos requisitos definidos, passou-se à fase de o implementar empresa a empresa.

A questão-chave do projecto, para além do cumprimento estrito dos prazos, foi a de não alterar, de forma nenhuma, o que tinha sido conceptualizado, salvo algum imperativo que não tivesse sido previsto.

O facto do modelo ter tido como fonte de inspiração, para o desenho de processos, o próprio ERP, garantiu uma aproximação às práticas comuns e permitiu que "não se inventasse a roda todos os dias", tornando também pouco provável que uma situação excepcional aparecesse durante a implementação.

A figura 2 tenta dar uma ideia do que se pretendia com esta metodologia baseada num Modelo de Gestão.

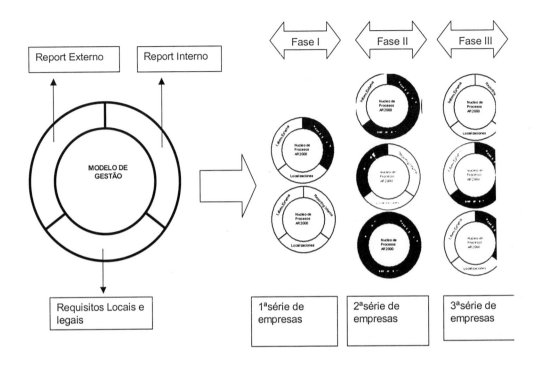

Figura 2 - Metodologia de implementação do Modelo de Gestão

Algumas reflexões

A reflexão conjunta realizada internamente na unidade de negócios, permitiu retirar uma série de ilações desta experiência, e que foram agrupadas em três grandes conjuntos, a saber:

— Ilações relacionadas directamente com o projecto.

— Ilações relacionadas com a implementação da mudança.

— Ilações relacionadas com o processo de internacionalização.

Apresenta-se a seguir a análise de cada grupo identificado.

Ilações relacionadas directamente com o projecto

A ilação mais importante está relacionada com o estrito cumprimento dos prazos acordados. Este aspecto deve ser considerado um ponto de honra, não devendo ser permitidas cedências, sob pena de a situação poder ficar fora de controlo, nomeadamente em termos de custos.

A seguir e tendo sempre presente o respeito pelos prazos, será de referir a fase de conceptualização do Modelo de Gestão, como uma fase de grande importância.

O caminho a seguir deve estar definido com clareza, devendo os detalhes ser deixados para a implementação no terreno. Nesta fase de conceptualização, o envolvimento dos operacionais é crucial, uma vez que são estes que irão usar o sistema no futuro para trabalhar, gerir, avaliar e serem avaliados.

Como os sistemas ERP's permitem a adopção de processos e formas eficazes de desenvolver trabalho, dever-se-á evitar o constante "inventar da roda", recorrendo às propostas incorporadas no sistema, com a consequente poupança de tempo.

Por fim, de referir que os projectos de dimensão alargada, aumentam a probabilidade de aparecimento de obstáculos à sua implementação, uma vez que:

— Provocam o cansaço da equipa de trabalho e da organização.
— Criam um sentimento de frustação, devido ao não aparecimento de resultados no curto-prazo.
— O "Pay-back" do investimento é sempre difícil de demonstrar.

Daí que o já referido aspecto do envolvimento dos gestores de topo seja fundamental, uma vez que só um perfeito entendimento dos contornos do projecto, pode evitar a criação de pressões negativas e nocivas.

Estes projectos embora tenham um impacto directo nos processos mais operacionais têm que ser encarados como estratégicos, bem como têm que ser apercebidas as razões porque a sua implementação facilitará a materialização de uma determinada estratégia.

Ilações relacionadas com a implementação da mudança

A implementação de um sistema ERP, pode ser um dinamizador de mudanças mais profundas na organização. A dinâmica e o "momentum" gerado à volta do projecto, podem servir de alavanca para outras mudanças que, se tentadas de forma isolada, teriam menos probabilidade de resultar.

No entanto, é necessário um correcto entendimento do projecto e a percepção dos impactos que este pode vir a ter, para que o "status quo" da organização possa ser alterado. A capacidade de liderança da gestão de topo desempenha nestas alturas o papel mais determinante.

No caso em análise essa mudança materializou-se de várias formas:

— Tratou-se de uma oportunidade única para fiabilizar a informação, permitindo melhorar a qualidade da tomada de decisão.

— Potenciou o processo de integração e uniformização das várias empresas da unidade de negócios, conseguindo por em prática questões básicas como, por exemplo, a utilização dos mesmos conceitos de gestão, a implementação da mesma forma de desenvolver as actividades operacionais ou a utilização da mesma informação de gestão e da mesma língua.

— "Obrigou" ao contacto entre pessoas, com competências diferentes e provenientes de diversos países, fomentando o trabalho em equipas multifuncionais e multinacionais. De realçar que os elementos envolvidos directamente na conceptualização e implementação do projecto ganharam importância na organização implementada.

— Serviu de pretexto para alterar situações que nunca foram alteradas - "vacas sagradas" –. Por exemplo, pela primeira vez a organização passou a codificar os produtos da mesma forma.

— Alterou o sentido que a organização dava às palavras flexibilidade e standardização. Passou-se de uma situação em que esses termos eram considerados completamente antagónicos, para outra em que o sentido dado a estas palavras as tornava complementares.

A flexibilidade não se perde com a standardização porque os standards podem ser alterados e melhorados, desde que se ouça e discuta as sugestões dos operacionais.

Trata-se, ao fim e ao cabo, de standardizar a mudança.

Ilações relacionadas com o processo de internacionalização

Um processo de internacionalização implica uma experiência nova de relacionamento Sede vs Filiais, especialmente quando a sede é portuguesa.

Numa primeira fase, há que ultrapassar ideias pré-concebidas que possam existir, derivadas de alguns aspectos mais provincianos da nossa cultura, nomeadamente, as relacionadas com algum sentimento de inferioridade.

As pessoas são feitas da mesma "massa" independentemente da sua nacionalidade e origem e, por isso, mais importante do que quem faz, são o conhecimento, a capacidade e os meios para o fazer.

A seguir, levantam-se dúvidas sobre quais os processos e decisões passíveis de serem centralizadas na sede e quais aquelas que devem ser descentralizadas para as empresas locais.

Trata-se de uma questão que não tem uma receita certa, sendo necessário negociar uma solução para cada caso, recorrendo frequentemente ao diálogo e ao bom senso. No entanto é importante que, após serem discutidas as alternativas e logo que for seleccionada a mais adequada, não haja hesitações para a pôr em prática.

Posteriormente, na altura em que alguns impactos começarem a ser visíveis, torna-se imperativo mostrar que todo o esforço dispendido não tem como objectivo final exercer um "controlo controleiro" por parte da sede.

Nesta fase, será necessário saber transmitir uma mensagem de segurança, explicando que a fluídez e transparência da informação, são aspectos que facilitarão o trabalho de todos, trazendo vantagens competitivas.

EVOLUÇÃO FUTURA

Thomas H. Davenport no seu livro "Mission Critical" da Harvard Business Press, editado em 2000, refere que:

"...a informação fluirá nas organizações, atravessando os departamentos, as funções, as unidades de negócio e as fronteiras geográficas. O que a Internet está a fazer pela comunicação entre organizações, os Entreprise Systems (ES) estão a fazer dentro das organizações...."

menciona também que:

"...as empresas de todo o mundo estão gradualmente e de uma forma consistente, a ficar mais interligadas entre si..."

A integração da informação nas empresas e a globalização da informação, são dois aspectos incontornáveis e primordiais, que irão influenciar o desenvolvimento futuro das organizações.

São fenómenos que deverão ser entendidos pelos gestores de topo e levados em conta na altura da definição das estratégias de negócio.

Compreender onde pode levar a evolução tecnológica e como tirar partido dessa evolução, quer para transformar a forma de fazer negócios, quer para criar novos negócios, será determinante na gestão das organizações do século XXI.

Concretizando um pouco mais, será de prever que na primeira metade do século XXI, se assista à potenciação das infraestruturas de informação e comunicação criadas pela implementação de ERP's, seguindo dois vectores de alto nível, direccionados para:

i) Os processos internos da organização - procurando a optimização dos sistemas já implementados e alargando o raio de acção dos ERP's aos processos ainda não abrangidos.

Assistir-se-á à passagem dos ERP's aos Enterprise Systems (ES), definidos por Thomas H. Davenport como sendo:

> *"...packages de aplicações que suportam a maior parte das relações e neces-*
> *sidades de informação de todo o tipo de organizações...Os ES são um conjun-*
> *to integrado de aplicações que encaixam perfeitamente entre si e que fazem*
> *parte do mesmo sistema de informação...Distinguem-se por criarem uma base*
> *comum de informação e por estarem integrados..."*

O trabalho que ainda falta fazer abrangerá, provavelmente, os processos relacionados com o cliente, nomeadamente os de atendimento e serviço ao cliente e os processos de desenvolvimento de produtos. Os processos ligados ao fornecimento de informação de melhor qualidade serão também foco daqueles que têm que trabalhar nos sistemas de informação.

ii) Os processos externos à organização - abrangendo as transacções resultantes da interacção da empresa com os seus clientes, fornecedores e outros parceiros.

Em relação a esta questão é importante realçar o facto de que, não basta ter disponível a tecnologia adequada que permita ligar várias empresas e pô-las a transaccionar entre si. A prioridade vai para a resolução de problemas e questões subjectivas, relacionadas com a parte mais "emocional" do processo.

Como criar condições de confiança que permitam reduzir e no limite eliminar, as barreiras que existem entre uma empresa e os seus parceiros, sejam eles fornecedores, clientes ou outros?

Como criar uma necessidade e um objectivo concreto para o estreitamento das relações entre parceiros?

Como gerir um projecto entre parceiros com interesses diferentes e que tradicionalmente se colocam em lados opostos da mesa de trabalho?

Como criar relações "win-win" que façam as empresas encarar os parceiros, como verdadeiros parceiros?

São algumas das questões para as quais se deve encontrar respostas e que permitirão estabelecer redes que funcionem na prática.

A tecnologia virá depois.

Memórias da implementação de um ERP numa PME

Manuel Figueiredo Silva
CHAMPCORK Rolhas de Champanhe, SA

Considerações gerais sobre a implementação de um ERP numa PME descrita resumidamente nas diversas fases por que passa, desde a decisão de implementação do software até ao 'desligar' do sistema antigo. Não há uma preocupação de rigor nas definições dessas fases apresentadas, mas sim uma preocupação de transmitir o sentimento da altura, olhando agora para trás calmamente.

ERP, PME, Fases, Champcork, trabalho, implementação, software.

"Precisamos de mais Informação!"
"Temos que melhorar o nosso Sistema de Informação!"

Quase todas as empresas industriais começaram há uns anos a informatização dos processos administrativos.

Desde a fase dos sistemas centrais, "todo-poderosos", apenas com terminais, passando pela era dos PCs isolados, até aos tempos actuais com a informação mais ou menos distribuída a circular em rede, e onde se vão encaixar os "package's" aqui em foco, os ERP.

Nos primeiros tempos, há uma dezena de anos, o objectivo era informatizar os processos administrativos de maneira a eliminar pessoal ou mais simplesmente a aumentar a produtividade, em que se entende esta como manter o mesmo número de pessoas com um aumento dos negócios de um modo geral.

Essa informatização levou a que a gestão de uma empresa pudesse começar a pedir relatórios que iam permitir melhorar a resposta às questões específicas do negócio. A própria concorrência obriga a uma gestão cada vez mais informada que vai obrigar a Sistemas de Informação cada vez mais desenvolvidos.

Da fase inicial de simples informatização dos processos administrativos rapidamente se passa à informatização da parte industrial, por razões óbvias de optimização do processo produtivo.

Neste caso aqui em apresentação estamos a falar de uma unidade industrial, com necessidades que obrigam ao rápido estabelecimento de PCs para se poder acompanhar o processo do negócio, logo seguido do aparecimento da rede para ligar os PCs e o Sistema Central. Finalmente tem que se integrar tudo; mas para se integrar tudo, o que se faz? Contrata-se uma empresa de consultoria, claro. Mas isto é apenas o primeiro passo para uma grande carga de trabalhos.

Ou seja, não podemos imaginar que uma empresa de repente resolve instalar um ERP e pronto, contrata uma empresa de consultoria, compra o equipamento (hardware + software) necessário para pôr em prática o plano que os consultores definiram e acabaram os problemas. Na realidade, e mesmo que tudo corra pelo melhor, o processo é sempre muito interactivo e terrivelmente lento.

Voltando ao caso aqui tratado, tudo começou em 1994 quando o Director Geral finalmente cedeu aos problemas do momento.

«Ok, realmente o software actual já não dá resposta aos nossos problemas. Vamos mudar.»

Aí começou o processo – definir uma espécie de "Caderno de Encargos" com as necessidades específicas da empresa, nomeadamente a compra de matérias-primas, o controlo do processo de fabrico e o sistema de facturação integrado com o sistema de comissões, muito próprio; mesmo na área da contabilidade precisávamos de específicos relacionados com a Tesouraria e o controlo das contas bancárias. Isto para além das áreas tradicionais, claro, a Contabilidade, os Stocks, os Recursos Humanos e o Imobilizado. Um ponto fundamental era o funcionamento multi-divisa já que vendemos para todo o mundo, compramos em todo o mundo e temos comissionistas também espalhados pelo mundo. Nessa altura já éramos uma empresa "SA" debaixo de uma "SGPS" pelo que tínhamos auditorias e a necessidade de apresentar informação para consolidação.

Sendo a empresa uma PME, considerámos na altura que não fazia sentido avançar para grandes softwares tipo SAP ou BAAN, e preferíamos uma software-house nacional pois a flexibilidade era fundamental.

Tendo contactado 3 software-houses optamos pela que oferecia melhores condições, não de preço mas de probabilidade de evolução.

A software-house, em conjunto comigo e com a Directora Administrativa e Financeira, definiu um plano de implementação do ERP mais ou menos complexo e que passou pela definição de um calendário de FASES. Feita a lista de específicos a desenvolver, deu-se especial atenção à compra de matérias-primas e à facturação que tinham que arrancar logo a seguir às áreas tradicionais, passando pela definição dos mapas de gestão e de controlo da produção.

Definiu-se então um calendário (aqui apresentado apenas como lista de fases) que se resumia assim:

      1 – Análise e migração dos dados

      2 – Análise dos específicos

      3 – Encomenda do hardware e respectiva instalação

      4 – Formação / Parametrização inicial

      5 – Arranque em paralelo das aplicações de base

      6 – Verificação de dados e ajustes finais das aplicações de base

      7 – Arranque de específicos

      8 – Desactivação do sistema anterior

Este processo acabou por se estender por diversos meses mais do que prevíamos. Mas não vale a pena pensar que este processo é rápido, rápidos são os computadores e não as pessoas.

Claro que, por muito que nos preparemos e até necessitemos de um sistema novo, os problemas são muitos. Começam pela falta de pessoas – se as que existem já têm tarefas atribuídas, naturalmente, então como se vai fazer para fazer tudo em paralelo? Bom, a primeira fase, a **Fase 1**, a migração de dados, foi da responsabilidade da software-house. Levaram os ficheiros (aqui é fundamental a confiança na responsabilidade das pessoas contratadas ou de algum modo envolvidas para não irem divulgar a informação sensível, mais ou menos confidencial) e prepararam programas para pegar nesses dados, adaptá-los e preencher os novos ficheiros ou bases-de-dados.

Aqui faço um novo parêntesis para mencionar que, para quem vem de sistemas antigos, a diferença entre "ficheiros" e "bases-de-dados" é pequena (ao contrário da ideia corrente) e sobretudo é transparente para quem trabalha como utilizador; no fundo, as bases-de-dados são ficheiros estruturados segundo certas regras e que utilizam software que alivia o trabalho dos programadores, apresentando melhores garantias de integridade da informação.

As migrações apresentam duas dificuldades básicas: primeiro os campos antigos e novos nunca são os mesmos, e mesmo os campos equivalentes obrigam muitas vezes a um redimensionamento da informação neles contida.

Assim, há que preencher tabelas e até inventar algumas. Mesmo a filosofia de utilização dessas tabelas por vezes obriga a alterar processos administrativos, embora isso deva ser minorado de maneira a não provocar dificuldades na transição.

Um caso de que me lembro é o da maneira de contabilizar documentos na contabilidade. Esta maneira de contabilizar é fundamental para se poder obter posteriormente toda a informação pretendida; note-se que, tendo relações comerciais com outras empresas dentro do mesmo grupo, é necessário apresentar informação para consolidação à holding. No sistema clássico, essa informação era obtida simplesmente desdobrando contas na contabilidade e trabalhando folhas de cálculo. Quando se trabalha com empresas do Grupo (e sem ser do Grupo) no estrangeiro, então ainda é necessário prever contas por moeda. Agora a maneira de consultar a informação permite muito mais opções, muito mais flexibilidade nessas consultas, apesar de uma diminuição do número de contas existente na contabilidade e da simplificação de conceitos de entidades como cliente e fornecedor.

Outra situação é a das compras, em que passou a ser possível fazer as requisições internas dos diversos sectores ao departamento de compras pelo computador, com seguimento para a contabilidade para contabilização já com as definições feitas de financeira e analítica. Posteriormente a parte inicial desse processo foi substituído por Requisições Internas via e-mail.

Parte do processo de autorizações passou a ser feito directamente no computador, simplificando o processo administrativo mas aumentando a responsabilidade da informática no sentido de garantir as autorizações necessárias para que tudo funcione. Continua-se a apostar muito no processo de 'sign-on' no entanto importa relativamente pouco com que grau de autoridade se acede ao sistema, o que importa mesmo é ter autoridade às operações que se necessita efectuar, nem mais, nem menos. Isto é mais visível nas aplicações actuais tipo Cliente / Servidor em que o ligar do PC e identificar na rede corresponde a pouco, corresponde apenas a se poder chamar as aplicações, e então sim, se identificar já com algum grau de direito a utilizar essas aplicações. O passo seguinte da informatização é o *workflow*, mas isso é outra história.

Estas últimas linhas vêm a propósito da tarefa terrível para a informática que é a definição das autoridades dos utilizadores num ambiente computador/aplicações, que se está a começar a conhecer. Um bom conhecimento por parte da informática, da organização da empresa, é fundamental para que se faça as coisas como deve ser, e não se cair na tentação de atribuir um grau de autoridade elevado apenas para que não se esteja sempre a parar por falta de autoridade; quando se faz isso, o resultado é sempre enganador pois já aparece tudo a funcionar quando na realidade nos estamos a facilitar a vida para de seguida sermos defrontados com problemas de utilizadores que por maldade ou por acaso fazem coisas que são potencialmente perigosas para todo o Sistema de Informação. Claro que foi o que nos aconteceu e que obrigou a muitas horas extra para colocar tudo como tinha que estar. Este assunto é muitas vezes menosprezado pelas software-houses que facilitam as coisas do ponto de vista de programação mas dificultam do ponto de vista de implementação.

É tempo da **Fase 2**, a análise dos específicos. "Mas porque é que temos Específicos?" Bom, os ERP são cada vez mais flexíveis, mais completos, mais abrangentes, mas mesmo assim há sempre aspectos 'diferentes' em cada empresa, e aqui aconteceu e acontece o mesmo. Os nossos tinham a ver com a compra de matéria-prima, com a maneira de facturar, com a maneira de lidar com os comissionistas, e um pouco à parte com a maneira de fazer o tratamento dos dados da cantina.

Analisados os Específicos da empresa chegamos à conclusão que o custo do software ia aumentar sensivelmente. Mas como *o que tem que ser tem muita força*, já podíamos avançar com a definição e encomenda do hardware e software, a **Fase 3**. Claro que as fases não são estanques, mas neste artigo a preocupação é dar uma ideia de como as coisas se passaram. Mais uma vez pude verificar que o mais fácil é definir o hardware, desde que se opte por uma marca idónea com certeza que não se vai ter problemas. Também é muito importante sobredimensionar ligeiramente a máquina para se salvaguardar alguma surpresa de ocupação não prevista, como por exemplo ter que guardar os ficheiros antigos mais tempo do que se previa, ou fazer cópias dos ficheiros da empresa recém-criada para se puder experimentar uma opção determinada e depois repor a situação rapidamente – as *tapes* são muito lentas...

Instalado o computador, instaladas as aplicações, definidos os utilizadores, é tempo da **Fase 4**, a parametrização inicial. Esta é a fase crítica, a mais importante, aquela que pode tornar o ERP um sucesso ou ... um fracasso. É a fase de diálogo mais intenso entre os elementos mais responsáveis da empresa e os elementos mais credenciados da software-house. Numa PME provavelmente é mais fácil, porque há menos gente envolvida; neste caso apenas duas pessoas - o Director de Informática e a Directora Administrativa-Financeira - foram suficientes como interlocutores. Isto obriga a uma disponibilidade grande para estudar, pensar e experimentar o novo software enquanto se continua a fazer o trabalho do dia-a-dia. Tínhamos de imaginar o que aconteceria se tomássemos a opção x ou a opção y por comparação com o que estava em vigor. Por exemplo, tínhamos definido três armazéns mais ou menos virtuais pois só havia (e há) um armazém real, mas era assim por conveniência do software que estava instalado. Resolvemos reflectir a realidade abrindo um único armazém e passando a movimentar administrativamente de maneira diferente. Numa unidade industrial a movimentação de matérias-primas, produtos intermédios e produtos acabados tem influência na maneira como se vai contabilizar na analítica os custos de uma maneira que faça sentido para se ter controlo tanto sobre os custos como sobre as quantidades movimentadas. Ou seja, de uma maneira simples podemos dizer que são os movimentos de stocks que vão originar a informação sobre os custos nas diversas secções da fábrica, que por isso mesmo se chamam 'Centros de Custo'. Falando sem pretensões de *expert* em contabilidade analítica, diria que uma correcta definição dos movimentos de stocks a lançar no ERP será meio caminho andado para um correcto conhecimento dos custos envolvidos na produção. Esta foi a fase de definição mais difícil já que a movimentação de stocks só é fácil teoricamente; na prática, as situações são muito difíceis de tratar exaustivamente; tem que se imaginar os resultados, pois numa fábrica a variedade de maneiras de movimentar stocks é enorme e com resultados visíveis apenas com um grande volume de lançamentos, o que é conseguido com um grande volume de traba-lho...

Estando a falar de Sistemas de Informação, estamos a falar do resultado de muito trabalho para uns quantos mapas ou ecrãs finais que terão que reflectir todo o trabalho desta fase. Ainda por cima não chega basear-se simplesmente no que já existe, porque o objectivo é melhorar a informação, isto é, ter o que se tinha e ainda mais. Esta parte é difícil de se conseguir quando o que se quer é pôr tudo a trabalhar.

"Então isso já está?" é uma pergunta ouvida muitas vezes, com a resposta quase automática "Está quase...".

Com a Parametrização acabada é altura da **Fase 5** que consiste em dar formação aos utilizadores nas diversas aplicações e em explicar cuidadosamente o que fazer. A formação para os utilizadores não é simplesmente para ficarem a conhecer melhor os diversos programas, mas para ficarem capazes de fazer os lançamentos que já faziam, as consultas que já faziam e os mapas que já tiravam. Isto leva algum tempo, mas é preferível levar mais tempo nesta fase do que ter que refazer trabalho mais tarde. Também não é possível aos responsáveis descansarem agora, pois numa PME há poucas pessoas e portanto há que garantir que essas poucas pessoas realmente aprendem tudo o que lhes é necessário, o que implica um acompanhamento muito grande. Esta fase de formação deverá terminar com o arranque em paralelo das aplicações, e foi o que aconteceu. Tem que se forçar a fazer esta duplicação, mas não deixando os utilizadores sem apoio. Esta fase é crítica e leva sempre algum tempo para todos ganharem confiança. Felizmente tudo correu mais ou menos como esperado.

Chegámos assim à **Fase 6** em que se começa a pedir mapas e a analisar o resultado de trabalho de meses. Mesmo com um esforço muito grande de análise e parametrização dos processos, há sempre resultados não esperados.

Tirar mapas numa aplicação, tirar mapas noutra aplicação, verificar que estão diferentes, e... analisar movimentos e mais movimentos... fazer lançamentos diferentes... e "Então como é?" "Afinal os movimentos de stock não são sempre a mesma coisa?"... perguntas que obrigam a refazer tabelas para que a contabilidade analítica realmente reflicta o custo de produção. "Foi a tabela, não separava convenientemente os produtos intermédios dos produtos acabados." ou então "O custo médio devia ser standard naquele artigo" ou então "Estas entradas no armazém estão a um preço disparatado por causa daquele ajuste". Redefinições e mais redefinições, simulações e mais simulações, mapas e mais mapas. "Mas porque é que os saldos dos clientes em dólares não estão iguais?". Pois é, o dólar varia de dia para dia, e não é indiferente se no momento de facturar, o câmbio não estava ainda lançado porque a operadora só tinha tido tempo de lançar no sistema antigo, mais tarde lançou no sistema novo, mas tarde demais para aquelas facturas... .

Os ERP têm a vantagem da interligação, o que é óptimo quando tudo já está a funcionar, mas complica imenso o arranque por manifesta dificuldade em isolar as situações. Claro que tudo se faz, tudo se consegue, é uma questão de tempo e de trabalho.

Curiosamente, a **Fase 7** é mais fácil. Também podem surgir problemas, mas como as aplicações 'específicas' são analisadas e programadas à medida, os resultados obtidos são muito mais os resultados esperados, com alguns problemas como sempre mas sempre em situações facilmente controladas e facilmente emendadas. É importante que a análise por parte dos técnicos da software-house venha a permitir uma interligação com as aplicações de base de maneira a que o 'look' seja sempre constante. No nosso caso isso aconteceu, e os utilizadores nem chegam a notar se estão a trabalhar em aplicações standard ou específicas. O *debug* também é mais fácil, e se por vezes obriga a alguma imaginação para interligar os dados, o resultado é gratificante. E se alguma coisa não está como se esperava, basta solicitar uma alteração e pronto. Claro que, estando a falar de específicos, o conhecimento prévio daquilo que se pretende obter condiciona os resultados obtidos.

Com tudo a funcionar correctamente só resta parar com a utilização do sistema anterior, cumprindo a **Fase 8**. Durante mais uns meses é importante manter à disposição tudo o que existia de modo a garantir a possibilidade de tirar dúvidas e para evitar ficar sem saber que dizer quando se ouve "Mas dantes este cliente originava um saldo diferente"; basta tirar mapas nos dois sistemas e concluir se é assim ou não.
No nosso caso este trabalho também serviu para encararmos com mais à vontade os dois grandes desafios que se avizinhavam: a passagem do ano 2000 e a passagem do escudo para o Euro.

Como conclusão geral, é de notar que a evolução da informação é um processo contínuo e que muitas vezes os resultados são difíceis de medir, mas vale a pena porque a interligação das diversas áreas passa a ser real e a facilidade de utilização melhora a eficiência de toda a organização. Ao fim de algum tempo de utilização e de bons resultados é possível olhar para trás no tempo e exclamar "Como conseguíamos trabalhar com aquele sistema de informação?".

O Antes, Durante e Pós Implementação de um ERP

José Alberto Andrade Costa
EFACEC Sistemas de Informação, S.A.

São factores de ordem tecnológica e principalmente factores de ordem funcional que levam uma empresa a evoluir para um sistema ERP.

A escolha de um ERP deverá ter como base um documento com o "diagnóstico da situação".

Tendo como base a máxima "O sucesso da implementação de um ERP depende da rapidez com que se conseguir colher benefícios da mesma", dever-se-á estruturar e planear todo o projecto de implementação, dando especial ênfase à "constituição da equipa", ao "detalhe das tarefas" a executar, à avaliação dos "recursos necessários" internos e externos e à "avaliação do impacto da implementação" em toda a empresa.

Um projecto de implementação de um ERP não termina com o arranque. Após uma 1ª fase de quebra de produtividade entra-se no que normalmente se designa como "second wave", ou seja, na fase em que se verifica a estabilização da solução, a melhoria de produtividade e a "transformação" da empresa.

Avaliação, Sucesso, Equipa, Planeamento, Implementação, Revisão, Encerramento, "Second wave", Transformação.

1 - Introdução

Uma das perguntas que muita gente faz tem a ver com a definição de ERP. Realmente, em que consiste um ERP?

Um ERP é um pacote de Software de Gestão que permite a uma Empresa gerir o efectivo e eficiente uso dos seus recursos, sejam eles, materiais, pessoas, equipamentos, etc.

Um ERP abrange uma grande variedade de funcionalidades de uma forma integrada. Funcionalidades estas que incluem Finanças e Contabilidade, Vendas e Distribuição, Orçamentação e Planificação, Recursos Humanos, Imobilizado, Gestão de Stocks, Plano Director de Produção e Gestão de Ordens de Fabrico, Compras, etc.

Os mais importantes atributos de um ERP são a sua capacidade para:

— Automatizar e integrar a maioria dos processos empresariais;

— Partilhar dados e processos por toda a empresa;

— Produzir e permitir o acesso à informação em tempo real.

Evolução dos sistemas ERP:

- O objectivo dos sistemas de Gestão nos **anos 60** era fundamentalmente o controlo de inventário. A maior parte dos Softwares (na maioria feitos à medida de cada cliente), tinham como base os conceitos tradicionais de Gestão de materiais - **ICS** (Inventory Control Systems).

- Nos **anos 70** houve uma mudança para o conceito do **MRP** (Material Requirement Planning), que com base num plano mestre gerava, para os produtos acabados, todas as necessidades (escalonadas no tempo) de sub-conjuntos, componentes e matérias primas, necessárias para o seu fabrico.

- Nos **anos 80**, apareceu o conceito do **MRP-II** (Manufacturing Resources Planning), que era uma extensão do MRP às actividades de Gestão de produção e de Distribuição. As necessidades geradas pelo MRP tinham agora em consideração também toda uma análise da capacidade de Produção e de Distribuição.

- Nos **anos 90**, o MRP-II foi por sua vez estendido às áreas de Engenharia,

Finanças, Recursos Humanos, Gestão de Projectos, etc, isto é, a toda a gama de actividades necessárias para a Gestão de qualquer empresa. Desde então apareceu o conceito de **ERP** (Enterprise Resource Planning)

2 - A evolução para um ERP.

O que é que realmente leva uma empresa a implementar um ERP.
São vários os factores que podem influenciar esta decisão.

Estes factores podem ser de ordem Tecnológica ou Funcionais,

* **Factores de ordem tecnológica.**
  Após o desafio no ano 2000, fica claro que as empresas estão a orientar-se para os sistemas ERP, com o objectivo de atingir os desafios tecnológicos que lhes trarão uma mais valia significativa. Por exemplo, a confusão originada pelos diferentes sistemas existentes numa empresa, será resolvida pela unificação de todos os dados com base numa mesma estrutura tecnológica.O que leva por si mesmo a uma melhoria da qualidade e visibilidade da informação e a processos empresariais mais atractivos, consistentes e efectivos.

  Em resumo, as empresas procuram sistemas de informação e novos processos empresariais que transmitam de uma forma mais rápida e exacta a imagem do que realmente se passa com todo o negócio.

* **Factores Funcionais.**
  As motivações para a implementação de um ERP são muito mais profundas do que simplesmente as tecnológicas.
  São fundamentalmente relacionadas com os desafios empresariais que constantemente se colocam.

Alguns sintomas característicos podem ser enumerados:

- Reclamações frequentes dos clientes (atrasos, qualidade, erros)
- Perda de negócios devido a prazos demasiado longos
- Rupturas frequentes de stocks (Matérias primas / Produtos Acabados)
- Aumento desproporcionado dos encargos fixos
- Rentabilidade inferior à dos concorrentes
- Incapacidade de responder a oportunidades estratégicas de negócios
- Falta de indicadores de Gestão fiáveis e oportunos
- Dificuldade em obter informações "AD-HOC"
- Grande inércia do Sistema de Informação existente face ao ritmo exigido pelo negócio.

Após a conclusão da necessidade de implementação de um ERP é aconselhável a realização de um documento que sintetize os problemas encontrados e os objectivos que se pretendem atingir.

Este documento (diagnóstico da situação) deverá abordar pontos como:

- **Avaliação da Situação Actual (Bottom-up)**
  - -Organização
  - -Processos
  - -Objectivos / Estratégias
  - -Envolvente externa
  - -Lacunas e dificuldades
- **Determinação dos SWOT (Bottom-up)**
  - -Sectoriais e Globais
- **Determinação dos Factores Críticos de Sucesso e dos objectivos a atingir (Top-Bottom)**
  - -Globais, Sectoriais, e do Sistema de Informação.

- **Definição e avaliação das alternativas de evolução (Bottom-up)**
  - -Ofertas de mercado
  - -Oportunidades de novas tecnologias e conceitos (e-business,B2B,B2C,etc.)
  - -Reacção da envolvente externa
  - -Construção, validação e avaliação das alternativas

- **Definição e justificação da solução recomendada**
  - -Critérios de seleccção das diferentes alternativas:
    1) Abrangência funcional de todos os processos da empresa.
    2) Grau de integração entre os diversos componentes do sistema.
    3) Flexibilidade e escalabilidade.
    4) Complexidade, interface com o utilizador.
    5) Rapidez de implementação.
    6) Capacidade para suportar multi-empresa, multi-*site* e diferentes ambientes de fabrico como "make-to-stock", "make-to-order", "assemble-to-order", "engineer-to-order".
    7) Capacidade Cliente/servidor, independência da Base de dados, segurança.
    8) *Upgrades* regulares.
    9) Avaliação dos desenvolvimentos necessários.
    10) Capacidade de suporte local.
    11) Referências de implementações.
    12) Custo total, incluindo custos das licenças. Formação, implementação, desenvolvimentos e HW necessários.
  - -Determinação dos recursos,benefícios e riscos
  - -Justificação da solução recomendada

3 - A implementação do ERP.

Após a escolha do ERP a implementar, entra-se na fase mais crítica de todo o processo – a implementação da solução adquirida.

O sucesso da implementação de uma solução ERP depende da rapidez com que se conseguir colher benefícios da mesma. Menor reacção dos utilizadores e mais rápido ROI (return-on-investment).

Esta é uma máxima extremamente importante e para ter bem presente durante todo o processo. No entanto, existem outros factores muito importantes que podem levar ao insucesso do projecto.

Segundo as estatísticas:

"Mais de 50% dos projectos não atingem os resultados esperados"

"15 a 20 % dos projectos são insucessos completos"

Estes dados estatísticos dão-nos que pensar. Porque falham os projectos?

- Deficiente definição do Projecto.
  - o Admitir que existem soluções "Plug and Play"
  - o Admitir que a adopção de uma solução ERP pode substituir a decisão da empresa acerca da maneira de conduzir o negócio
  - o Tentar consertar em vez de mudar os processos
  - o Ambiguidade na definição dos objectivos e âmbito (formalização e quantificação)
  - o Expectativas demasiado optimistas.
  - o Sub-avaliação dos recursos necessários
  - o Projecto focado nos Sistemas de Informação e não nos objectivos estratégicos do negócio.
- Anomalias na definição da equipa de projecto.
  - o Constituição da equipa pouco cuidada, com especial incidência na nomeação do "project leader"

- o Falta de experiência e/ou autoridade da equipa
- o Falta de suporte da administração / direcção geral. Este é um ponto **fundamental** para o sucesso do projecto.
- o Falta de envolvimento dos utilizadores chave.

- Ineficiências durante a execução do projecto
  - o Falta de planeamento ou planeamento irrealista do projecto
  - o Insuficiência de recursos (quantidade e disponibilidade)
  - o Ausência de decisões ou decisões demoradas durante a implementação do projecto
  - o Deficiente acompanhamento do projecto (follow-up)
  - o Deficiência da negociação dos contratos relativos à aquisição ao exterior, quer dos meios tecnológicos quer de serviços
  - o Resistência à mudança. Este é outro ponto **fundamental** e sempre presente durante todo o projecto. Não é a resistência em si que leva ao insucesso do projecto, é sim a maneira como o coordenador do projecto a gere. Para se poder responder à resistência de uma forma pró-activa é necessário em primeiro lugar percebê-la. Existe resistência e RESISTÊNCIA.

- Pouca atenção ao Pós-arranque
  - o Avaliação final dos resultados do projecto feitos demasiado cedo. (Atenção à normal quebra de produtividade no arranque)
  - o Não realização de esforços de optimização após o arranque
  - o Processo de encerramento do projecto não realizado ou realizado com deficiências
  - o Ausência da divulgação dos resultados e das novas metas a atingir. Aqui mais uma vez o papel da Administração / Direcção Geral é fundamental.

Para se conseguir minimizar todas estas razões para o insucesso de um projecto ERP é aconselhável iniciar todo o processo com a elaboração de um "Plano de Acção".

Neste "Plano de Acção" estará bem especificado o:

- -Detalhe das tarefas
- -Detalhe dos recursos
- -Faseamento / precedências

Importante também uma "Avaliação do impacto" através da definição de:

- -Recursos internos e externos
- -Eficiência Global
- -Ajustamento / Optimização do Plano

A elaboração deste plano é fundamental para todo o projecto, logo deverão participar e ser responsáveis por ele:

- -Responsável pelo documento de diagnóstico
- -Responsável pela implementação do projecto
- -Administração / Direcção Geral
- -Representantes dos sectores envolvidos
- -Consultor externo (eventualmente)

A partir deste momento entramos na fase de Desenvolvimento do projecto de implementação do ERP.

1) **Constituição da equipa**.

A equipa deve ser constituída por elementos que conheçam bem todos os processos da Empresa e os seus objectivos, com disponibilidade e autoridade para a tomada de decisões.

Fundamental a existência de um coordenador (Chefe do projecto).

A equipa deve reportar directamente à Administração / Direcção Geral.

É aconselhável recorrer a consultores externos para acelerar o processo e aproveitar a sua experiência.

"Se a empresa puder continuar a funcionar normalmente sem as pessoas escolhidas para a equipa do projecto, então escolheram-se as pessoas erradas"

Exemplo típico da constituição de uma equipa de Projecto

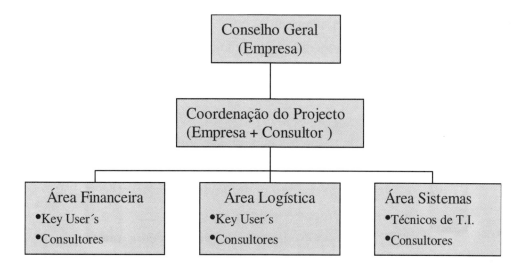

2) Planeamento do Projecto

Dentro do planeamento do Projecto deveremos considerar um conjunto de tarefas que passo a enunciar:

- Definição da metodologia de Implementação
- Faseamento e calendarização do projecto. Importante estender o planeamento até o Pós arranque, prevendo toda a quebra de produtividade inicial.
- Definição dos "Milestones", para o "follow-up" do projecto.
- (Re)Avaliação dos recursos necessários
- Definição das responsabilidades dos intervenientes em cada fase.
- Comunicação do âmbito e dos objectivos do projecto.
- Encomenda dos elementos principais do projecto. Hardware, Software, Formação exterior, Desenvolvimentos específicos (se já bem especificados), etc.
- Infraestruturas.
  Gabinetes equipados para a equipa de projecto e para a Formação

3) Implementação do Projecto

A fase de implementação, mesmo que não haja uma reengenharia profunda de processos, leva sempre à construção de novos modelos de processos de negócio. Esta definição tem normalmente em conta as "Melhores práticas da Indústria". Ponto onde a experiência dos consultores externos tem a sua maior importância.

Uma metodologia de implementação tem normalmente a seguinte estrutura:

- Instalação da infra-estrutura tecnológica. (HW e SW)
- Formação dos Key User´s
- Construção de um modelo protótipo com a configuração definida e já com alguns dados reais. Importante tentar envolver logo nesta 1ª definição alguns utilizadores finais que sejam considerados como mais críticos e mais conhecedores do negócio.
- Apresentação desse mesmo protótipo a um conjunto significativo de elementos da empresa. Elementos estes que deverão ter uma participação activa.
- Reajustes ao protótipo, tendo em conta os comentários resultantes da apresentação anterior.
- Desenvolvimento de algumas "costumizações". Que deverão ser minimizadas o mais possível.
- Apresentação do protótipo final já com os desenvolvimentos e com dados reais.
- Preparação dos manuais do utilizador
- Formação dos utilizadores finais
- Migração de dados
- Arranque

4) Revisão do Projecto (Follow-up)

Ao longo de todo o projecto é fundamental a constante interligação entre o Coordenador do Projecto e o Conselho Geral. As reuniões com periodicidade bem definida devem ser acompanhadas de um relatório do progresso do Projecto.

Neste relatório dever-se-ão abordar aspectos como:

- Avaliação da situação "previsto versus realizado"
  (Estado de avanço, Indicadores de controlo, Recursos utilizados, Benefícios verificados)
- Justificação dos desvios
- Sugestão de plano de acções correctivas dos desvios ou de reformulação (Acções, Responsáveis, Prazos)

Após a reunião deverá ser feita a divulgação do resultado do "Follow-up".

5) **Encerramento do Projecto**

Aqui entramos na última tarefa da equipa de projecto.

Esta equipa tem que verificar se:

- Todas as tarefas estão terminadas e bem documentadas.

- Se o novo sistema está operacional. Endogeneizado e auto suportado.

Terá também que:

- Elaborar o Relatório Final, onde terão de estar referidos:

  Grau de execução dos Objectivos

  Indicadores de controlo

  Recursos utilizados versus previstos

  Tempo de execução efectivo versus previsto

  Justificação dos desvios

  Lições aprendidas

  Aspectos críticos a manter sob controlo

- Discussão do Relatório final com os responsáveis da áreas funcionais abrangidas no projecto

- Apresentação do relatório à Administração / Direcção Geral

- Divulgar de uma forma alargada uma síntese do relatório final.

E finalmente dissolver a equipa de projecto.

E o projecto de implementação está completo?

Até recentemente toda a gente acreditava que a implementação de um ERP ficava terminada quando o mesmo entrava em funcionamento. Como o gráfico seguinte mostra, esta tendência está a mudar. Mais de metade das respostas (53%) considera incompleta a implementação.

Lembre-se que os sistemas ERP continuam a ser um fenómeno relativamente recente. As empresas só agora estão a reconhecer o seu verdadeiro potencial, bem como o trabalho adicional necessário de maneira a aproveitar na totalidade todo esse mesmo potencial.

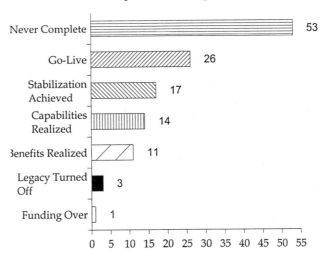

Definition of "Complete": All Respondents

O gráfico seguinte é ainda mais curioso mostrando que um número significativo de implementadores (35 %) – aqueles que dedicaram meses e por vezes anos na implementação do ERP – acreditam que a implementação termina com a entrada em funcionamento do sistema. No entanto a maioria das Administrações / Direcções Gerais acredita que a implementação nunca está terminada (55 %).

O contraste é compreensível, pois os implementadores tendem a ter uma mentalidade de projecto – considerando as coisas feitas a tempo e dentro do orçamento, enquanto que os Administradores estão mais focados nos benefícios do projecto.

É encorajador ver que quase tantos implementadores como administradores (52 % versus 55%) partilham a ideia de que é necessário a longo prazo maximizar as capacidades e benefícios do ERP.

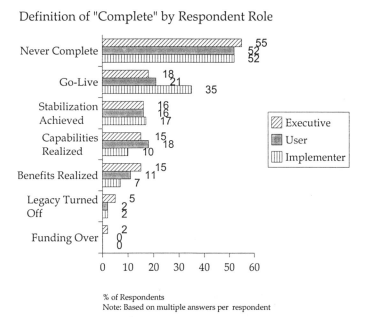

Definition of "Complete" by Respondent Role

% of Respondents
Note: Based on multiple answers per respondent

4 - Após o arranque do ERP.

Conforme pudemos verificar pelos dados apresentados nos gráficos anteriores um projecto de implementação de um ERP não termina com o arranque do sistema.

Após a entrada em funcionamento entra-se no que normalmente se chama a "Second Wave".

Normalmente a fase seguinte a uma implementação demonstra uma quebra do nível de performance.

As companhias reportam frequentemente um decréscimo temporário de desempenho, face ao ponto de partida, até conseguirem alcançar maiores resultados.

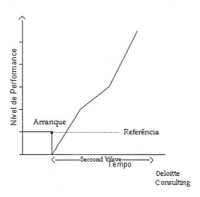

Logo de seguida entra-se numa fase de estabilização da solução.

Fase I é o período onde se verifica a estabilização da solução e as melhorias de eficiência são alcançadas

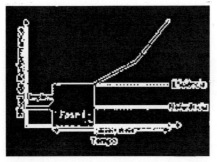

- Ciclo de fecho de contas de 9 para 5 dias

- Verificação da disponibilização da encomenda de 5 dias para 5 minutos

- Ciclo de Planeamento de 45 para 5 dias

- Processamento da Factura de 11 para 2 dias

Após a estabilização entra-se na fase onde a melhoria de eficácia começa a ser significativa.

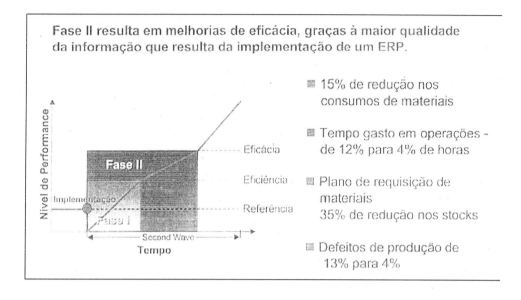

A fase final entra na maximização dos benefícios da implementação e que leva já à transformação dos processos da Empresa.

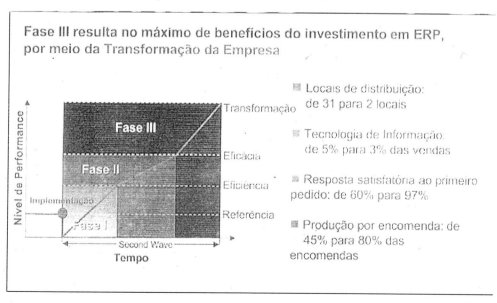

Para que todas as fases anteriormente descritas corram sem problemas de maior é conveniente seguir um conjunto de regras que são FUNDAMENTAIS para o acompanhamento da Pós-Implementação de um ERP.

1ª - Criar uma rede de suporte ao utilizador

2ª - Estabelecer "logs" de problemas / temas abordados

3ª - Conduzir "Workshops" com os utilizadores

4ª - Prosseguir esforços para melhoria da disponibilidade para a mudança

5ª - Tomar iniciativas para a estabilização

6ª - Gestão do desempenho por objectivos bem definidos.

5 - Conclusão

"Torna-se claro que quaisquer que sejam os riscos ou custos da implementação de um ERP, é consenso da maioria que este é um bom investimento."

A implementação de um ERP é como um "iceberg". A parte visível do "iceberg" representa os benefícios palpáveis (ROI), que se conseguiu obter. Os benefícios "soft" têm uma área abrangente muito superior, tal como a porção do "iceberg" submersa. Eles são as mudanças massivas e suporte tecnológico que permitem à Empresa manter uma vantagem competitiva e duradoura.

Um ERP é um "iceberg" benevolente. Em vez de esconder armadilhas e perigos abaixo da superfície, tem sim um conjunto de potenciais soluções para ajudar uma Empresa a trabalhar melhor que anteriormente e inclusivé a fazer coisas que anteriormente considerava impossíveis.

6 - Bibliografia

"ERP's SECOND WAVE – Maximizing the Value of Enterprise Applications and Processes". — Deloitte Consulting

"Dynamic Enterprise Innovation" – Establishing Continuous Improvement in Business – Baan

ERP – A espinha dorsal da e-*empresa*

Jorge Ribeiro dos Santos
ENABLER – Sistemas de Informação

Este artigo é acerca do futuro, o que no referencial temporal da nossa Era significa amanhã. Aborda conceitos e tecnologias cruciais à sobrevivência das empresas nesta era de informação, integração e tempo real. São conceitos e tecnologias relacionados com negócio, velocidade, competição, tecnologia e sucesso, num mundo cada vez mais global e integrado. A capacidade de compreender e executar estas tendências fará certamente a diferença no processo de selecção natural em curso no mundo digital.

e-empresa, integração, tempo real, *event-driven*, *publish/subscribe*, *message broker*, bus de informação.

Introdução

O mundo dos sistemas de informação empresariais está a entrar numa nova era. A **era da informação** que traz consigo dois conceitos fundamentais: o da **integração** (*EAI – Enterprise Application Integration* e *IAC – Interprise Application Cooperation onde Interprise é abreviatura de Interenterprise*) e o do **tempo real**.

A grande questão que se coloca às empresas que terminaram ou estão a terminar a implementação de ERP's *(Enterprise Resource Planning)* é a de como transformar esses ERP's em verdadeiras espinhas dorsais da arquitectura da empresa, de forma a que esta lhe permita tornar-se numa *e-empresa* capaz de competir nesta era de integração e tempo real.

Este artigo tenta dar algumas pistas para responder a estas questões. Ao abordar temas como a integração nas suas componentes EAI e IAC e as questões de tempo real ligadas a ERP, vai tentar de uma forma simples, evidenciar as componentes e os conceitos mais importantes na concretização daquele objectivo.

Capítulo 1 - A *e-empresa*

ERP + CRM + SCM + (EAI + IAC) = *e-empresa*

Uma *e-empresa* é aquela cujos sistemas de informação têm capacidade de operar numa arquitectura aplicacional distribuída. Esta arquitectura é sem dúvida nenhuma o componente mais crítico dos novos ambientes de negócio *"e-..."*.

No centro da *e-empresa* estão os sistemas ERP que funcionam como a sua espinha dorsal. Estas aplicações são internas às empresas e podem ser descritas como aplicações que primariamente olham para os processos e para os fluxos de informação internos. Uma empresa inicia a sua caminhada em direcção ao *"e-..."* quando os seus sistemas de informação começam a olhar para o exterior da empresa permitindo a integração (o mais possível em tempo real) com os clientes, fornecedores e distribuidores.

A evolução da empresa rumo ao *"e-..."* começa na componente EAI entre os seus sistemas ERP + SCM + CRM e termina com a componente IAC de integração total com os seus parceiros.

Ou seja, a empresa será verdadeiramente *"e-..."* quando a sua espinha dorsal (ERP) estiver completamente integrada (EAI + IAC) com os seus parceiros de negócio. Curiosamente, esta integração final é o elo que falta à maioria das companhias. Isto porque esta tarefa de integração tem-se mostrado extremamente complexa mesmo para os mais respeitados integradores de sistemas.

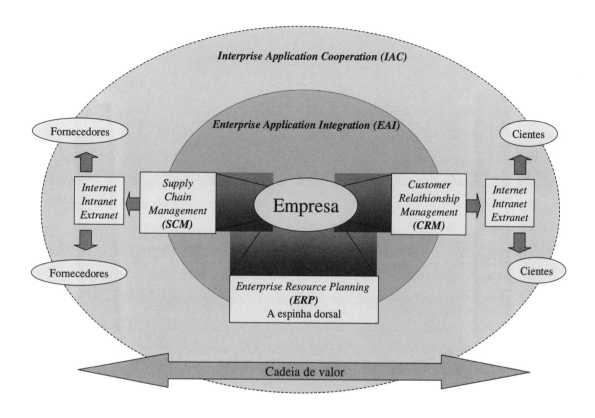

Figura 1 – *e-empresa*

A *e-empresa* deve ser *event-driven*

Um dos objectivos principais desta arquitectura é permitir que a *e-empresa* seja *event-driven*. A *e-empresa* para ter vantagem competitiva tem de desenvolver simultaneamente a infraestrutura tecnológica para entregar informação integrada em tempo real e a cultura humana que vai transformar esta informação, primeiro em conhecimento e depois em acções críticas. Uma *e-empresa* que adquire, desenvolve e explora com sabedoria informação activa em tempo real é o que se denomina uma companhia *event-*

driven. Esta companhia por um lado sente e responde instantaneamente a acontecimentos críticos ao seu negócio e por outro lado usa o poder da informação para guiar o desenvolvimento de novos produtos e serviços.

Estas companhias adquirem vantagem competitiva criando redes de abastecimento virtuais integradas e em tempo real com e para os seus parceiros. O termo "virtual" significa que os elementos desta rede não têm de estar necessariamente dentro das "paredes" da empresa (IAC). O termo "integrado" significa que todos os sistemas internos à companhia *event-driven* e dos seus parceiros estão ligados e intercomunicam através de infraestruturas tecnológicas baseadas em acontecimentos. O termo "tempo real" significa instantâneo ou com latência zero. Finalmente, "rede de abastecimento" significa a soma dos outros três combinados de forma ideal para resolver os problemas do cliente. Uma empresa não consegue sobreviver isolada independentemente do que faça ou produza. As empresas só serão capazes de sobreviver utilizando redes de abastecimento virtuais, integradas e em tempo real para resolver os problemas dos seus clientes. As empresas *event-driven* podem ser descritas pelos pontos seguintes:

- acima de tudo definem-se a si próprias como sendo focadas no cliente (*customer-centric*)
- prestam um serviço de elevada qualidade aos seus clientes, fruto da difusão e consistência da informação
- fornecem valor e transparência à sua base de *e-clientes*
- tomam decisões atempadas e são rápidas a agir
- colocam as melhores ferramentas de gestão de informação nas mãos dos seus empregados
- levam a produção e o desenvolvimento de novos produtos ou serviços a níveis óptimos
- implementam verdadeiros programas de gestão de conhecimento para maximizar de uma forma inteligente o seu capital intelectual
- mantêm flexibilidade e agilidade máxima para responder à complexidade e ao comportamento dinâmico e imprevisível dos mercados

- mantêm instantaneamente actualizados os seus empregados, clientes e parceiros com informação crítica de negócio

Em resumo, beneficiam do que parecem ser "acidentes felizes", que mais não são, de facto, os benefícios de estar melhor informado e ser mais rápido

Capítulo 2 - Breve história da integração de aplicações

Até agora falamos de questões críticas para a sobrevivência das empresas nesta nova era de informação. Vamos fazer uma breve retrospectiva no que tem sido o problema da integração de aplicações nas últimas décadas. Esta história tem por objectivo deixar-nos alertas e atentos para no futuro não cometermos os mesmos erros que ocorreram no passado. Acreditem que construir péssimas arquitecturas de informação é mais fácil e mais comum do que se possa imaginar.

No início

No fim dos anos 50 e início dos anos 60 existiam aplicações que eram bastante simples. Estas primeiras aplicações eram conhecidas como contas a pagar, contas a receber e pagamento de salários. A automatização destes processos visava eliminar o trabalho repetitivo a eles associados. Nesta altura ninguém pensava na integração de dados corporativos. O objectivo era simplesmente entregar ao computador a replicação de trabalho manual repetitivo.

Meados dos anos 60

Depois destas aplicações surgiu um conjunto de aplicações mais sofisticadas: gestão de inventário, controlo de produção e primeiras aplicações de gestão financeira. Estas aplicações eram certamente mais sofisticadas e evoluídas do que as primeiras, mas o conceito de integração de dados corporativos estava ainda longe do objectivo destas aplicações.

Fim dos anos 60 - anos 70

Nesta altura foi introduzida a tecnologia de base de dados. Deixou de ser necessário procurar dados em ficheiros sequenciais. Com a informação em disco e com a tecnologia de base de dados, os programadores podiam aceder aos dados directamente. Isto permitiu o aparecimento de uma nova geração de aplicações – aplicações transaccionais *on-line*. As aplicações passaram a ter um papel muito mais importante nas empresas. Em pouco tempo estas aplicações invadiram praticamente todos os processos da empresa. Nesta altura começou a ser discutida a questão da integração de dados corporativos. No entanto, esta discussão ficou-se por alguns executivos com visão de futuro. Na realidade, as aplicações eram desenvolvidas com o objectivo de resolução de problemas imediatos, sem se preocuparem ainda com esta questão.

Início dos anos 80

Nesta altura, aparentemente todas as aplicações desenvolvidas até à data pareceram envelhecer subitamente. As empresas descobriram que se limitavam a fazer manutenção das aplicações existentes. Era normal encontrar 95% das equipas de sistemas de informação entregues a tarefas de manutenção e apenas 5% a fazer novos desenvolvimentos. Mas olhando com mais atenção viu-se que afinal não era manutenção, no verdadeiro sentido da palavra, que estava a ser feita. Estas equipas tentavam integrar as diferentes ilhas de informação que tinham criado até aí, de modo a dar-lhes uma visão integrada. A ideia era conseguirem fazer processamento analítico da informação nas aplicações, mesmo que estas tivessem sido desenhadas apenas para processamento de transações operacionais.

As empresas estavam a tentar refazer a arquitectura das aplicações tentando acrescentar-lhe funcionalidades e características para as quais não tinham sido desenhadas de raíz. Assim, o termo manutenção era utilizado neste trabalho de tentativa de acrescentar funcionalidades a sistemas, funcionalidades estas que nunca tinham estado no pensamento dos seus construtores.

Meados dos anos 80

Esta manutenção acabou por estrangular e parar completamente os novos desenvolvimentos. Os técnicos de sistemas ficaram a pensar profundamente no que lhes tinha acontecido. Este estado de meditação levou ao surgimento de algumas grandes teorias. Uma delas foi a de que a construção de um dicionário de dados central resolveria os problemas de integração. Surgiram também as teorias associadas a repositórios, que eram no fundo as de dicionário de dados mas para os modelos cliente/servidor. No entanto, a teoria aparentemente mais ambiciosa foi a da modelação de dados. Esta teoria defendia que tudo o que era necessário fazer era construir o modelo de dados correcto e este resolveria todos os problemas de integração. Esta teoria estava ligada aos conceitos de reengenharia.

Mas, todas estas teorias apesar de serem bem estruturadas e terem valor, caíram por terra no que respeita ao tema de integração, por causa de um grave problema de concepção. Este modelo funcionaria na perfeição se fosse possível voltar atrás e reconstruir todas as aplicações. O problema é que nunca será possível refazer todas as aplicações. A imutabilidade das aplicações construídas foi sempre o calcanhar de Aquiles de todas estas teorias. Se a resolução do problema do ano 2000 foi o projecto mais caro da história da humanidade, imaginemos o custo da resolução de um problema bastante mais difícil (se não impossível) como é a implementação de uma chave única de cliente (ou de artigo, ou de fornecedor) entre todas as aplicações da empresa

Anos 90

Nos anos 90 surgiram duas novas aproximações à problemática da integração: as tecnologias ERP e de *data warehousing*. Estas duas tecnologias conseguiram de alguma forma resolver os problemas de integração existentes em algumas zonas da arquitectura empresarial. São as pedras angulares, sem as quais não será possível evoluir para estágios avançados de EAI e IAC.

A tecnologia de *data warehousing* resolve os problemas de processamento de informação, não consegue resolver os problemas de integração de transacções operacionais. Um dos grandes atractivos desta tecnologia, é que ela não obriga a refazer os sistemas herdados para construir um *data warehouse* corporativo. Outro dos atractivos é a possibilidade de ser construído de uma forma incremental. O custo de um *data warehouse* quando bem construído, é pequeno quando comparado com o custo de tentar alterar os sistemas operacionais para conseguir extrair informação integrada directamente.

A tecnologia ERP é outra aproximação ao problema de integração. A implementação desta tecnologia não é fácil nem barata. Além disso leva um tempo considerável na sua implementação. Esta tecnologia é de alguma forma famosa pelo custo e pelas "dores" na sua implementação. No entanto estes sistemas são essenciais para as empresas conseguirem ter integração de transações operacionais. Uma expectativa válida das empresas é passarem a ter esta integração depois da implementação de um ERP.

Estas duas tecnologias são complementares. Um ERP não tem a infraestrutura de dados necessária a um *data warehouse*. As empresas estão a descobrir que depois de implementarem um ERP ainda necessitam de um *data warehouse* para processar informação. A integração de dados através de um ERP não resolve as mesmas necessidades de processamento de informação de um *data warehouse*.

Início do século XXI

Onde estamos afinal em termos de integração? Como vimos, depois de algumas décadas, conseguimos criar infraestruturas de integração robustas. No entanto, continuamos a não conseguir integrar totalmente os processos, dados e sistemas existentes na empresa e fora desta.

As tecnologias ERP durante os anos 90 permitiram realmente resolver os problemas de integração internos criados pelas aplicações herdadas do passado (gestão financeira, gestão de recursos humanos, gestão de inventário,...). Conseguimos aquilo a que podemos chamar uma espinha dorsal da empresa. O problema é que o mundo não parou, e os modelos de negócio do tipo *"e-..."*, impulsionados pelo crescimento da Internet e fortemente focados na relação com os clientes e na colaboração inter-empresas, levaram ao aparecimento de aplicações especialistas e muito fortes nas áreas de CRM e SCM.

Ou seja, mais uma vez estamos perante arquitecturas empresariais que necessitam de ser integradas. Uma dificuldade adicional é cada vez mais as empresas terem de ser *event-driven*, tendo de reagir a estímulos críticos o mais possível em tempo real. Acredito que a resolução final dos problemas de integração passa pelos conceitos de EAI e IAC, indo permitir às empresas cada vez mais funcionarem como verdadeiros ecossistemas com sistemas nervosos distribuídos que vão permitir às redes de parceiros funcionarem como inteligências colectivas.

Capítulo 3 - EAI

Como vimos na nossa história da integração, este tema não está de forma nenhuma terminado. O Gartner Group estima que 40% do tempo de desenvolvimento das aplicações é gasto na criação de interfaces e pontos de integração entre aplicações e fontes de dados. As maiores dificuldades no desenvolvimento dos sistemas de informação estão na componente de integração.

Neste capítulo vou descrever genericamente o conceito EAI e os seus diferentes tipos. Como vão perceber, muitos destes conceitos já são conhecidos e utilizados, mas não com uma perspectiva de arquitectura estratégica global. Este capítulo aborda também uma nova geração de conceitos e componentes tecnológicos, que são o "pão com manteiga" do EAI e que vão permitir concretizar a implementação da nossa *e-empresa*. Estou-me a referir aos conceitos de *publish/subscribe*, *message broker* e *information bus*. Estes são alguns dos principais conceitos que permitem com velocidade, agilidade, facilidade e flexibilidade obter a capacidade de integração em tempo real necessárias à sobrevivência das empresas e à sua transformação em *e-empresas*.

O que é

Mas, o que é o EAI? Não é mais um "chavão" sonhado pela imprensa e pelos analistas. Este conceito surge precisamente para resolver os problemas criados por décadas de desenvolvimento desintegrado. **EAI é a partilha em tempo real e sem restrições, de dados e processos de negócio, entre quaisquer aplicações e fontes de dados da empresa**. O EAI pretende precisamente criar esta partilha sem necessidade de alterar as aplicações existentes. Ou seja, EAI é a solução para décadas de desenvolvimento efectuado sem uma visão ou estratégia central.

O que não é

EAI não é *middleware*. EAI não é *workflow*. EAI não é transformação de dados. Cada um destes tipos de produto oferece uma solução para uma parte específica do problema geral de negócio que o EAI contempla. EAI é uma combinação de tecnologias empregues nestes diferentes tipos de produto. Uma solução completa de EAI emprega de uma forma integrada, os serviços de conectividade (também fornecidos por produtos de *middleware*), os serviços de transformação de dados (também encontrados em produtos *ETL – Extract, Transform and Load*) e os serviços de gestão de processos (também encontrados em produtos de *workflow*).

Níveis de integração no EAI

Quando as empresas começam a pensar implementar estratégias de EAI, devem primeiro compreender o conjunto e o conteúdo dos processos de negócio e dos dados da empresa. Até há pouco tempo atrás, não existiu a preocupação com o desenho de uma arquitectura de processos, dados e sistemas global à empresa e com portas de saída para o exterior. Neste momento, muitas organizações estão a criar a função de arquitecto de sistemas cuja responsabilidade é precisamente garantir uma estratégia global, integrada e de longo prazo, aos processos, dados e sistemas da empresa. Adicionalmente, o arquitecto deve coordenar e integrar nesta estratégia toda a tecnologia existente. Esta tarefa não é fácil, mas representa um dos passos fundamentais para o sucesso das estratégias desenhadas nesta área.

O que se pretende é que as empresas compreendam muito bem os processos e os dados críticos ao negócio. De seguida, devem seleccionar quais os processos e os dados que requerem integração. Este processo pode ter vários níveis de integração semântica, que incluem:

- nível de processos
- nível de objecto
- nível de dados

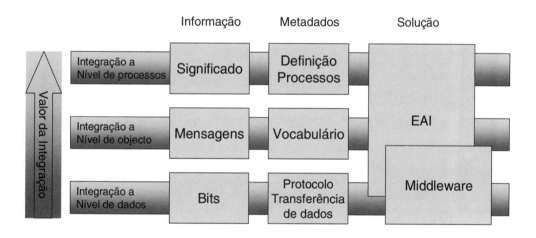

Figura 2 – EAI – valor da integração

Middleware

Podemos dizer que o *middleware* é a tecnologia que suporta a mais baixo nível o conceito de EAI. Essencialmente, e de uma forma simples, o *middleware* permite a ligação de aplicações e a transferência de dados entre elas. No passado eram aplicações de muito baixo nível, que trabalhavam a nível do protocolo de comunicações. Depois evoluíram e neste momento já existem aplicações de *middleware* bastante complexas baseadas em *RPC (Remote Procedure Calls)*, *MOM (Message Oriented Middleware)* e *TPM (Transactional Processing Monitors)*. De seguida vamos aprofundar um pouco mais um dos paradigmas associados ao conceito MOM e que é sem dúvida aquele que melhor se enquadra no suporte ao conceito EAI.

O paradigma *publish/subscribe*

A grande maioria dos sistemas de informação empresariais, ainda trabalham num modelo de *request/reply* ou modelo *pull*. Qualquer aplicação ou pessoa que necessite de informação, deve primeiro descobrir onde reside essa informação para depois a pedir de uma forma que despolete uma resposta ao pedido. Cada pedido de informação é guardado numa fila e depois preenchido individualmente pelo fornecedor da informação. Depois deste processo, quem fez o pedido fica à espera da informação sem ter a certeza de que esta vai chegar em tempo útil ou se o seu conteúdo será o mais adequado. Este modelo tem ainda o problema de congestionar a rede de informação. No fim dos anos 90 apareceram os modelos do tipo *automated pull* ou *automated polling*, aos quais chamaram modelos do tipo *push*. No entanto, a maioria destes modelos limitam-se a enviar mensagens com uma frequência regular interrogando fornecedores de informação pré-determinados. Os resultados parecem ou pretendem ser instantâneos, mas no fundo estes sistemas limitam-se a utilizar mecanismos *request/reply* com uma frequência acelerada e pré-determinada. Estes modelos além de não resolverem o problema da informação ser recebida em tempo útil, acabam por congestionar ainda mais as redes existentes.

Surgem então os modelos do tipo *publish/subscribe*, que são os mais adequados à nossa *e-empresa*. Nestes modelos, um acontecimento vai despoletar em tempo real a publicação de informação na rede apenas uma vez, ficando esta disponível a todos aqueles que a pretendam subscrever. As aplicações ou pessoas recebem apenas a informação que subscreveram. Para gerir estes modelos, a *e-empresa* vai criar listas de subscrição (pessoas ou aplicações) de acontecimentos internos e externos relativos à informação que os subscritores necessitem em tempo real. Este fluxo de informação é gerido por filtros sofisticados que garantem que o que é entregue ao subscritor é exactamente o que ele precisa, apresentado na sequência correcta e com uma boa refinação dos dados. Este modelo *publish/subscribe* é o ideal para o funcionamento dos *message brokers*, outro mecanismo essencial para a concretização da arquitectura da nossa e-empresa.

Message Brokers

Os *message brokers* são uma das infraestruturas mais importantes do EAI. São eles que permitem integrar os múltiplos processos de negócio que existem espalhados e isolados na empresa. O mais importante é que têm capacidade de concretizar esse objectivo, independentemente dos processos serem novos, antigos, centralizados, herdados, ou distribuídos. Os serviços prestados pelos *message brokers* podem ser agrupados em algumas categorias distintas: tradução de mensagens, processamento de regras, encaminhamento inteligente de mensagens, controlo de fluxos, serviços de repositório, serviços de directório, *API's (Application Programming Interfaces)* e adaptadores. Uma das grandes vantagens dos *message brokers* é que deixam os sistemas como eles estão, minimizando as alterações às aplicações e ao mesmo tempo permitindo a sua integração.

Estes *brokers* vêm permitir a partir de um ponto central de integração, introduzir os componentes de encaminhamento, transformação e gestão de fluxos, necessários à integração dos processos de negócio. Os componentes principais de um *message broker* são então:
- camada de tradução de mensagens;
- motor de regras de transformação de mensagens;
- mecanismos inteligentes de encaminhamento de mensagens.

Um *message broker* é um sistema baseado em troca assíncrona de mensagens entre aplicações. Gere interacções entre aplicações e outras fontes de informação, utilizando técnicas de abstracção. Estas técnicas funcionam de uma forma simples. Um fornecedor de informação publica a mensagem sobre determinado assunto no *broker*. Todas as aplicações que subscrevam esse assunto têm imediatamente disponível a informação. Estes sistemas são baseados em endereçamento por assuntos, tornando transparente a arquitectura e a infraestrutura física onde residem as aplicações. Os *message brokers* fazem a mediação das interacções entre aplicações, permitindo que os "publicadores" e os subscritores permaneçam completamente anónimos.

O bus de informação

Temos agora todos os componentes e conceitos que nos levam ao aparecimento de um bus de informação empresarial que vai permitir de uma forma transparente interligar os sistemas já existentes (internos ou externos à empresa). A ligação de novas aplicações ou alteração da arquitectura aplicacional ou de processos é também transparente (tipo *plug & play*).

No fundo, isolamos toda a complexidade aplicacional e de infraestrutura, passando para um grau de abstracção em que falamos de assuntos, de quem os publica e de quem os subscreve. Existe um mediador (*broker*) que se responsabiliza pelas regras de conversação (tradução e transformação) entre os diferentes sistemas. Este bus de informação permite grande escalabilidade, garantindo níveis muito elevados de fiabilidade e tolerância a falhas.

Neste momento, já temos as ferramentas e os conceitos necessários para a transformação interna das nossas empresas com vista a serem verdadeiras *e-empresas* competitivas na Nova Economia. Vamos de seguida tentar dar uma visão do que irá acontecer em termos de desenvolvimento do conceito EAI rumo a um conceito IAC que desenvolve e se preocupa com toda a componente de ligação inter-empresas. Já vimos que o conceito EAI aborda de alguma forma este problema, no entanto a sua complexidade e novidade obriga à introdução de alguns temas, sem os quais não será possível concretizar plenamente a implementação total da nossa *e-empresa*. Assim, o próximo capítulo tenta de alguma forma identificar e alertar para alguns temas relativamente aos quais devemos estar atentos. Estes temas serão o último elo da nossa caminhada rumo à implementação total e final da *e-empresa*.

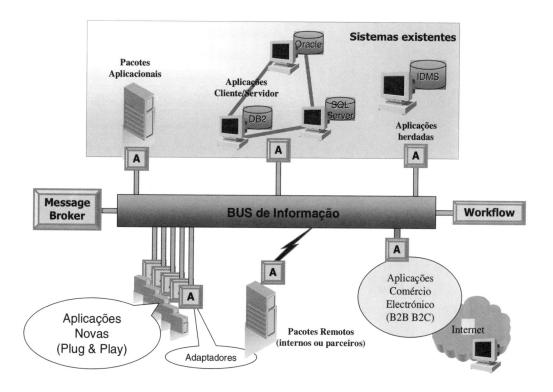

Figura 3 – o Bus de informação

Capítulo 4 – IAC

Nos próximos anos, o conceito EAI será muito mais abrangente do que o actual e que foi falado no capítulo anterior. De facto, a próxima geração de tecnologias e conceitos de EAI deverá ser chamada: IAC. O IAC irá integrar a evolução de uma base alargada de tecnologias EAI já conhecidas, ferramentas sofisticadas de comércio electrónico e alguns conceitos recentes dos quais faremos uma breve introdução aos dois mais importantes (agentes inteligentes e WAWM). Como vemos na figura 4, o IAC é um pacote de tecnologias EAI com capacidades adicionais que permitem a colaboração e interoperabilidade entre sistemas operacionais, de suporte à decisão e de gestão de processos, estando estes em empresas separadas geograficamente e cuja existência legal é totalmente separada.

O conceito *plug & play* aplicacional inter-empresas falado anteriormente é essencial ao IAC. No mundo actual, é fundamental conseguir criar ligações fortes com os parceiros. No entanto, é muito importante ter a capacidade de "ligar" ou "desligar" facilmente parceiros, com possibilidade de rapidamente e automaticamente reconfigurar as ligações aplicacionais e de processos entre as empresas.

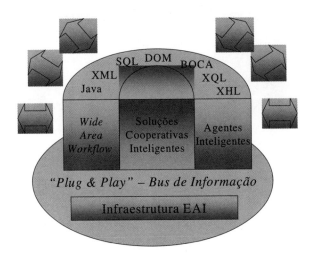

Figura 4 – modelo IAC

Agentes Inteligentes para I3 (Integração Inteligente de Informação)

A tecnologia de agentes sempre foi considerada uma boa aproximação ao I3. O IAC lida essencialmente com duas categorias de tecnologias baseadas em agentes: FMAS (*Federated MultiAgent Systems*) e agentes autónomos.

Agentes autónomos são componentes de serviços que servem o desenvolvimento de arquitecturas de integração. Nestas arquitecturas estes agentes encapsulam os interfaces e fazem a ligação às ferramentas de integração permitindo serviços especiais como o acesso a sistemas herdados, pacotes ERP, transformação de dados, transacções de comércio electrónico, e outros. Estes conceitos já são encontrados em algumas ferramentas de EAI.

No entanto, para arquitecturas mais complexas de integração inter-empresas, é extremamente difícil, ou mesmo impossível, determinar correcta e concretamente as características exactas de um agente autónomo na altura do seu desenho e anteriormente à sua utilização. Por exemplo, isto obrigaria a saber com antecedência quais os requisitos específicos dos sistemas que irão aparecer para integração no futuro, e como um agente deveria reagir em resposta a esses requisitos. Estes tipos de problemas são tratados por tecnologias FMAS, que incluem um agente moderador (normalmente um *broker*, facilitador, ou mediador), responsável por proporcionar um intermediário entre os agentes de serviços e os ambientes externos. Especificamente, um agente intermediário assume o papel de coordenador das funções de tradução de dados, negociação, monitorização e notificação entre sistemas.

WAWM (Wide Area Workflow Management)

O WAWM é uma nova arquitectura de *workflow* que define os aspectos técnicos e de gestão na interacção entre os diferentes sistemas de *workflow* existentes na *e-empresa* (neste momento do texto penso já ser claro que a *e-empresa* é uma entidade virtual constituída por diferentes entidades ou empresas interligadas de forma transparente pelas tecnologias faladas até agora). WAWM vai ter um papel muito importante dentro do âmbito do IAC. Em primeiro lugar, vai proporcionar acesso universal aos processos de *workflow*, isolando os processos propriamente ditos dos protocolos aplicacionais através da partilha de documentos electrónicos.

Em segundo lugar e mais importante, o WAWM vai introduzir o conceito de sistemas colaborativos *loosely coupled*. Estes sistemas são chave para simultaneamente proporcionar os mecanismos de flexibilidade e um nível de integração elevado. Estes sistemas apresentam níveis de integração elevados (*through coupling of processes*) e flexibilidade (*through looseness*), sendo caracterizados pela independência dos processos de integração relativamente aos interfaces aplicacionais. Trabalham através da sincronização frequente e estabilização periódica dos fluxos de informação e dos processos distribuídos.

Conclusão

Tendo estado envolvido no desenho de arquitecturas distribuídas complexas, tenho a convicção de que o caminho para a construção de uma verdadeira *e-empresa*, passa em grande parte por tudo o que foi dito atrás. Neste momento as empresas ainda investem tempo demasiado na criação de ilhas aplicacionais (p.e. ERP + CRM) que depois ligam ponto a ponto com grande esforço de desenvolvimento e criando verdadeiros pesadelos em termos de necessidades de suporte e documentação. A maioria das vezes, estas estruturas pesadas tornam extremamente complexa em termos de custos e tempo, a entrada das empresas em iniciativas relacionadas com a Nova Economia (adesão a mercados virtuais B2B, criação de iniciativas de comércio electrónico na vertente B2C, criação de portais verticais, ...).

As tecnologias abordadas no texto vão influenciar as empresas de uma forma ou de outra neste início do século XXI. Os sistemas de informação da empresa através da implementação de tecnologias avançadas devem permitir ao negócio ter velocidade, competitividade, e sucesso numa sociedade cada vez mais global e integrada.

Termino com uma citação feita por Vivek Ranadivé no seu livro "The Power of Now", que reflecte de uma forma clara o ambiente competitivo do mundo actual e a consequente necessidade de repensarmos profundamente as arquitecturas e infraestruturas tecnológicas e humanas das empresas.

"Speed is God, time is the devil, and change is the sole constant."

Referências:

- The Power of Now – Vivek Ranadivé
- Digital Darwinism – Evan I. Schwartz
- Enterprise Application Integration – David S. Linthicum
- Enterprise Application Integration – Katy Ring, Neil Ward-Dutton
- Going Virtual – Ray Grenier, George Metes
- e-retailing – Enabler WhitePaper
- Futurize your enterprise – David Siegel
- Catching the Next Wave of EAI Evolution – Mark Davydov

Tecnologias da Informação: Um álibi para a mudança organizacional

Lisete Salvador Morato Roxo
ESAB - Com. e Ind, Soldadura, Lda.

O homem, só ou em grupo, tende a resistir à mudança por medo do desconhecido, das incertezas que tal mudança acarreta. É, pois, muito difícil desenvolver um projecto de mudança nas organizações. Por isso, muitas vezes nas PME's a necessidade de actualizar o sistema de informação, serve de álibi aos gestores para a introdução de um processo de mudança do tipo operacional. Atribui-se ao novo ERP a necessidade de mudar rotinas e procedimentos, eventualmente, associando-lhe uma reengenharia de processos. No entanto, o facto de se implementar um novo sistema de gestão da informação não significa, por si só, que se consegue introduzir a mudança diagnosticada como necessária. Os recursos, principalmente os humanos, devem ser cuidadosamente avaliados e todos os membros da organização devem ser envolvidos e motivados para a mudança, principalmente, os gestores de topo. Se um só dos gestores não interiorizar a mudança ou não a quiser, o projecto fracassará devido às estratégias de resistência activa ou passiva que se desenvolverão. As mentalidades e as competências não mudam com a introdução de uma nova tecnologia. Quando muito mudarão os comportamentos. Kurt Lewin preconiza três fases para a mudança: o descongelamento, a mudança e um novo congelamento. Muitas das vezes não se consegue sequer proceder ao descongelamento; outras vezes consegue-se um certo nível de mudança mas falha-se o novo congelamento. Mudar é difícil.

Mudança, Mudança operacional, mudança estratégica, mental blinders, processo de mudança, descongelamento, congelamento, re-congelamento, sistema de informação, organização do trabalho.

"Ninguém se pode banhar duas vezes nas águas do mesmo rio"
Heráclito (500 AC.)

"A mudança é eterna. Nada muda nunca"
Immanuel Wallerstein (1996)

Encontrei a semana passada uma amiga da Faculdade que não via há alguns anos. Notei nela certas diferenças: tinha emagrecido um pouco e mudara a cor do cabelo. Cumprimentei-a e disse-lhe entusiasmada:

— Olá, Ana. Há tanto tempo que não te via. Estás diferente!

Ela, olhou-me surpreendida e respondeu:

— Achas? Não, eu estou na mesma! Tu é que não me vês há muito tempo!

É difícil admitir que mudamos e, no entanto, de Hieráclito a Wallerstein, todos concordam que a mudança é, paradoxalmente, algo de permanente. Algo que se nota mais quando o lapso de tempo é mais longo e que quase não se nota quando o período de tempo é curto ou quando nos encontramos envolvidos nessa mesma mudança; isto faz do tempo um elemento crítico na análise da mudança. A realidade é que, quer notemos quer não, quer queiramos quer não, todos (e tudo) mudam. O facto é que, a maior parte das vezes, resistimos à mudança como se, nesse processo, a nossa identidade se perdesse e nos transformássemos noutra pessoa. Temos medo daquilo que desconhecemos ou mal conhecemos e por isso a mudança mete medo. Eis uma das razões pelas quais é difícil iniciar um processo de mudança numa organização. Imediatamente se criam obstáculos, se desenvolvem diferentes estratégias de resistência de modo a não se ser apanhado de surpresa. Muitas incertezas têm que ser geridas e a gestão das incertezas é, nos dias de hoje, uma função importante e difícil numa organização. Mas é evidente que nem sempre mudar é bom! Há alturas em que não será útil desenvolver um processo de mudança e mudar só por mudar não leva a lado nenhum e acarreta riscos e custos. Consequentemente, a mudança organizacional deve ter por base um diagnóstico bem elaborado e deve ser ponderada e desenvolvida de acordo com um objectivo concreto.

A necessidade de mudança surge como uma estratégia de adequação às necessidades do ambiente em que a organização se insere. Como sistema aberto que é, a organização alimenta-se dos "inputs" dos vários subsistemas internos e externos que transforma em "outputs" os quais, por sua vez, alimentam o sistema ambiental. É este fluxo de energia, este fluxo de informação que faz viver a organização. Se esta se fechar em si mesma, atrofia e morre. Mas, por mais que a mudança seja necessária, existem sempre barreiras que se lhe opõem quer intencionalmente quer involuntariamente. Kaufmann [1] refere:

- O hábito e os benefícios colectivos de estabilidade – A vida em grupo seria inconcebível sem regularidades comportamentais – sem hábito. A vida em conjunto pressupõe a aceitação de constrangimentos e, embora se possa reclamar dos inconvenientes da vida em grupo, o Homem é, de facto, um animal de hábitos; ora, sendo necessárias normas, mesmo que imperfeitas, vale mais não arriscar trocar uma lógica conhecida por outra que não se conhece. A lógica da vida colectiva é, assim, uma lógica conservadora. É mais fácil nada fazer do que fazer alguma coisa porque a mudança gasta energia.

- A Segurança – A sós ou em associação, os indivíduos podem organizar-se de modo a fazerem frente à mudança pois que a inovação que acompanha a mudança pode prejudicá-los, seja em termos de recompensas materiais (salários, benefícios), seja em termos de recompensas imateriais como a perda de estatuto ou o não reconhecimento de competências. Pode-se referir como exemplo a estratégia de fechamento de classe por parte da Ordem dos Médicos quando se recusa a reconhecer como profissionais da medicina os naturopatas e os quirópraticos. Legitimando o seu discurso com a preocupação pelo público, a classe médica esconde uma outra preocupação: a eventual perda de poder.

---

[1] Kaufman, H., The Limits of Organizational Change, Transactional Publishers, 1995. New Brumswick, USA

• <u>O Custo da mudança</u> - Nos processos de mudança existem custos materiais e custos psicológicos que se torna necessário avaliar antes de uma tomada de decisão.

• <u>"Mental blinders" ou persianas mentais</u> - Na organização, cada função torna-se um modo de vida para quem a desempenha. Aprendem-se a utilizar os saberes, dominam-se os métodos, interiorizam-se todos os procedimentos, normas, directivas, ordens, etc. Torna-se então difícil aceitar que, de repente, todos os processos que interiorizámos, todas as rotinas que apreendemos e que são o nosso quotidiano ficam obsoletos, desvalorizados como desvalorizado se torna o património que, dia a dia, ano a ano, fomos construindo e que dá pelo nome de experiência. Os mestres passam a simples estagiários. Estas "persianas mentais" que queremos nos protejam dos males da mudança, privam-nos simultaneamente da luz que a mudança pode trazer. Privam-nos do contacto com o exterior e sedimentam os nossos mapas mentais ao mesmo tempo que nos protegem da imprevisibilidade da mudança. Fechamo-nos ao mundo exterior passando a ouvir aquilo que queremos ouvir ignorando toda a informação que ponha em causa o mundo que construímos para nós. Estas persianas mentais podem existir na organização em todos os níveis hierárquicos. Muitas vezes também os gestores, parecendo aderir aos processos de mudança, passam, ao invés, a centralizar as suas decisões, tentando controlar cada vez mais as decisões dos outros na ânsia de acabar com as incertezas que a mudança acarreta.

Então porquê, o quê e como mudar?

Perspectivando as organizações de forma organicista constata-se que estas, como organismo vivo que são, se situam num contexto ambiental a que reagem constantemente, adaptando-se e evoluindo para procurar sobreviver num mundo empresarial cada vez mais competitivo. Tal como os organismos biológicos, as organizações lutam pela sobrevivência e procurando reproduzir-se de modo a cobrirem o maior espaço possível; se, até aqui, o seu espaço contextual era a cidade, a região, o país, agora é o mundo inteiro: real e virtual.

Tal como os organismos vivos, desenvolvem estratégias de adaptação, inovadoras ou não, de modo a colher um âmbito bastante alargado de benefícios que lhes permita fazer face à concorrência. Tais estratégias podem ser políticas, económicas ou sociais ou uma mistura de todas elas.

De acordo com Bilhim [2], existem dois grandes tipos de mudança: a operacional e a estratégica.

A mudança do tipo **operacional** refere-se a novos sistemas, procedimentos, estruturas ou tecnologias que terão efeitos a curto prazo nas actividades da organização, efeitos esses que se fazem notar no comportamento da organização e se reconhecem como muito importantes.

A mudança do tipo **estratégico** refere-se a mudanças mais profundas e de longo prazo, portanto, mais difíceis de levar a cabo por implicarem diagnósticos e estratégias complexos.
Em ambos os tipos, a mudança deve integrar três elementos fundamentais:

- Contexto: endógeno e exógeno;
- Conteúdo;
- Processo.

Assim, para haver mudança na organização deverão existir:

- pressões exógenas ou endógenas,
- o reconhecimento da necessidade de mudar,
- empenhamento dos envolvidos em fazê-lo,
- definição do plano, e
- escolha de um processo para a mudança.

---

[2] Bilhim, J.A.F., Teoria Organizacional Estruturas e Pessoas, ISCP, 1996, Lisboa.

No esquema do modelo de mudança organizacional apresentado por Bilhim (op.cit.) reconhecem-se os três elementos fundamentais e o modo como se relacionam e interagem. Resume-se às perguntas: Porquê mudar? O quê mudar? Como Mudar? A resposta a estas perguntas constitui o processo de mudança e o seu resultado produzirá efeitos nos contextos endógeno e exógeno que, afinal, foram a origem da própria mudança, através das pressões exercidas. O ciclo fecha-se.

ESQUEMA DO MODELO DE MUDANÇA ORGANIZACIONAL

(Fonte: J.A.F. Bilhim, Teoria Organizacional Estruturas e Pessoas, 1996,ISCP, Lisboa.)

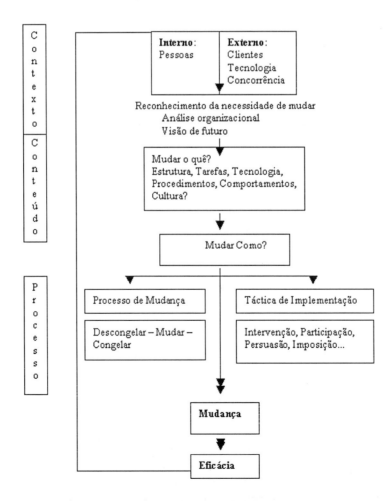

Não concordando com a corrente do determinismo tecnológico que faz depender do subsistema tecnológico todos os outros subsistemas organizacionais, considero, no entanto, que a Tecnologia, ao atravessar todas as áreas da empresa, tem um papel muito importante em todas elas, influenciando toda a vida da organização e constituindo o seu menor múltiplo comum. As empresas dependem cada vez mais dos computadores e esta dependência tornou-se notória quando da mudança de milénio. Muita gente acreditava que os computadores parariam na noite do Ano Novo, o que para todas as empresas com elevado nível de informatização teria consequências dramáticas.

Não podemos esquecer que a Tecnologia teve e tem um papel importantíssimo no processo de globalização da economia; a evolução das técnicas que levou à miniaturização dos componentes possibilitou a portabilidade e consequente nomadização[3] dos equipamentos (telefones celulares, computadores, etc), das pessoas e até das organizações.

Sendo o sistema tecnológico uma das áreas não só susceptíveis de mudança como indutoras de mudança (esquema de Bilhim), é natural que os gestores aproveitem a necessidade de actualizar as suas tecnologias de informação para ao mesmo tempo provocarem mudanças na organização com o objectivo de contribuir para uma maior eficiência e eficácia[4]. Não sendo fácil levar a cabo uma mudança estratégica, aproveita-se para introduzir uma mudança do tipo operacional, não só a que resulta das mais valias obtidas com a implementação de um novo sistema de informação mas a que resulta de uma reengenharia de processos.

Nos últimos anos, três grandes desafios se colocaram às empresas europeias em termos de diferenciação pela tecnologia:

- O "bug" do ano 2000;
- A adesão à moeda única – o Euro;
- O Comércio Electrónico.

---

[3] "objectos nomádicos" de Atali (Vilrokx,1996). Este autor refere-se à característica nómada de objectos como os telefones celulares, os computadores portáteis, os rádios, televisores e cd's portáteis que não mais estão confinados a um só local onde podem funcionar mas que nos acompanham por todo o lado, banalizando a comunicação. O mesmo se aplica às empresas (e aos trabalhadores) que não necessitam já de ter um local fixo de funcionamento.

[4] Pode-se distinguir eficiência de eficácia comparando a eficiência ao acto de rezar - rezar bem – e a eficácia com o facto de chegar ao céu – objectivo de quem reza.

Todos os três desafios serviram de razão justificativa para a compra ou *upgrade* de hardware e software. Todos os três representam, não só desafios tecnológicos como desafios económicos e sociais.

Quanto ao tão temido "bug" do ano 2000, por um lado, obrigou muitas empresas a fazer e refazer orçamentos de modo a permitir fazer face a alterações ou compra de software (e por vezes hardware) necessárias para não serem apanhadas pelo "bichinho perverso"; por outro lado, gerou emprego e trabalho na área das TIC (Tecnologias de Informação e Comunicação).

A adesão antecipada ao Euro por parte de várias empresas que a consideram como uma vantagem competitiva é outra razão justificativa para o investimento em *upgrades* de aplicativos já existentes ou até na sua substituição. Se por um lado como é temido, as TIC matam o emprego, por outro lado também o criam, embora, evidentemente, o emprego criado seja noutra área e tenha exigências diferentes em termos de competências. Muito do emprego é, pois, deslocado de funções pouco exigentes em termos de qualificação profissional para funções mais técnicas.

O que acontece é que no paradigma técnico-económico fordista os sistemas de produção baseavam-se no uso intensivo da **energia** (energy intensive systems) enquanto que, no novo paradigma, os sistemas de produção e serviços se baseiam na utilização intensiva da **informação** (information intensive systems**)**.

É, pois, evidente que a ênfase se coloca nas redes e nas organizações virtuais que são os modelos por excelência da sociedade de informação em que vivemos e que fabricam estruturas provisórias consideradas ideais para responder a uma procura incerta e variada. [5] Consequentemente, a organização do trabalho e das competências terá forçosamente de ser diferente; isto provocará um enorme impacto no sistema de emprego. Algumas profissões tornar-se-ão redundantes, outras nascerão em seu lugar,

---

[5] Cf, Ilona Kovacs, "Novas formas de Organização do Trabalho" in Manuel Mira Godinho, João M.G. Caraça (orgs) O Futuro Tecnológico – Perspectivas para a Inovação em Portugal, 1999, Celta, Oeiras.

passará a não fazer sentido distinguir entre pessoal qualificado e não qualificado pois a todos serão exigidas múltiplas responsabilidades e múltiplas competências. A escola que até agora ocupava um espaço limitado na vida dos indivíduos (dos 6 aos 20 e tal anos) vai ter que acompanhar-nos toda a vida seja em termos de qualificações académicas ou em termos de formação profissional. Todas as outras estruturas terão de acompanhar estas mudanças por forma a responder às necessidades das novas formas de organizar o trabalho. Na sociedade em que vivemos, o conhecimento é o património mais valioso do empregado e do empregador. Nem um nem o outro podem deixar que se desvalorize.

Tendo como objectivo o aumento da competitividade e a globalização dos negócios, o Comércio Electrónico, nas suas várias formas, é outro desafio que implica além dos recursos tecnológicos, uma redefinição de processos e, consequentemente, fonte de mudança. O Comércio Electrónico na Internet está para ficar e envolverá muito trabalho de muita gente. Afectará todos os membros da organização, modificando hábitos de trabalho e maneiras de pensar.

Com a mundialização crescente das empresas, estas estão sujeitas a desafios que comportam ameaças mas também muitas oportunidades. No caso das empresas multinacionais (ou globais) a actualização da informação e das Tecnologias que a tratam é imprescindível e deve ser constante de modo a poder manter e desenvolver um nível tecnológico que lhes permita manter e desenvolver o seu mercado global. O euro e o e-commerce são factores de mudança que trazem para quem a eles adere enormes vantagens e, claro, alguns riscos. Estes serão minimizados se houver uma antecipação por parte das empresas. As multinacionais são, normalmente, as primeiras a evidenciar como prioritários os processos de mudança tecnológica para aproveitarem as vantagens que o seu pioneirismo lhes pode trazer.

Estes últimos anos foram, e estão sendo, uma boa ocasião para actualizar os patrimónios informáticos e, ao fazê-lo, procurar introduzir algum tipo de mudança operacional nas organizações.

Nas empresas multinacionais com uma forte cultura integracionista, os equipamentos e os "softwares" estão à partida já escolhidos. São grandes os benefícios da implementação de um mesmo "package" em todas as companhias do grupo: economia de custos em virtude da quantidade, uma linguagem comum, uma maior facilidade tanto no desenvolvimento de interfaces específicas como na implementação dos vários projectos locais, assim como formação de utilizadores e "help lines" comuns.

Todavia, existem companhias multinacionais que, embora mantendo um núcleo duro de um ERP comum, (na empresa mãe e filiais ligadas à produção) dão uma certa autonomia às outras companhias para escolherem o ERP mais adequado às suas necessidades. Deste modo, consegue-se obter uma relação custo/benefício mais equilibrada. A maior parte destas empresas são PME's que teriam de investir demasiado num ERP sofisticado do qual utilizariam apenas alguns módulos e mesmo destes módulos nem todas as funcionalidades seriam aproveitadas.

Em qualquer caso, uma análise S.W.O.T.[6] é um procedimento aconselhável antes de decidir investir em novos recursos tecnológicos ou até mesmo quando se coloca a necessidade de fazer um upgrade dos recursos já existentes.

Pontos fortes, pontes fracos, constrangimentos e oportunidades são parâmetros que se torna necessário equacionar antes de iniciar um projecto. Definidos os objectivos procura-se a melhor maneira de os atingir, avaliando os recursos existentes e a melhor maneira de os optimizar, traçando um plano de acção calendarizado. Regularmente, deve-se proceder à avaliação do projecto para verificar se serão necessárias correcções. Eventuais pontos fracos poderão ser transformados em pontos fortes e ameaças trans-formadas em oportunidades. Não esquecer os recursos humanos envolvidos no projecto. Devem ser escolhidos de modo a constituírem uma equipa equilibrada onde existem as qualidades de liderança, conhecimentos técnicos, capacidade de aprender e vontade de trabalhar. No entanto, "a implementação do trabalho em equipa é, nalguns casos problemática, devido à falta de preparação da passagem de uma lógica de organização

---

[4] Strength, weakness, opportunities, threats

do trabalho para outra e à falta ou insuficiente envolvimento dos trabalhadores" (Kovacs, op.cit). O apoio e envolvimento dos gestores de topo é absolutamente imprescindível assim como o envolvimento dos utilizadores. Algo que não pode faltar em qualquer tipo de projecto é um processo de comunicação efectiva. O processo de implementação de um novo sistema de informação é um processo muito complexo e no qual todos devem ser envolvidos, dependendo desse envolvimento o sucesso da sua implementação.

No projecto de aquisição de um ERP, considero a fase das demonstrações muito útil. Procura-se verificar se tal sistema de gestão poderá satisfazer as necessidades da organização e as expectativas que já se criaram. No entanto, embora querendo introduzir mudança nos nossos modos de fazer, procura-se muitas das vezes, paradoxalmente, encontrar semelhanças com o que já temos em vez de, aproveitar o que de novo e inovador o "package" possui para, efectivamente, introduzir mudança.

É realmente difícil mudar. É, de facto, mais fácil continuar como estamos.

Por outro lado, a diferente formação técnica dos intervenientes na demonstração (Director de Informática, Director Financeiro, Director Geral) configura diferentes tipos de análise de acordo com os interesses próprios de cada um. Ao informático interessa-lhe as características técnicas e as qualidades de "reliability, availability e serviceability", assim como a maior ou menor facilidade que os utilizadores terão em se adaptar, procurando facilitar o seu trabalho.
Ao Financeiro interessa-lhe para além do Módulo Financeiro, o custo e o retorno do investimento que está prestes a fazer, e ao Director Geral, sobretudo quando acumula o cargo de Director de Vendas e Marketing, interessa-lhe funcionalidades mais objectivas: como obter este ou aquele tipo de estatística ou acompanhar o processo de Venda – desde a colocação da encomenda até à entrega do material, sendo talvez quem mais procura o detalhe na ânsia de eliminar o erro humano e procurando num determinado software de gestão a eficiência que, por vezes, não se consegue obter dos utilizadores.

Culpou-se a organização *taylorista* por separar o pensar do fazer. No *neo-taylorismo*, pede-se aos computadores e respectivas aplicações que pensem por nós. Queremos avisos sonoros ou escritos para não termos que analisar. No novo paradigma os trabalhadores também devem pensar.

Ao introduzir mudanças operacionais aproveitando a implementação do novo sistema de gestão, deve aproveitar-se para redefinir e redesenhar processos. É a altura ideal para repensar a operacionalidade da empresa em termos de pessoas, tecnologia e conhecimento. Convém lembrar que a tecnologia não é, por si própria, causa de insucesso, mas as pessoas e os processos é que o podem ser.

Dois tipos de pergunta se devem colocar:

— **Porque fazemos o que fazemos ?**
— **Porque o fazemos do modo que o fazemos ?**

Estas perguntas pressupõem que não existem dados adquiridos o que implica uma análise partindo do zero. Implica uma viagem à raiz dos processos. Implica uma definição dos processos como se antes nunca tivessem existido. O que interessa não será obter melhorias marginais mas importantes melhorias qualitativas de modo a atingir uma maior eficiência e uma maior produtividade. Afinal, o lema da primeira década de 90 ainda está, (diria está cada vez mais) presente: **Produzir mais e melhor com menos.**

É afinal este o objectivo das organizações quando implementam um novo sistema informático: racionalizar os processos, agrupar postos, descentralizar para flexibilizar, suprimir os desperdícios. É, pois, essencial levar a cabo uma análise dos processos não só de modo a redimensionar a abrangência do projecto como a encontrar o ERP que satisfaça as exigências do projecto. Quaisquer ajustes deverão estar terminados de modo a coincidir com a data do início da implementação do novo sistema para que, ao desenharem-se as acções de formação, elas não se restrinjam ao modo de operar com os novos computadores e as novas aplicações, mas de modo mais abrangente foquem todos os processos de suporte e tratamento da informação antes, durante e após a sua introdução nos terminais.

A ideia é que os utilizadores não vejam apenas as árvores mas tenham uma visão da floresta.

Antes de agir é necessário reflectir. Antes de se iniciar um processo, por exemplo de tratamento de uma encomenda recebida do cliente e, antes de a introduzir no sistema informático, é necessário uma análise prévia consciente:

A encomenda tem por base uma requisição do cliente? (Rotina de recebimento de encomendas). O cliente está aberto? (Rotina de abertura de clientes). Tem crédito? (Política de atribuição de créditos). Os materiais encomendados estão referenciados claramente? Os preços estão correctos? Existem descontos especiais? (Estratégia de vendas). Existe uma necessidade de entrega específica? Há stock? Quando haverá? (Processo de Aprovisionamento). Poderemos entregar no local e no dia indicado? (Processo de Distribuição). As condições de pagamento estão claras? A encomenda deve obedecer a um valor mínimo? A encomenda deve ter um tratamento e um seguimento especial? Etc. Etc. Etc.

Muitos destes parâmetros podem ser monitorizados pelo sistema. No entanto, a capacidade analítica pertence ao operador.

De acordo com as exigências do próprio sistema de gestão que se vai implementar as mudanças a introduzir devem ser embebidas no próprio sistema de modo a adequar as rotinas e os procedimentos internos com as funcionalidades do ERP.

Outro requisito importante é a aceitação incondicional (seguimento e *enforcement*) por parte dos gestores de topo destas mudanças operacionais. Se um ou mais dos gestores de topo não interiorizam a necessidade de mudança e a própria mudança, é impossível que tal mudança seja aceite e interiorizada pelos utilizadores e aquilo que tinha sido um sonho de mudança torna-se um pesadelo, uma frustração.

São muito importantes as acções de formação aos utilizadores. Durante este período de formação, deve-se aprender com as dúvidas, erros ou hesitações ou sugestões que os utilizadores colocarem. É tempo ainda para ajustes tanto a nível do software como dos procedimentos internos os quais não podem ser estáticos mas dinâmicos porque devem responder a necessidades e não criá-las.

Participação por parte dos utilizadores é absolutamente necessária mas nem sempre conseguida ou consentida. Por outro lado, o excesso de participação é também funesto. O ideal é o equilíbrio de modo a conseguir-se uma motivação e um compromisso em relação aos grandes objectivos da organização e fazer com que tal compromisso seja assumido de modo a que possam ser responsabilizados se tal não acontecer. Por isso, é imprescindível que os gestores de topo queiram a mudança e, como tal, estejam disponíveis (e dispostos) para mudar juntamente com todos os outros membros da organização. Caso contrário, passado o entusiasmo, por vezes arrefecido por pequenos erros de programa naturais no início de uma implementação, surge a frustração. O retorno do investimento se é razoável poderia ser bastante superior. A eficiência que parece aumentar ao longo das primeiras semanas de implementação, cai com a habituação e a volta aos procedimentos e rotinas anteriores, porque o esquema de recompensas não funciona ou funciona deficientemente. Então, a culpa do insucesso desta mudança operacional é atribuída ou ao software ou à insuficiência de formação. Todavia, na maior parte das vezes, os problemas imputados ao sistema são apenas falta de capacidade analítica. É óbvio que, para os gestores que não interiorizaram a mudança ou a receiam, tornar-se-á mais fácil culpar o sistema informático do que reconhecer que era necessário mudar mas não se conseguiu.

Então, o álibi para a mudança não funcionou.

De acordo com Lewin, todo o processo de mudança deve passar por três fases: descongelamento, mudança e um novo congelamento.

Nesta situação nem se chegou a descongelar. A resistência foi oposta logo na primeira fase. Duas grandes razões se poderiam apontar:

- Falta de vontade ou insuficiente empenhamento no processo de mudança;
- Acreditar que a nova tecnologia seria capaz, por si só, de provocar a mudança de competências e mentalidades.

Após ter sido detectada uma necessidade de mudança, o principal requisito para a mudança é querer mudar. A introdução de uma nova tecnologia num grupo que não a deseja é algo de problemático. Quer queiramos quer não, a tecnologia influencia toda a organização operando modificações nas estruturas organizacionais, "afectando o voume, o conteúdo, a intensidade, a duração, o controlo e a remuneração do trabalho"[7].

Será, pois, inevitável, obter o envolvimento do grupo para que não se desenvolvam estratégias de resistência e façam abortar o projecto inicial. É necessário que ambas as dimensões – a humana e a tecnológica – se conjuguem. Procura-se que ao serem chamados a trabalhar com o conhecimento armazenado nas novas tecnologias, os membros da organização contribuam com o seu próprio conhecimento, com a sua capacidade criativa, transformando a organização numa organização informacional.

No entanto, por si só, a introdução de um novo sistema de informação não provoca o processo de mudança. Provoca, isso sim, uma mudança que não é intencional. Não provoca a mudança cuja necessidade foi diagnosticada. Torna-se absolutamente imprescindível que, num processo de mudança, se definam os objectivos, avaliem todos os recursos, (principalmente os humanos) se estabeleçam as estratégias, calendarizem acções e regularmente se façam avaliações para que, se necessário, se corrijam os desvios ou eventualmente se alterem objectivos.

As organizações, ao investirem nas Tecnologia da Informação, investem numa das mais importantes formas de capital: **o conhecimento.** Conhecimento que está disponível da forma que necessitam e à medida que necessitam. Investem num novo "saber fazer". Simultaneamente, deverão investir numa das formas mais importantes de recursos: os humanos, e assim conjugar o conhecimento humano com o conhecimento das máquinas.

O homem, dizia Stalin, é o capital mais precioso. Foi ele que construiu as novas Tecnologias. É **por** ele, **para** ele e **com** ele que se provoca a mudança.

---

[7] Yves Bertrand, Patrick Guillemet,– Organizações: Uma abordagem sistémica", 1998, Piaget, Lisboa.

O dimensionamento de plataformas tecnológicas para ERP

Luís César B. S. Correia
Companhia IBM Portuguesa, S.A.

O dimensionamento de plataformas tecnológicas para ERP. Apesar de se tratar de uma temática pouco abordada, pode definir, ou pelo menos contribuir, para o sucesso ou insucesso de um projecto de implementação de soluções de gestão integrada. As questões relativas à escolha da plataforma de suporte, bem como o conjunto de análises específicas que devem ser executadas previamente e durante o processo de dimensionamento, são aqui abordadas de uma forma que se pretende clara e pedagógica, evitando-se quaisquer tipos de comentários ou conselhos tendenciosos.

Dimensionamento; Plataforma; Tecnologia; Hardware; Arquitectura; Cliente-Servidor; Ambiente; Produção; Desenvolvimento; Testes.

A necessidade dos sistemas integrados de gestão

Desde os primórdios da informática, e sobretudo da sua difusão através das décadas de 70 e 80, que se procura maximizar a utilização da informação para constituir benefícios e garantir vantagens competitivas no meio empresarial.

Durante largos anos, as empresas funcionaram como um conjunto de ilhas isoladas, onde a informação se restringia a uma área específica ou, no máximo, a um agrupamento de áreas perfeitamente estanque e fechado. Com o passar dos anos e o aumento generalizado da concorrência em mercado livre, as empresas viram-se obrigadas a funcionar como um sistema amplo e complexo, onde a interacção departamental é uma necessidade e a fluidez de informação com qualidade uma obrigação. Essa interacção não se assume contudo de forma pacífica. Os *inputs* das áreas financeira, comercial e marketing, podem influenciar positiva ou negativamente a actuação da produção.

Os objectivos do marketing e áreas comerciais são geralmente orientados para o aumento da quota de mercado, dinamização das vendas, crescimento de mercado alvo, diversificação e segmentação de acordo com os objectivos estipulados. Na área financeira, o mais importante é promover o desenvolvimento económico sustentado e o equilíbrio financeiro e de tesouraria, libertando fundos quando necessário para a realização de investimentos. A função produção, particularmente orientada para a eficiência e eficácia produtivas, procura promover a redução de desperdícios e minimizar os custos operacionais. Esta orientação individualizada por força dos objectivos singulares de cada uma das áreas funcionais, leva à dispersão de meios e das políticas que visam a concretização dos objectivos estratégicos da organização.

As empresas devem operar como sistemas perfeitamente sincronizados, com as diversas áreas funcionais a trabalhar cooperativamente para os fins desejados. A harmonização de relacionamento, a partilha de informação e o apoio mútuo, serão o sustentáculo das empresas do futuro.

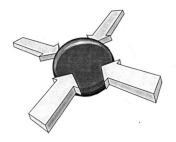

Assim, a ligação da função produção, o coração da larga maioria das empresas industriais, levou à criação de novas ferramentas de gestão empresarial que, através da informática e do processamento automático e massivo de dados, possibilitaram que a informação fosse mais rapidamente obtida e de maior qualidade, levando a uma franca melhoria no processo de tomada de decisões.

No tocante aos sistemas que sustentam a empresa e cujas funções são equiparadas a uma coluna vertebral das organizações - *enterprise backbone* – as soluções de gestão empresarial integrada assumem desde a década de 90 uma preponderância elevada, sendo que a maioria das empresas norte-americanas e europeias suporta os seus negócios em soluções deste tipo. Os sistemas de gestão empresarial integrada, cuja denominação anglo-saxónica é *ERP – Enterprise Resource Planning* são, hoje em dia, uma ferramenta fundamental na gestão operacional das empresas.

Neste início de milénio em que a economia global e a competitividade entre empresas assume importância fulcral, os meios informáticos e tecnológicos obrigam as empresas a uma disponibilidade comercial total, *on-line* e sem paragens durante todas as horas do dia, todos os dias da semana. São estes imperativos comerciais que obrigam a que as soluções empresariais, reflexo exacto dos negócios em que as empresas se movimentam, estejam suportadas em plataformas robustas, estáveis e seguras, mas ao mesmo tempo flexíveis, escaláveis e adaptáveis ao dinamismo intra e inter empresarial.

Âmbito temático

As dificuldades em abordar estes temas são evidentes, pois embora tendo uma nomenclatura similar e, na sua maioria, uma estrutura modular, os sistemas ERP variam na sua complexidade, funcionalidade, difusão, cobertura e preço.

Existem inúmeros fornecedores de soluções ERP, geralmente designados por *ISV – Independent Software Vendor*, que podem ter expressão local, nacional ou internacional. Para tornar as decisões mais complexas, algumas das aplicações existentes requerem uma base de dados que suporte a sua estrutura informacional, sendo a sua maioria multi-*SGBD* (sistema de gestão de base de dados) e multi-*hardware* (permitindo ser instalada em

diversos tipos de equipamentos). Estes factores possibilitam aos clientes de soluções ERP criar matrizes decisionais com bastantes entradas, implicando na maior parte dos casos um longo período de escolha na decisão da plataforma tecnológica (muitas vezes após decisões difíceis e demoradas na escolha da aplicação e empresa implementadora).

Existem, desta forma, dois temas a considerar na opção de plataformas tecnológicas de suporte a soluções de gestão empresarial: o da escolha da plataforma tecnológica propriamente dita (entenda-se conjunto de *hardware* e *software* de base acrescido do SGBD) e a arquitectura, quantidade de recursos ou componentes, e ligações que a infra-estrutura tecnológica possuirá após instalação e implementação.

Introdução à Arquitectura e Guias de Dimensionamento

As soluções ERP são geralmente do tipo cliente-servidor, querendo isto indicar a existência de um equipamento central (ou conjunto de equipamentos onde a aplicação e base de dados que a suporta são instaladas), designado por servidor que, por sua vez, presta o serviço (processa a informação requerida) por um ou múltiplos clientes.

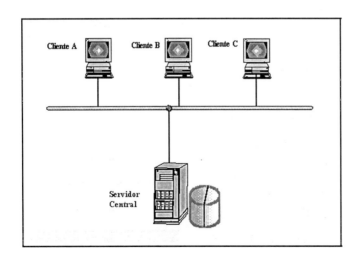

Os tipos de arquitectura são conhecidos por arquitectura de 2 níveis (2-tier) ou de 3 níveis (3-tier). No primeiro caso, existe sempre uma "camada" de equipamentos clientes (utilizadores) que se podem ligar a um servidor central que terá a dupla função de, por um lado, congregar todos os pedidos dos clientes (função aplicacional), e por outro efectuar as procuras necessárias (aleatórias ou sequenciais) nas tabelas da Base de Dados (função de Servidor de Base de Dados), respondendo depois aos pedidos originais.

Quanto às soluções mais complexas e de maior dimensão, com utilizadores distribuídos, ou em que se pretende ter acessos distintos por empresas, localizações ou ainda como forma de estabelecimento de prioridades no acesso, a escolha recai geralmente por soluções *3-tier*. Neste caso os utilizadores ligam-se ao sistema por via de um ou mais servidores

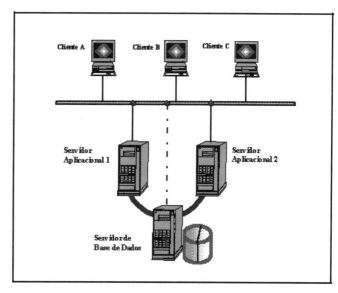

aplicacionais, que posteriormente vão encaminhar os pedidos para o servidor de base de dados (este servidor encontra-se representado por um equipamento físico, querendo assim representar uma única instância de base de dados. Contudo, e para alguns equipamentos servidores é possível configurar um único sistema lógico com vários equipamentos físicos, através de configuração de software específico de paralelismo).

Um dos assuntos que deverá ser identificado desde a escolha da solução ERP, e cuja importância não se esgota após a instalação e implementação do mesmo, é o dos recursos de plataforma tecnológica que a aplicação ERP irá necessitar, nas diversas fases do seu ciclo de vida. O correcto dimensionamento da plataforma tecnológica será assim um pré-requisito para um bom desempenho de toda a solução e um dos factores para alcançar os benefícios esperados dos investimentos efectuados.

Por dimensionamento entende-se a determinação dos requisitos de plataforma tecnológica necessários para um sistema ERP. A dimensão dos equipamentos clientes e servidores, bem como a base de dados a utilizar é determinada não só por aspectos tecnológicos mas também de negócio. Isto significa que o número de utilizadores que usam os diversos componentes do sistema e a quantidade de informação e dados que circula na rede deverá ser considerada.

Um sistema ERP deverá ser configurado de uma forma balanceada. Tal como uma fábrica, em que não podem existir "gargalos de produção", o mesmo se passa a nível informático com estes sistemas. Assim todos os componentes tais como memória, capacidade e velocidade de processamento, capacidade e velocidade de leitura e escrita de dados, largura de banda da rede, entre outros, deverão ser dimensionados de forma a que permitam a utilização do sistema sem criação de estrangulamentos (este tema será aprofundado no ponto Parâmetros de dimensionamento). A arquitectura e configuração da plataforma tecnológica deverão assegurar que o sistema suporte picos de utilização e que terá um comportamento previsível.

Outro factor fundamental é o da escalabilidade ou potencial de crescimento, visto que, face ao dinamismo dos mercados e negócios, as soluções informáticas de suporte deverão ser suficientemente flexíveis para acompanhar o ritmo empresarial, assegurando cada vez mais a compatibilidade e comunicabilidade com diversos agentes - fornecedores, clientes, parceiros de negócio, empregados, accionistas, entre outros.

Enquadramento Histórico

No passado, cada fornecedor de hardware que disponibilizasse plataformas para soluções ERP, desenvolvia as suas próprias metodologias  e abordagens de dimensionamento, o que levava à existência de diversos resultados e benchmarks *(indicadores das performances dos equipamentos de acordo com testes efectuados em condições laboratoriais)*, não só pelas diferenças existentes entre as plataformas dos construtores, mas igualmente pelo facto dos pressupostos e factores de ponderação, tipo de transacções e considerações de análise serem distintas. Estes factores, para além de terem a particularidade de confundir as empresas clientes, visto que as propostas que lhe haviam sido entregues não eram comparáveis, incutiam valores negativos e nada abonatórios nos próprios ISV's (fornecedores das aplicações ERP). Para além disso, os próprios procedimentos de dimensionamento não eram totalmente transparentes e reproduzíveis para os clientes, parceiros e ISV's e, na maioria dos casos, a informação não estava disponível aquando da verificação de problemas de desempenho das soluções.

Por este conjunto de factores os ISV's, em conjunção com os seus parceiros de hardware, procuraram estabelecer metodologias e normas de dimensionamento, algoritmos e ferramentas baseadas na *web* por forma a tornar este processo mais dinâmico, fácil e eficaz. Houve igualmente a tentativa de identificar unidades normalizadas de *benchmark*. Assim, os resultados provenientes de testes *standard* em que eram introduzidos clientes ou processos de uma forma sequencial, procurando definir tempos de resposta em situações laboratoriais de limite, passaram a ser expressos em unidades universais definidas pelos próprios ISV.

Com a utilização dessas ferramentas e guias de dimensionamento, a subjectividade inerente a cada plataforma ficou atenuada, garantindo ainda uma validação implícita e/ou explícita do fornecedor da aplicação.

Parâmetros de dimensionamento e factores influenciadores

Existem componentes do sistema que deverão ser dimensionados, nomeadamente:
- Capacidade do(s) processador(es);
- Memória Central;
- Slots disponíveis no(s) sistema(s);

- Armazenamento em disco interno / subsistemas de disco externos;
- Capacidade e velocidade de backup / restore - baseada na quantidade de dados que é necessário salvaguardar / restaurar e na janela temporal atribuída para operações de armazenamento; deverão ser avaliadas as características nominais dos equipamentos de "backup", bem como o número de cabeças de leitura / escrita;
- Sistema de arquivo óptico para dados e documentos activos e/ou inactivos;
- Capacidade e velocidade de impressão;
- Carga prevista na rede interna, largura de banda e ligação entre equipamentos;
- Definição das características necessárias para os "frontends" – equipamentos clientes.

Há ainda um conjunto de factores que cria necessidades de desempenho que, sendo satisfatórias, permitem a *performance* desejada, com o cumprimento de tempos de resposta mínimos.

Factores Influenciadores

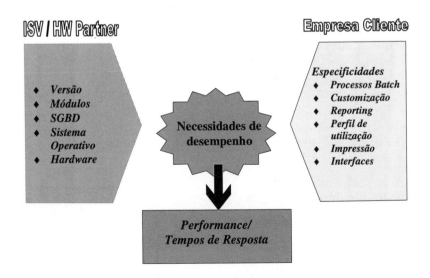

As versões das aplicações, os módulos a implementar (a maioria das soluções ERP têm uma estrutura modular) bem como a versão e estrutura da base de dados que suporta a aplicação podem influenciar de formas muito diferentes um dimensionamento, em ligação com o sistema operativo ou a arquitectura interna dos equipamentos servidores em consideração.

Os negócios das empresas que irão ser suportadas por uma aplicação ERP têm igualmente um peso importante na definição das necessidades de desempenho. O comportamento dos utilizadores, definido de várias formas, em termos tecnológicos ou em funções intrínsecas ao negócio, pode ser caracterizado por perfis de actividade, ou seja a frequência ou débito com que os utilizadores enviam pedidos (requests) ao sistema. Existe ainda o conceito de tipo de carga que os utilizadores incutem no sistema, sendo por certo diferente o número de acções que um utilizador pouco ambientado realiza no sistema quando comparado com um consultor ou administrador da aplicação.

O nível de customização de uma aplicação é caracterizado pela quantidade de desenvolvimentos "à medida" efectuados e que procuram dar resposta às funcionalidades não cobertas pelas versões standard dos "packages" ERP. Estas modificações podem igualmente ter forte influência nos consumos de recursos, bem como na forma de processamento das transacções. Em alguns dos casos justifica-se a validação e certificação de qualidade dessas modificações, análise de fluxo processual e eventual afinação (tuning) de sistema operativo, sistema de base de dados ou mesmo da aplicação ERP.

Existem igualmente algumas soluções que já contemplam características e funcionalidades específicas dos segmentos para os quais foram criadas (soluções verticais ou industriais), procurando com isso minimizar o número de desenvolvimentos e de custos de implementação. Com essas soluções verticais pretende-se um fortalecimento nas mensagens comerciais e na fase de pré-venda, muito mais objectiva e focalizada nas necessidades de negócio de grandes empresas. Uma das desvantagens identificada na ampla maioria dos casos aponta para um custo de aquisição das licenças aplicacionais bastante superior face ao produto standard. No tocante ao dimensionamento, essas soluções verticais têm procedimentos específicos, sendo muitas vezes recomendado o suporte do ISV ou do Centro de Competência comum existente entre o ISV e o parceiro de hardware.

Abordagens de Dimensionamento

Para dimensionar um sistema ERP pode haver várias abordagens ou metodologias, cada uma com suas vantagens e inconvenientes:

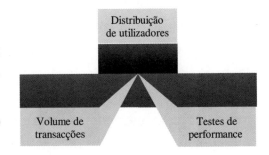

- Baseada na distribuição de utilizadores;
- Tendo em conta o volume de transacções;
- De acordo com testes de *performance* nos sistemas dos clientes.

Estas três abordagens são totalmente independentes e as diferenças evidentes enfatizam pontos de vista e análise distintos entre si. Só assim se explica que, após aplicar os referidos métodos em certos casos, os resultados reflictam gradientes bastante marcantes, função de considerações e parâmetros diferentes.

Não existe aproximação ideal, residindo por certo no tradicional compromisso custo/ benefício a melhor opção a tomar. Outra abordagem possível, e que por vezes incute maior tranquilidade a quem terá de tomar decisões, é a da visita a instalações que possam servir de referência. Se essa referência traduzir processos de negócio, dimensão e reflectir de alguma forma a realidade procurada, então pode "valer mais do que diversos estudos".

Dimensionamento – Processo iterativo e interactivo

Com os seguintes parágrafos pretende-se explicar os mecanismos utilizados e a definição de um processo que, por estar dependente de vários agentes e intervenientes, têm por regra duas características intrínsecas – por um lado, e por se tratarem de estudos preliminares à instalação da aplicação ERP, existe muitas vezes a necessidade de repetir análises, resultando daí o facto de serem processos iterativos; por outro lado, a interactividade é a base do sucesso de todo o processo já que de nada adianta informação e conhecimento por parte do ISV e seus parceiros se a empresa cliente ou seu representante não tiver interlocutores com os conhecimentos funcionais e tecnológicos necessários. Este envolvimento e proactividade por parte da empresa-cliente assume carácter primordial na busca do sucesso do projecto, e em todas as suas fases.

A representação seguinte simboliza os passos do processo:

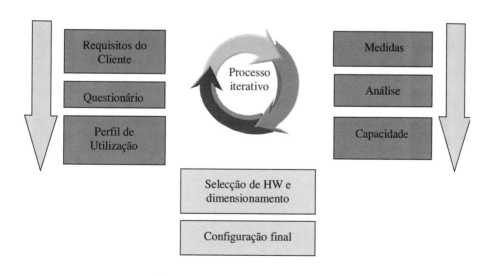

Os blocos definidos na área esquerda retratam a recolha de dados e requisitos da empresa cliente, através de questionários e previsão de utilização face ao negócio e perfil dos utilizadores. O caminho da direita descreve todo o trabalho realizado pelo ISV / parceiro de HW (ou Centro de Competência), através da medição e análise dos dados e estimativas de desempenho dos equipamentos com base em benchmarks laboratoriais.

A conjunção dos dois caminhos permite a selecção de plataforma bem como a configuração mais adequada. O passo subsequente é a da especificação e a adição de componentes.

Estimativa com base nos perfis de utilização

O objectivo da estimativa com base no perfil de utilizadores é o de determinar o pico de carga interactiva, que irá identificar o número de unidades de *benchmarking* necessárias. Esse valor é função do número e tipo de utilizadores (é importante referir que há várias classes de utilizadores – nomeados/licenciados, conectados/ligados ou simultâneos/ activos), tipo de carga (tempo de acção em segundos entre execuções), e distribuição por módulos (tipicamente os módulos relacionados com áreas financeiras, logísticas, produtivas, comerciais e de recursos humanos podem ter pesos muito diferentes). Com esse número, e recorrendo a tabelas de performance relativa de acordo com os desempenhos das plataformas, é possível sugerir os equipamentos e componentes para cada caso.

Estimativa com base no volume de movimentos ou transacções

A aproximação com base em movimentos ou transacções costuma ser mais limitada por indisponibilidade, total ou parcial, dos dados. Geralmente esses valores só são conhecidos após alguma experiência acumulada, o que, para uma empresa que inicia implementação de aplicações ERP, pode significar vários meses ou até anos.

Um dos factores com elevada influência é o número de linhas de cada transacção. Como é natural, uma transacção com 15 linhas (por exemplo uma factura ou uma guia de remessa) deverá ter um peso muito superior a transacções semelhantes em que são movimentados 2 ou 3 artigos. Porém, esse factor não é obrigatoriamente linear, o que leva a que não se devam assumir relações desse tipo sob pena de erros elevados.

A laboração das empresas e o tipo de negócio leva a que existam vários factores que tenham forte influência num tipo de dimensionamento baseado em transacções:

- Trabalho por turnos, número de turnos e sua duração (laboração 8, 12, 18, 24h)
- Número de horas de trabalho diurno *online* por dia;
- Número de horas de trabalho nocturno *online* por dia;
- Dias de trabalho por ano (200, 240, 300, 365);
- Identificação de processos críticos (fechos de mês, balanços,...) que ocorram em alturas específicas e com períodos de execução limitados.

Esquematicamente podem identificar-se os seguintes dados a recolher por módulo / área funcional:

Janela de trabalho diurna
Nº. de transacções por mês
Nº máximo de transacções por hora
Número médio de linhas por itens
Janela de trabalho nocturna
Nº. de transacções por mês
Nº máximo de transacções por hora
Número médio de linhas por itens

Estes dados permitem calcular as necessidades de desempenho a cumprir para as transacções identificadas. Depois de somar todos os movimentos, para cada transacção, essa carga deverá ser ponderada com os pesos dos módulos respectivos, por forma a traduzir uma maior realidade.

É possível, embora com algum erro associado, converter transacções ou volumes de dados em unidades "tipo perfil de utilizador", estabelecendo assim relações entre as duas metodologias de abordagem e tentando encontrar uma linguagem comum. Adicionalmente, poderão considerar-se outras cargas para processos a realizar massivamente ou em lotes (*batch*) ou trabalhos com índice de prioridade inferior e realizáveis em segundo plano tais como interfaces, trabalhos de impressão ou produção de relatórios. Essas cargas, tipicamente expressas em percentagens adicionais, tentam complementar as cargas já identificadas e traduzir, de forma mais fidedigna, a utilização prevista dos sistemas.

Estes dois métodos, baseados na carga de utilizadores e no volume de transacções, têm vantagens e inconvenientes. De qualquer forma, o melhor será utilizar sempre que possível a informação resultante de cada um dos processos, comparando-os objectivamente.

Sistemas de suporte aos ambientes de trabalho

A grande maioria dos sistemas ERP necessita de ambientes de trabalho distintos. Uma implementação mínima consiste num ambiente de desenvolvimento ou customização, num sistema de testes ou garantia de qualidade e um outro para produção. Estes ambientes deverão ser idealmente instalados em equipamentos servidores distintos. Contudo, essa separação física é por vezes impossível, por restrições de ordem económica ou de gestão e administração.

Estes ambientes poderão ser implementados em arquitecturas *2-tier* ou *3-tier* (ver capítulo Introdução à Arquitectura e Guias de Dimensionamento) podendo implicar a existência de vários servidores por cada um dos ambientes. Considerando instalações baseadas em sistemas centrais ou *2-tier* poderemos ter as seguintes combinações:

Mono-sistema

Um sistema unitário ou ambientes de desen-produção num só tipo de implementação da para um sistema seguintes limitações:

Desenvolvimento + Teste + Produção

mono-sistema agrega os volvimento, testes e equipamento físico. Este física não é recomenda-produtivo e apresenta as

- O desempenho do sistema de produção é afectado pelos outros ambientes;
- Relatórios recém-criados e não testados poderão acidentalmente correr sobre a base de dados de produção;
- Os consultores responsáveis pelo desenvolvimento poderão criar relatórios para aceder à informação de produção havendo assim uma elevada permeabilidade à visualização do sistema de produção por elementos "estranhos ao negócio" quando existem questões a esse nível;
- É impossível instalar diferentes versões de sistema operativo para os vários ambientes de trabalho pelo facto de existir apenas um equipamento físico;
- O administrador do sistema não poderá testar upgrades em sistemas não produtivos;

Como vantagens, podem ser apresentadas: o montante do investimento, a facilidade de gestão e administração e os reduzidos custos operacionais e de manutenção. Esta opção poderá ser a mais adequada a empresas em fase de arranque.

Sistema Duplo

Desenvolvimento + Teste

Produção

Uma arquitectura baseada em dois equipamentos (sistemas) separa os ambientes não produtivos (desenvolvimento e testes) do ambiente produtivo. Este tipo de implementação é, porventura, a mais habitual em pequenas e médias empresas, face a imposições de segurança e independência que não permitem um mono-sistema e às limitações orçamentais que impedem a aquisição, gestão e manutenção de mais equipamentos servidores.

Neste caso existem as seguintes limitações:

- Todos os objectos transportados para o sistema de consolidação ficam imediatamente "produtivos", não havendo um sistema intermédio de garantia e verificação de qualidade;
- Projectos de desenvolvimento complexo podem envolver implementações funcionais e transportes efectuados parcialmente. Isto poderá gerar inconsistências na consolidação do sistema e afectar o sistema e processo produtivo.

Esta disposição é a mais habitual nas pequenas e médias empresas, representando um compromisso entre robustez e flexibilidade tecnológica e custos de investimento, operação e manutenção.

Sistema Triplo

Desenvolvimento   Teste   Produção

Com três sistemas distintos é possível atribuir um equipamento para cada uma das funções básicas.

Esta arquitectura é a mais recomendada, visto que desta forma evita-se um conjunto de limitações identificadas nas duas combinações anteriores. Desta forma, as verificações de qualidade, *upgrades* ou alterações e complementos, são de execução mais fácil, garantindo maior segurança e robustez à empresa. No entanto, obriga a uma dedicação superior de recursos, humanos e financeiros, por via do aumento da complexidade da instalação. Os custos operacionais e de manutenção também se elevam de forma drástica, a menos que se considere o particionamento ou subdivisão lógica em domínios isolados de trabalho, garantido assim a maioria dos benefícios da separação física, mas com sinergias e poupanças evidentes.

Conclusões

Em Portugal, e devido ao desfasamento habitual do nosso país face aos países mais desenvolvidos, ainda são poucos os casos em que se procurou a implementação de sistemas de informação integrados. Contudo, e na maioria dos casos em que a opção recaiu sobre software de *Enterprise Resource Planning*, os negócios puderam optimizar as operações de produção, melhorar e organizar o departamento de recursos humanos e alcançar práticas contabilísticas e financeiras mais adequadas.

Hoje em dia, o estado do conhecimento e o aumento de implementadores de soluções ERP levam a uma maior viabilidade destes projectos, críticos por natureza. No que respeita ao dimensionamento há também uma diminuição do risco e desconhecimento face às necessidades e requisitos. O centro das aplicações ERP nos nossos dias, nomeadamente, o conjunto de funções integradas como as de produção, financeira e distribuição, tornar-se-á numa sub-classe de um sistema de negócio de empresas maior e mais abrangente. O ERP estender-se-á para o relacionamento com clientes (*Customer Relationship Management - CRM*) os transportes, armazenagem e logística (*Supply Chain Management - SCM*), automatização da força de vendas (*Front-Office* e *Sales Force Automation*), podendo ir inclusivamente a montante até à engenharia através da monitorização dos sistemas CAD/CAM (*Computer Aided Design / Computer*

Aided Manufacturing) e sistemas de gestão de conhecimento. Estas situações já começaram a acontecer, com aplicações informáticas – ERP – desenvolvidas pelos ISV's mais difundidos e com maior quota de mercado. A chave de desenvolvimento é a interoperabilidade em que as empresas utilizam um simples sistema integrado para gerir os clientes durante todo o seu período de vida. Isto significa ter num "package" informático diversos tipos de aplicações, incluindo o ERP para coordenar compras e produção, "Supply Chain Management" para garantir a gestão da cadeia de fornecimento para o transporte e armazenagem, e automatização da força de vendas e CRM para prestar melhor serviço aos clientes.

Outra tendência dos últimos meses tem vindo a ser a disponibilização dos sistemas ERP por empresas ou conjuntos de empresas que, associados a operadores de telecomunicações, prestam serviços que visam pequenas e médias empresas. Os *ASP – Application Service Providers* vendem um serviço, com grandes vantagens económicas e financeiras para as organizações que não têm volume ou "massa crítica" para implementar a sua própria solução ERP, garantindo a actualização tecnológica. Esta solução tem contudo as desvantagens resultantes da dependência de empresas externas, limitações em termos de segurança e a falta de domínio interno.

No futuro, os sistemas de ERP estarão ligados a *Extranets*, tornando os computadores em andares virtuais de negócios. Estas redes permitirão uma maior interoperabilidade, com os fornecedores a visualizarem os pedidos provenientes da fábrica, que por sua vez já tinham a sua origem nas necessidades dos seus clientes. Como resultado, os tempos de procura decrescerão, assim como os preços das matérias-primas. A esse nível, o dimensionamento deverá considerar sobretudo factores de flexibilidade, crescimento e segurança que deverão ser intrínsecos das plataformas de suporte aos diversos componentes das soluções.

Uma velha questão, uma nova abordagem

Paulo de Mendonça Dias
ICL Portugal - Sistemas de Informação, Lda.

Uma velha questão, uma nova abordagem. O artigo apresenta os principais elementos catalizadores e inibidores para uma implementação de sucesso na área de CRM. Destinado a gestores, apresenta o tema de uma forma simples mas sistematizada, realçando exemplos de boas e más práticas. O conteúdo é apresentado por forma a oferecer uma leitura agradável, finalizando com algumas sugestões sobre o caminho a seguir.

CRM, Customer Relationship Management, Fidelização, Relationship, Marketing, One to One.

Por muito que queiramos mascarar o tema da relação com clientes com mais um ATL (Acrónimo de Três Letras), esta temática existe e é endereçada desde que o Homem efectua transacções comerciais. Como exemplo desta afirmação, felizmente não temos de recuar muito na História. Na verdade, não precisamos de recuar de todo. Basta analisar o comportamento típico de uma actividade comercial completamente desprovida de conhecimentos de ATL´s.

No primeiro contacto que efectuei com o Sr. Costa no seu estabelecimento da pequena aldeia de Treixedo, o acolhimento recebido foi de imediato caloroso. De tal forma que, logo num primeiro contacto, o Sr. Costa ficou a saber uma série de informação a meu respeito: qual o meu nome, se tinha familiares na zona, etc., etc., etc. Após esta primeira troca de informações, passei ao assunto que na verdade me tinha feito deslocar ao estabelecimento. No meio dos pedidos que na realidade eram as minha necessidades imediatas, fui recebendo algumas indicações sobre alguns dos produtos que, por uma ou outra qualidade, realçavam no leque da oferta do Sr. Costa. Devo confessar que me foram sugeridos alguns artigos que na realidade não me interessaram, mas houve o caso particular de um queijo, acabado de chegar, que despertou o meu interesse. E foi adicionado ao meu "carrinho de compras" (leia-se "balcão do estabelecimento"). O atendimento caloroso deste primeiro contacto levou-me a, em oportunidades posteriores, voltar a frequentar o estabelecimento do Sr. Costa.

No contacto posterior, foi-me perguntada a opinião acerca da Qualidade do queijo em questão. Na realidade, era divinal. Infelizmente, dessa vez, não havia mais! Mas ficou o compromisso de me informar, caso estivesse presente, da chegada de novo carregamento. Decerto houve, em oportunidades posteriores, alguns desencontros, mas o Sr. Costa tomou a iniciativa de inquirir sobre a minha presença, de tempos a tempos, a amigos, familiares e vizinhos frequentadores da sua loja. De tal forma que, certa noite ao jantar, alguém passa à minha porta e me transmite o recado, que o Sr. Costa tinha mandado, a informar que um novo carregamento dos excelentes queijos tinha chegado.

Ao analisarmos o procedimento do Sr. Costa, podemos aferir que este tem uma preocupação em criar, desenvolver e melhorar a sua relação personalizada com os clientes.

Ao preparar a elaboração deste documento, a minha preocupação inicial foi arranjar uma definição elucidativa para o CRM (Customer Relationship Management). Logo apareceu a primeira dificuldade: o próprio termo é diverso, para identificar o mesmo tema: CRM, também conhecido por Relationship Marketing, Customer Relationship, entre outros. O mesmo se passou com a própria definição.

De entre inúmeras encontradas, alguma tinha de escolher. Eis uma:

"CRM endereça a criação, desenvolvimento e melhoria das relações personalizadas com segmentos ou grupos de clientes, com o objectivo desejável de maximizar o seu valor total".

Correndo o risco de algum "leviandismo", diria que as semelhanças com a abordagem do Sr. Costa são espantosas!

Hoje, a maior parte das abordagens ao CRM tomam um rumo: a introdução sistemática de factores externos, uma dissecação dos processos obsoletos actualmente praticados nas Organizações, a introdução de novas tecnologias, a definição de uma nova e radical arquitectura de Sistemas de Informação, a introdução de algumas Bases de Dados, DataMarts, Data Warehouses, Data Minings, Sales Force Automation, Automated Call Centers, Customer Management Systems, entre outros, um plano de implementação a dois anos, um investimento de dois milhões de contos e uma Organização a pensar que talvez seja melhor continuar a sua actividade da forma tradicional, remetendo o tema do CRM para organizações de grande liquidez financeira.

Hoje, aqui, vamos manter os pés na Terra, e os olhos no Futuro!

Como poderemos, então, implementar uma estratégia de CRM de forma continuada, progressiva e sustentada?

Compromisso de topo

Todas as iniciativas de sucesso têm tido um factor comum – compromisso e apoio ao nível executivo. A liderança vem de cima. O CRM não é, de forma alguma, uma iniciativa de Marketing. É uma iniciativa empresarial. Consequentemente, nada acontecerá sem um apoio claro e inequívoco dos quadros executivos.

Pressão do mercado

Com a pressão concorrencial actual, nenhuma empresa se pode dar ao luxo de perder negócio. O espaço para o "desperdício residual" ou "um pouco de rotatividade de clientes", foi eliminado. Com cada cliente perdido, não se perde um carrinho de compras, mas sim toda uma vida de receita e lucro.

A pressão actual gera uma expectativa elevada de geração de lucro, o que, por natureza, leva à optimização de todo e cada valor de cliente individual. E na nova economia, a competição torna-se cada vez menos tradicional. Seja pelo aparecimento de novos canais e formas de negócio, ou pela própria transformação e alargamento das competências: empresas de retalho a prestarem serviços financeiros, transportes com cartões de crédito, e muitos outros.

Cada cliente perdido é um cliente ganho pela concorrência. Mas como podemos maximizar o valor de cada cliente?

Fidelização

Até que a Morte nos separe. Será irrealista? Algumas pessoas mantêm-se fiel toda uma vida à mesma cerveja, ao mesmo remédio para a dor de cabeça, ao mesmo jornal ou ao mesmo Banco. Na realidade, as estatísticas demonstram que a média das relações cliente/banco é maior que a média dos casamentos!

No entanto, não podemos falar de lealdade sem falar de confiança. Todos nós esperamos (confiamos) que a Coca-Cola não altere a receita que conhecemos e adoramos (já o fez no passado, com resultados catastróficos). Mas será que confiança é o oposto de mudança? De forma nenhuma. Veja-se o exemplo de empresas como a Nokia, cuja confiança vem exactamente do facto de inovar constantemente. Caso esta inovação não continuasse, perderíamos esta confiança.

Estejamos a falar de bebidas, telefones, carros ou bancos, as expectativas dos clientes têm de continuar a ser atingidas. No entanto, a lealdade não pode ser comprada. Tem de ser ganha, e depois mantida.

No entanto, o fosso entre fidelidade e lealdade é enorme. A fidelidade vem da razão, a lealdade do coração. Por muitas campanhas de marketing que possamos fazer, não se obtém lealdade.

Ouvir, ouvir, ouvir ... entender e responder

Para entender os clientes necessitamos de ouvir os clientes. O entendimento dos clientes é baseado em conhecimento. O conhecimento é baseado em informação. A informação é destilada dos dados e do diálogo. Cada contacto com o cliente diz-nos algo a seu respeito.

No entanto, hoje, os meios pelos quais o cliente toca a organização são cada vez mais numerosos e díspares: a recepcionista no escritório, o caixa no balcão, pelo telefone via *call center*, Internet, quiosque, ATM ou a própria factura de serviços são apenas alguns exemplos. A integração entre todos estes meios tem de ser constante, bem como a coerência da informação prestada. Como exemplo, vou partilhar convosco um caso que me sucedeu recentemente. Como bom Português, casa roubada, trancas à porta! Não foi a casa, mas sim o carro. Depois deste incidente, optei por instalar um alarme. Telefonei para o representante (o qual vou manter anónimo, para o poupar à vergonha), para saber o preço do alarme. Foi-me aconselhado dirigir à loja, uma vez que aí me poderiam mais facilmente facultar toda a informação referente às diversas opções do alarme. Na loja, a resposta foi muito clara: existe apenas um modelo de alarme. Tendo então compreendido que a deslocação à loja tinha sido completamente desnecessária, aproveitei a oportunidade para efectuar a marcação para a instalação. No dia combinado, a resposta do recepcionista foi simplesmente surpreendente: "O Sr. vem instalar alarme no seu carro? Mas este carro tem alarme de série!". Para que a dúvida não fique no ar, aqui fica o resultado final: nem o carro tinha alarme, nem o alarme instalado foi o de série.

Neste momento, o prezado leitor poderá estar a pensar: "Ridículo. Uma situação semelhante jamais aconteceria na minha Organização". Provavelmente, os responsáveis da empresa da viatura em questão estarão a pensar o mesmo!

Mas de nada vale ouvir sem responder. Ouvir, entender, responder. Na verdade, nada poderá ser mais frustrante para um cliente do que não sentir sinais de resposta. Frustrante, de início, depois irritante. Uma empresa em particular, do qual sou assinante de um serviço, efectua contactos telefónicos de cada vez que lança um novo serviço. Apesar do serviço estar em meu nome, o assinante do telefone está num nome diferente. Ao efectuarem os contactos telefónicos, não é usada a lista de clientes, mas sim a lista telefónica. A primeira (e segunda) vez, efectuei esse esclarecimento. No entanto, a situação mantém-se. Hoje, a minha resposta é clara: "Falar com quem? Não, desculpe, já cá não mora!" E desligo o telefone.

Estar presente

Todas as boas relações comerciais funcionam melhor quando a organização está presente quando o cliente necessita. Os clientes estão a ficar mais exigentes, e esperam das organizações que estas estejam presentes onde e quando delas têm necessidade. O estilo de vida de muitas pessoas está a aumentar de tal forma, que estender as horas de abertura ao público ou montar um serviço na Internet não é suficiente. A organização precisa de estar disponível em todos os canais, *facilitando* aos seus clientes o contacto com a organização.

Um relatório do Gartner Group, de 1999, apontava que, as organizações que pretendem uma implementação de sucesso de CRM, necessitam de compreender, como, quando e onde pretendem interagir com os seus clientes. Apenas nessa altura poderão esperar um aumento de lealdade e rentabilidade.

Tecnologia – um pau de dois bicos

Na era da Nova Economia, a tecnologia tem sido um enorme catalisador. Permite recolher enorme quantidade de dados, e transformar esses dados em conhecimento. Permite olhar para um imenso universo de consumidores e extrair informação individualizada acerca de cada um deles. Suporta de uma forma precisa, relevante e rápida as actividades de Marketing. Permite oferecer ao cliente um contacto com a Organização onde, quando e como este o deseja. Permite utilizar essa informação para afinar ainda mais os processos. O leque de opções é quase inesgotável.

As soluções tecnológicas evoluíram de soluções de pequena escala de SFA (Sales Force Automation) e ferramentas de apoio ao cliente, para soluções integradas capazes de cobrir todo o ciclo de relacionamento com o cliente, da identificação da oportunidade até e após a venda ou entrega do bem ou serviço. Estas novas e-Solutions, aliadas a serviços de integração, cobrem as necessidades tecnológicas capazes de responder eficazmente ao modelo de negócio das organizações.

Mas atenção: da mesma forma que potencia o nosso negócio, também o faz na concorrência. Com a utilização massiva da Internet, o apoio dos call centers e a Televisão Interactiva (que já se encontra às portas de Portugal), o poder passa das Organizações para o cliente. Apenas com um clique o cliente compara marcas, características e preços, diversificando a compra por concorrentes mais competitivos.

A tecnologia torna as actividades de CRM mais fáceis e mais difíceis. Por um lado permitem dinamizar o negócio de estabelecimento de relações de lealdade, quer oferecendo novos canais de acesso aos clientes, quer permitindo o tratamento da informação, como por exemplo, a segmentação de clientes por perfis. Por outro, também dinamizam a concorrência tradicional, e criam uma nova concorrência, através de canais como a Internet.

Tratar cada cliente de forma individualizada

Cada cliente deve ser tratado de forma diferente e individualizada, tendo em conta dois factores fundamentais: qual o valor de cada cliente para a organização (valor actual e valor futuro), e as próprias necessidades de cada cliente.

Vejamos um exemplo típico. Quando um cliente acede a uma organização (pensemos em exemplos como *call center* ou Web), a solicitar informação sobre determinados produtos, normalmente a informação é prestada baseada exclusivamente no produto. Ou seja, a qualquer cliente é prestada a mesma informação: taxa de juro X, comissões Y, etc. Não é tido em conta o perfil do cliente, o seu valor para a organização. Algumas empresas começam já a abordar a questão de uma nova forma. A cada cliente é atribuído um "ranking", calculado através de diversos factores (sendo, obviamente, dois deles o valor actual e futuro do cliente). Quando um cliente solicita informação sobre determinado produto, a informação do produto é cruzada com a do cliente. Ou seja, a um cliente "*gold*" é oferecida uma taxa de juro mais aliciante.

Centralização da informação

Centralização da informação. Claro. Mas como?

É por esta altura que algumas implementações de CRM encontram a sua morte. O conceito de centralização de informação é um conceito lógico, de desenho, de arquitectura, que poderá, ou não, estar associado a uma "data warehouse" fisicamente localizada num único ponto. O essencial é permitir à organização visualizar, a cada momento, a informação pretendida, de uma forma agrupada. Se bem que uma centralização de toda a informação seja uma abordagem excelente em alguns casos, poderá não ser eficaz. Em muitos casos, será irrealista pensar que é viável a substituição dos sistemas actuais de suporte à decisão existentes na organização. Estes são o núcleo de suporte ao negócio actual. Nestes casos, a palavra de ordem será integração,

integração, integração. Antes de se pensar em qualquer tipo de centralização de informação terá de se pensar no modelo de negócio da organização e nos sistemas actuais. Somente quando estes factores estiverem perfeitamente claros se poderá começar a definir uma arquitectura lógica de suporte ao negócio.

O factor fundamental é, assim, a partilha da informação. A reclamação apresentada pelo cliente através de e-mail terá de estar disponível ao *call center* quando o cliente telefona a solicitar uma resposta, a qual foi complementada com o parecer do Departamento Comercial ou do Departamento Técnico. A frase "Desculpe, mas esse assunto é com o meu colega, vou passar a chamada" parece-lhe familiar?

Foco na informação

Seja qual for a abordagem a tomar, apresentada no ponto anterior, a Qualidade da informação é um factor crítico. O importante é manter registo da informação relevante para a organização, mantendo muito clara na nossa mente a separação entre personalização e segmentação.

Numa perspectiva de segmentação, poderei concluir que os clientes com maior valor para a minha organização são residentes nas grandes cidades, com idades entre os 35 e 45 anos, casados, com filhos, etc., e efectuar, por exemplo, uma campanha orientada aos consumidores que possuam esse perfil mas ainda não estejam no grupo dos "meus melhores clientes". Numa perspectiva de personalização, pensem bem antes me de enviarem informação sobre a vossa nova colecção. Não gosto de colecções, nunca fiz colecções, e já o disse anteriormente!

O caminho a seguir

O início do artigo apresentou uma abordagem simplista ao tema do CRM. Se bem que, obviamente, a abordagem do Sr. Costa não seja aplicável às organizações de futuro, não deixa de ser, dentro do seu universo, uma abordagem de sucesso. No entanto, o Sr. Costa não tem um horizonte tão vasto como o do estimado leitor: o Mundo.

O sucesso da sua organização, apoiado numa estratégia de CRM não é atingido do dia para a noite. Como também não existem regras de ouro para lá chegar. No entanto, aqui se apresentam algumas sugestões, das quais poderá retirar benefícios específicos em cada fase.

1. Seleccionar um parceiro

Seleccione um parceiro que o acompanhe ao longo desta jornada. Por um lado, permite-lhe manter o foco no que é para si importante: o seu negócio e os seus clientes. Por outro, terá a garantia de uma selecção de componentes tecnológicos que permitirão suportar a sua estratégia de negócio.

2. Recolher e analisar a informação

Para conhecermos os clientes necessitamos de informação a seu respeito. Actualmente, são efectuadas inúmeras iniciativas com o objectivo de recolher informações sobre os consumidores, tal como cartão de cliente, concursos ou entrega de brindes. No entanto, assegure a correcta aplicação das normas comunitárias sobre a protecção de informação. Em Dezembro de 1999, o portal *ready2shop* enviou um mail promocional aos utilizadores registados, em que incluía o endereço de todos os utilizadores. A *ready2shop* rapidamente reconheceu o acontecido como um erro de codificação, apresentando um pedido de desculpas a todos os envolvidos. No entanto, foram apresentadas várias queixas formais. Felizmente ou infelizmente, ainda abordamos este tema com alguma leviandade, mas não por muito tempo. Em Portugal, algumas organizações estão de parabéns pela forma cuidada com que abordam esta questão.

3. Segmentar

Uma vez disponível um conjunto inicial de informação, poderemos analisar o comportamento dos nossos clientes. Recorrência, frequência, valor financeiro e conteúdo são apenas alguns indicadores do comportamento dos utilizadores.

Numa empresa de retalho Inglesa, onde esta abordagem foi seguida, chegou-se à conclusão que determinado tipo de pão não gerava, directamente, rentabilidade para a organização. No entanto, optou por continuar a oferecer esse produto. Porquê? Porque o segmento dos "melhores clientes" (os que geravam uma maior rentabilidade à organização) são os consumidores desse pão.

4. Incentivar os melhores clientes

Os melhores clientes devem, e apreciam, ser reconhecidos como tal. Seja pelo atendimento, pelo tempo de espera, por promoções, por disponibilização de informação antecipada, estas acções estreitam a relação cliente/empresa.

5. Personalizar

Nesta fase, estaremos em condições de interagir com cada cliente, não como membro de um determinado grupo, mas sim pelas suas características individuais.

eCRM, um novo desafio

Márcia Maria Pereira Pinheiro
Methodus, Sistemas de Informação, Lda.

Actualmente, é fundamental para o crescimento e sucesso das empresas a sua capacidade de reterem os seus clientes actuais, bem como procurarem novas oportunidades de potenciar a sua relação com estes. Pois os clientes deixaram de estar limitados a um número reduzido de vendedores, a preços fixos, entregas, produtos e serviços standard.

Com o aumento da concorrência e com a adopção da Internet como um novo canal de negócio, os clientes estão apenas à distância de um clique para a aquisição de outras marcas e produtos, assim de forma a manter uma relação estreita e contínua com os clientes - ouvir, interiorizar e responder rapidamente aos vários tipos de exigências - é actualmente crucial para a sobrevivência de qualquer tipo de negócio.

A Solução de CRM só será bem sucedida se for pensada para os seus utilizadores finais quer sejam os empregados dos diversos departamentos da empresa quer sejam os parceiros de negócio. Tendo esta premissa, o sucesso da Solução dependerá do envolvimento dos utilizadores na sua definição e configuração.

Com o despoletar do canal Web, o conceito de CRM sofre uma nova dinâmica, os responsáveis pelo departamento de Marketing passam a preocupar-se com novos conceitos como o Web Marketing, o Customer Web profile, bem como os responsáveis pelas vendas por conceitos como o eSales, eServices, eSupport e eHelp.

CRM, eCRM, Front Office Solutions, Web Marketing, eSales, eServices.

"Actualmente, é fundamental para o crescimento e sucesso das empresas a sua capacidade de reterem os seus clientes actuais, bem como procurarem novas oportunidades de potenciar a sua relação com estes. Pois os clientes deixaram de estar limitados a um número reduzido de vendedores, a preços fixos, entregas, produtos e serviços *standard*.

Com o aumento da concorrência, e com a adopção da *Internet* como um novo canal de negócio, os clientes estão apenas à distância de um clique para a aquisição de outras marcas e produtos. Assim, de forma a manter uma relação estreita e contínua com os clientes – ouvir, interiorizar e responder rapidamente aos vários tipos de exigências – é actualmente crucial para a sobrevivência de qualquer tipo de negócio.

As empresas

Se despendermos algum tempo a analisar a estrutura hierárquica e departamental de uma empresa, inicialmente não iremos detectar grandes alterações estruturais. Mas se a análise for mais cuidada verificamos que as empresas estão em fase de reorganização, reorganização esta realizada em torno do cliente.

As empresas continuam a dispor de um conjunto tradicional de departamentos, mas cada vez mais existe a necessidade de partilhar e transmitir a informação sobre os clientes entre os diferentes departamentos. Por exemplo, num departamento de marketing, o responsável pela atribuição gratuita de um novo cartão de crédito poderá estar preocupado em saber quais são os clientes que estão a ser alvo de processos de cobranças ou contencioso pelo não pagamento dos créditos anteriores.

Como é que o CRM poderá ajudar?

O Conceito de CRM e as aplicações de CRM vieram contribuir para um maior despertar da questão da centralização de informação.

Alcançar e exceder objectivos

À medida que a taxa de utilização da Internet aumenta, também aumentam as exigências dos negócios. Actualmente, os consumidores têm maior poder de compra e estão melhor informados do que nunca. Esperam maior conveniência, velocidade e serviços das empresas com quem habitualmente trabalham. Se estes requisitos não forem cumpridos, basta um clique para se moverem para a concorrência.

É essencial que a informação referente a um cliente esteja o mais central possível e esteja acessível a todos que necessitem dessa informação. É importante registar todas as interacções efectuadas com o cliente.

Os clientes

As empresas sentem que no mundo empresarial deste princípio de milénio só sobrevirão se compreenderem cada vez mais as necessidades e exigências dos seus clientes e dos seus potenciais clientes.
Todos os clientes gostam de ser tratados de uma forma individual e diferenciada, gostam de ser tratados pelo nome, querem ser compreendidos, exigem serviços de qualidade. Querem dispor da possibilidade de interagirem com a empresa 7 dias por semana sobre 24 horas usando os canais de comunicação da sua preferência e conveniência.

Os produtos

No mundo de hoje engana-se quem pensa que dispor de produtos exclusivos e com preços mais baratos que os da concorrência é o factor de maior distinção. Os produtos e os preços são cada vez mais iguais aos da concorrência.

O que poderá diferenciar um produto é a sua qualidade global. Quando me refiro à qualidade global refiro-me não só à qualidade do artigo que vendo mas acima de tudo à qualidade do serviço que presto associado a esse produto. Cada vez mais as empresas investem em serviços de pós-venda de qualidade, e muitos clientes não se importam de pagar elevados contratos de manutenção se tiverem garantias de um pós-venda à altura do valor dispendido. O mesmo se passa com o serviço de entrega e de aconselhamento na fase de compra de um produto.

A concorrência

A concorrência existente nesta "aldeia global" e no mundo de fusões em que vivemos, deve ser cada vez mais olhada com um potencial parceiro/aliado.

Os parceiros de negócio

Os parceiros como empresas que são não conseguem mais garantir a exclusividade e fidelidade a uma marca. Os parceiros de negócio têm que ser encarados como elementos activos na cadeia de negócio. Têm que ser olhados como um cliente que detêm o domínio de mais um leque de clientes. O parceiro de negócio deve ser tratado com o mesmo cuidado e atenção que é dada a outro cliente.

Tenho que investir nos meus parceiros tal como invisto nos meus produtos e nos meus empregados. Se não investir em formação para os meus parceiros eles não saberão quem eu sou, o que vendo, como trabalho e me distingo da concorrência e não venderão de certo o meu produto.
Os parceiros de negócio têm que ser tratados como elos de um cadeia. É necessário não serem esquecidos na fase de definição e concepção de uma aplicação de CRM. Eles fazem parte do processo de venda e são um canal, um veículo de comunicação quer com o meu cliente final quer com a minha empresa.

As novas tecnologias desde que devidamente usadas podem contribuir para o processo de aproximação e envolvimento dos parceiros no meu negócio. Com o mundo da Internet e das comunicações, as distâncias geográficas encurtam-se aumentando os laços de ligação entre os intervenientes no processo de aquisição e no processo de prestação de serviços.

Maximizar a eficiência do marketing, vendas e serviços.

Actualmente, as equipas de *front-office* gastam muito tempo à procura de informação relevante sobre os clientes ou potenciais clientes. Os utilizadores passam imenso tempo a alternar entre aplicações departamentais distintas, *knowledge bases* e pesquisar informação na *Web*. Os resultados serão ainda piores se isso resultar numa visão fragmentada do cliente, serviço demorado, levando inevitavelmente à insatisfação do cliente.

O *design* de uma aplicação de CRM deverá ser pensado com o grande objectivo de maximizar a produtividade das equipas de marketing, vendas e serviços, centralizando as aplicações e conteúdos relevantes numa única interface, personalizado, para cada utilizador.

Os colaboradores deverão ter acesso à visão completa do cliente, bem como a todas as ferramentas que necessitam para a automatização das suas tarefas diárias mais comuns ou necessárias para a sua participação em tarefas mais complexas. Deverão ainda ter acesso às melhores práticas de negócio em cada área, opiniões dos peritos e, porque não, acesso aos seus *web sites*.

eCRM

Neste mundo de Business-to-Business e Business-to-Consumer, o conceito de eCRM ganha cada vez mais peso. As empresas não pretendem mais aplicações tradicionais a 32 bits mas pretendem um mundo de CRM totalmente *Web-based*, que possa estar acessível e disponível em qualquer lado e a qualquer hora. No mundo do Front Office o aspecto de uma aplicação é também algo a não descuidar. Se o meu empregado que passa 8 horas dias no meu *call center* puder ser mais produtivo se eu lhe fornecer ferramentas de comunicação online com o cliente (por exemplo ferramentas de instant messaging), porque não!

Reduzir custos e potenciais problemas

Maior eficiência da força de trabalho não significa aumentar custos. Uma única interface para todas as operações significa menor necessidade de formação, tempo de adequação e custos administrativos. Com um eCRM, 100% *web-based,* não é necessária grande intervenção de pessoas especializadas para fazer a instalação ou a administração da solução, resultando na redução de custos associados.

eCRM — orientado 100% para a Web

Uma solução de eCRM deverá ser pensada e desenhada com o objectivo de aproveitar ao máximo todas as funcionalidades da tecnologia disponível actualmente para a *Internet*, garantindo maiores níveis de performance, escalabilidade e tempo de resposta.

Uma solução de eCRM pressupõe-se que seja totalmente "customizável" tanto ao nível da *interface* com o utilizador bem como ao nível dos requisitos de negócio, resultando numa solução flexível, capaz de acompanhar e dar resposta às necessidades de adaptação aos desafios das empresas.

O modelo Web de CRM tem de se basear nas necessidades do consumidor. Este tem de sentir que está a ser cuidado ou acompanhado em todas as situações.

É importante lembrar que qualquer sistema de CRM vai ser utilizado por pessoas, e portanto, é para elas que deve ser pensado – *human-centric approach*. Esta simples questão pode traçar o sucesso ou insucesso de uma solução de CRM, como tal deve ser com este ponto em mente que se desenvolve um projecto de CRM.

Quando se decide implementar uma solução de eCRM, com interacção deste canal com os restantes canais, é importante não esquecer conceitos como "Customer Profile"; Web Marketing"; e porque não, alargar a visão de eCRM para o mundo do eBusiness e implementar soluções de eSelf-Sales, eServices e Instant Messaging.

CRM na minha modesta opinião, não deverá ser encarado como mais uma aplicação, mais um sistema que é concebido e implementado para o funcionamento de uma empresa mas deverá ser encarado como uma Solução Global de Centralização de informação em torno do cliente. A solução de CRM a definir deverá estar em sintonia com as particularidades dos sistemas de Back Office do cliente bem como com a estratégia empresarial e de sistemas de informação da empresa.

Principais desafios

Uma aplicação de CRM deverá ser desenhada olhando para uma organização como um todo. O cliente deverá estar no centro das preocupações de todos mas para além do vector cliente outros vectores deverão ser considerados.

As necessidades diárias de informação sentidas pelos empregados dos vários departamentos de uma empresa. Os elementos do marketing têm necessidades de informação e acessibilidade distintas dos elementos das vendas e dos serviços.

Com ferramentas de CRM, as equipas de Marketing, Vendas e Serviços estarão melhor preparadas para aumentar significativamente a satisfação do cliente, resultando numa relação mais estreita com os clientes e uma oportunidade para solidificar a lealdade.

A diferenciação com base na <u>qualidade dos produtos</u> é um ponto de referência importante, mas apenas temporário, restando a lealdade e satisfação do cliente como último desafio para a sobrevivência das empresas.

A solução a implementar deverá contribuir para o aumento de <u>eficiência e rentabilidade</u> da empresa.

As necessidades dos vários <u>parceiros de um negócio</u> também deverão ser consideradas e deverão ser analisadas com cuidado. Trazer os parceiros de negócio para uma Solução de CRM implica analisar as suas necessidades como se de outro cliente se tratasse. A decisão de lhes fornecer acesso como utilizadores de uma aplicação ou desenhar uma aplicação específica para os parceiros tirando proveito desse canal de negócio e comunicação não deve ser descurada pois desta decisão diferentes questões de segurança deverão ser analisadas.

<u>Canais de informação</u> – todos estes elementos deverão ser analisados canal a canal de comunicação que venha a ser implementado. Vários canais podem ser identificados: o fax, o telefone, o correio, o email, o canal Web e os vários parceiros de negócio.

<u>Sistema de Back Office</u> – as suas funcionalidades, maiores vantagens e carências deverão ser alvo de análise cuidada.

Necessidades de criação de <u>interfaces</u> com o Back Office – esta necessidade resulta da análise feita ao Back Office anteriormente mencionada.

A forma de <u>acesso à informação</u> deverá ser tida em linha de conta no desenho da solução. Aceder à informação em tempo real não é a mesma coisa que dispor do acesso em modo de *batch files* e com periodicidades definidas.

Uma solução de CRM deverá ser o mais <u>digital</u> possível. Ou seja, deverá haver um esforço contínuo de eliminação de papel, utilizando aplicações de Gestão Documental. O envio e recepção de documentação deverão ser alvo de análise e integração.

Na definição de um projecto desta natureza a questão da <u>segurança</u> de informação não deve ser esquecida. Esta preocupação é ainda maior e deverá ser alvo de análise ainda mais cuidada se o canal Web vier a ser implementado. Parceiros a acederem à minha aplicação.

O sistema a desenhar deverá ser <u>o mais aberto possível</u> e estar o mais próximo possível das necessidades do negócio do cliente.

Front Office versus Back Office

Nenhuma aplicação substitui o sistema de back office de um cliente, permite sim complementá-lo.

Os sistemas de Back Office continuam a ser o centro do processamento de negócio do cliente mas a Solução de Front Office é o centro de interacção com o cliente. O sistema de front office é o motor e arranque das transacções a processar pelo sistema de Back Office.

<u>Principais Funcionalidades e Benefícios para um departamento de Marketing</u>

Os empregados de um departamento de marketing têm necessidades de informação que deverão ser satisfeitas com a definição e desenvolvimento de uma aplicação de CRM.

Deverão poder criar e definir campanhas de marketing com *milestones* e canais de comunicação definidos bem como deverão dispor de ferramentas de trabalho que lhes permitam analisar o desenrolar e a eficiência das campanhas de marketing e publicidade definidas.

Identificar situações e motivos que tenham levado à perda de clientes bem como analisar padrões de compras e identificar tendências de mercado.

Identificar novos *prospects* de forma mais eficiente bem como identificar os potenciais clientes mais lucrativos provenientes da *Web* através da qualificação apropriada é o dia à dia destes profissionais.

Os diversos departamentos deverão dispor de informação em tempo real capaz de suportar as suas decisões baseadas em factos.

Funcionalidades e Benefícios para as Vendas

"Passar mais tempo a vender e menos tempo preocupado com tarefas administrativas" é a frase que mais se ouve a quem tem responsabilidades de chefia de um departamento de vendas.

Para que este grande objectivo seja alcançado é importante que um departamento de vendas disponha de ferramentas de apoio ao trabalho diário.

A informação tem de estar sempre disponível pois só desta forma se consegue maximizar a performance das equipas com base na análise dos dados em tempo real.

As ferramentas deverão permitir a criação automática de orçamentos, incluindo configurações complexas de preços.

Deverão permitir o registo e agendamento de vários tipos de interacções com os decisores e influenciadores dos negócios bem como a análise constante da evolução das oportunidades de venda, por produto, território ou vendedor.

Uma solução de CRM deverá contribuir para o aumento da velocidade de resposta dada ao cliente em colaboração instantânea, com toda a empresa alocando de forma imediata as tarefas ou oportunidades aos colaboradores mais apropriados servindo-se de *workflows* de suporte à decisão e de *templates* de apoio à produção de documentação.

Funcionalidades e Benefícios para os Serviços e Suporte

A solução de CRM deverá permitir resolver os problemas dos clientes de forma eficiente e no menor espaço de tempo.

Disponibilizar aos clientes via *Web* os serviços da empresa a qualquer hora e onde quer que estes se encontrem.

Deverá permitir visualizar informação sobre o cliente e detalhes sobre os vários incidentes numa única *interface*.

Encontrar rapidamente as respostas mais apropriadas usando para esse fim *knowledge bases*.

O grande objectivo de aumentar a produtividade departamental reduzindo custos associados e contribuir para o aumento de *market share*, através de relações duradouras deverá estar sempre na mente dos responsáveis pela definição da solução de CRM a implementar.

Eficácia

A Solução de CRM a definir deverá disponibilizar as ferramentas para documentar os processos de negócio chave, começando pelos *templates* mais genéricos. Os processos de trabalho deverão basear-se nas *best practices* de mercado (quer de negócio quer tecnológicas) e os processos deverão poder ser modificados para reflectir o ambiente de negócio único do cliente.

Automatização

Após o desenho dos processos de trabalho, que não é mais do que uma representação de todas as tarefas realizadas por determinados elementos da empresa, será possível automatizar grande parte destas tarefas.

Controlo

Em linha com o ponto anterior, após a implementação dos processos de trabalho e em particular pelo facto de se conhecerem todas as tarefas que deverão ser realizadas e estas se encontrarem representadas, é possível de forma automática e transparente para o utilizador determinar prazos de realização de tarefas e de etapas do processo. Consequentemente, controlar esses mesmos prazos e até despoletar mecanismos de alerta para situações consideradas anómalas, quer para o interveniente directo ou para o seu(s) superior(es) hierárquico(s).

Canal Internet

Prevê-se que em 2003, 55 milhões de europeus estarão a tratar dos seus assuntos financeiros online. A estimativa de vendas online para produtos financeiros é aproximadamente 400 mil milhões de euros.

Neste momento, verifica-se uma penetração elevada dos serviços/produtos simples online, ou seja, contas correntes, contas a prazo, intermediação, etc. Existe também uma penetração alta para compras periódicas: cartões de crédito, "mutual funds", empréstimos e seguros em geral. Verifica-se um research intenso de produtos pouco comprados, tal como, empréstimos de casa, seguros de vida, etc.

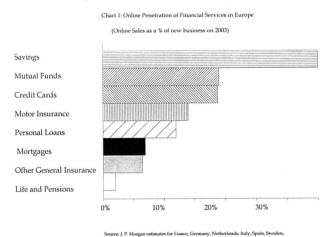

Chart 1: Online Penetration of Financial Services in Europe

(Online Sales as a % of new business on 2003)

Source: J. P. Morgan estimates for France, Germany, Netherlands, Italy, Spain, Sweden, Switzerland and U.K

Tem-se verificado a criação de novas empresas que atacam partes diferentes da cadeia de valor com a clara intenção de roubar os clientes mais valiosos aos seus concorrentes. Não basta criar um negócio online, é preciso estudar cada ponto da cadeia de valor e como melhor responder à entrada de novos concorrentes. Estas novas entradas selecionam os clientes com maior valor, oferecendo produtos mais personalizados e específicos. Por vezes estes clientes representam 2 a 2,5 vezes a média dum cliente normal.

O crescimento deste mercado irá pressionar as margens. São três os factores que poderão pôr em causa as margens:
- Aumento de transparência;
- Redução de custos estruturais na produção e distribuição;
- Entrada de novos concorrentes - custo baixo/volume elevado.

A consequência disto levará a um *net price plus benchmark*. Nem todas as instituições estarão nas transacções online, mas a queda dos preços irá afectar com certeza as instituições offline.

A estratégia *multi-channel* tornar-se-á dominante neste mercado, ou seja, acesso a qualquer altura, de qualquer lugar através de qualquer sistema. No entanto, a presença física continuará a ter um papel importante principalmente a nível de vendas e marketing.

Um dos principais objectivos da estratégia de serviços/produtos financeiros é a redução/ minimização de custos de aquisição. Por isso, se verificará um crescente número de alianças entre fornecedores de serviços financeiros e e-especialistas.

Produtos e conselhos personalizados (humano/automatizados) terão um papel preponderante. Uma das questões centrais no serviço financeiro é a criação de um serviço ao cliente sem falhas. As instituições cada vez mais têm que fornecer um serviço completo sem falhas senão estarão destinadas ao insucesso.

Os bancos estão bem posicionados na nova economia, no entanto, nem todos se irão conseguir transformar a tempo. Factores importantes de transformação:

- Gestão determinada
- Ciclo de vida rápido
- Execução de alianças
- Reinvenção do modelo de negócio
- Marcas
- Tecnologia que suporte plataforma multidirecional
- Boa gestão de custos

Costumer Relationship Management – eCRM

A gestão da relação com o cliente apresenta-se nos dias de hoje como a única e mais importante vantagem competitiva. Trata-se de garantir que a experiência online seja, de facto, muito melhor que a experiência no mundo físico, conseguindo-se assim uma *e-loyalty*.

O objectivo último é o fortalecimento das relações adicionando alguma conveniência, eficiência, redução de custos e um leque de serviços alargado. Atingindo-se assim relações a longo-prazo, com vendas repetidas, eficiência do negócio e aumento de lucros.

Um ponto importante é o foco estratégico que deve ser depositado nos clientes aliado às capacidades que a Internet tem para elevar essas relações.

Assim, o modelo Web tem de se basear nas necessidades do consumidor. Este tem de sentir que está a ser cuidado ou acompanhado em todas as situações.

The Customer Experience

Regra geral, os cibernautas consideram os *sites* demasiado difíceis de utilizar, a chave motora de sucesso ou fracasso online, é sem dúvida a experiência do cliente.

Quando o cliente quer simplicidade, oferece-se complexidade, o cliente quer serviço, oferece-se tecnologia, o cliente quer concluir o seu objectivo mas oferece-se outras coisas que o confundem e o fazem perder-se. Este é o denominado desvio da experiência do cliente.

Uma má experiência pode levar um cliente a abandonar o *site* permanentemente. Por outro lado, fornecendo uma excelente experiência na Internet, pode resultar numa forte exposição *word-of-mouth*, publicidade gratuita pelos media e melhorar a imagem e resultados.

Human Issues

É importante lembrar que a Solução de CRM / eCRM a desenhar irá ser utilizada por pessoas, e portanto, é para elas que deve ser pensada – *human-centric approach*.

Deve ser fornecido um conjunto de ferramentas que lhes apoie o trabalho, para que o utilizador não fique sobrecarregado com informação e saiba o que fazer.

Considerações quanto às entidades envolvidas no negócio

Apesar de o desejado ser um *single-user interface*, devemos ter em conta que a informação relevante para cada entidade é diferente. Por essa razão, dentro do mesmo modelo de página, é necessário limitar o acesso a essa informação e oferecer menus variáveis para cada entidade.

Num modelo Web faz sentido adaptar os processos à entidade e não a entidade aos processos, dado que o cliente não conhece o negócio como a companhia o conhece. Assim, a estrutura deve ser repensada em torno destes.

Como tal, para cada entidade das seguintes vamos analisar a relevância destes no modelo Web, o ambiente e os processos.

Workflow – "guiões"

Os incidentes submetidos a partir da Web aparecem na lista de trabalho.

O Workflow através da Web é uma oportunidade para efectivamente melhorar a capacidade de resposta às necessidades do cliente, bem como, às variações no mercado, com uma extrema flexibilidade e rapidez.

Os benefícios resultantes da automação dos processos de negócio pela Internet são vários, a redução do ciclo de vida dos processos, redução dos custos, aumento da produtividade, melhoria das relações com clientes, parceiros,..., melhoria da capacidade de resposta, flexibilidade e rapidez, e potencial para operar a nível global com custos de infra-estrutura reduzidos – permitindo, por exemplo, vários regimes de legislação, multilínguas, etc.

Através do *workflow* é possível colocar à disposição das pessoas apropriadas as tarefas a fazer, ajudas através de aplicativos e outras utilidades, permite fazer o *tracking* do progresso nas tarefas, gerar estatísticas sobre as várias tarefas efectuadas. Disponibilizar a informação necessária para as pessoas certas, na altura certa e na sequência certa.

O conceito de *workflow* torna-se insuficiente se só cobrir os procedimentos estruturados. Assim, não podemos esquecer o *knowledge worker*, crítico em alguns dos processos, e para o qual não é fácil definir os procedimentos.

Deste modo, num modelo Web, convém juntar a entrada de dados estruturada, o processo de tomada de decisão e regras directrizes dos *knowledge workers* num único ambiente de gestão do trabalho. Para isso, é necessário ferramentas de índole pessoal e ferramentas de *workflow* estruturado. Devemos juntar todos os actores num ambiente de gestão total de trabalho e num conjunto de processos unificados.

Navegabilidade

Existem dois pontos fundamentais a distinguir: 1º A navegabilidade deve ser acessível; e 2º, Quando não o for devem estar previstos mecanismos de ajuda.

A navegabilidade deve ser fácil, a estrutura do *site* deve ser baseada no que o cliente/utilizador quer, não no modo como a empresa está organizada.

Assim, qualquer utilizador (empregado, cliente, parceiro de negócio, ...) que utilize uma aplicação de CRM deve, à partida, conseguir utilizá-lo com facilidade. O meio ideal será mesmo através de "guiões" que guiam cada um dos processos. No entanto, estes podem não ser suficientes, o utilizador pode ter mesmo assim dúvidas, pelo que é essencial oferecer meios de o satisfazer, um FAQ – Frequently Asked Questions bem formulado, prático e funcional pode reduzir drasticamente o número de chamadas para o *call center*, faxes recebidos, *chats* ou e-mails.

Mas, se mesmo estes meios não forem suficientes para o utilizador, deve ser possível que em tempo real possa ver a sua dúvida esclarecida, isso torna-se possível através de um *chat* (por meio de um Java applet ou IRC), através de videoconferência, ainda através da comunicação verbal por meio da Internet (existe software que o permite) ou ainda mais simplesmente através de um telefonema da própria companhia.

Uma outra ideia é oferecer a possibilidade de navegação de *sites* em simultâneo - o cliente e o agente visualizam o mesmo, e permite-se que tanto o agente como o cliente completem o formulário (collaborative browsing and form completion).

Deve-se começar a ter em conta as necessidades especiais na navegação por parte de clientes com deficiências que os impossibilitem, por exemplo, de falar, de escrever, ou de ler.

A utilização de imagens no *site* deve sempre permitir a navegabilidade sem imagens (para os *browsers* que não permitem imagens, ou para aqueles que as desligam para funcionar mais rápido).

A introdução de dados deve ser facilitada ao máximo, a digitação da informação torna-se um processo penoso e assim deve-se possibilitar a selecção do que é aplicável.

Segurança

A segurança é um ponto a que se deve dar extrema importância. Trata-se de assegurar que os clientes estão seguros, que ninguém irá roubar ou alterar a informação deles. Assegurar que a companhia está segura, que a base de conhecimento fica dentro da empresa e que a sua imagem não é atacada.

Design e Conteúdo

A este nível devemos procurar fornecer um vocabulário claro e conciso, de modo a ser entendível pelo utilizador, um *download* da página rápido, uma resolução universal (a maioria dos cibernautas utiliza 800x600, embora ainda existam alguns com 640x480 – este problema pode ser resolvido através de *scripts* que detectem a resolução do utilizador), compatibilidade com os vários *browsers*, o design deve ser simples, com apenas os *links* relevantes, deve também utilizar poucos e pequenos gráficos de suporte, os gráficos de elevada qualidade apenas devem ser fornecidos quando for importante para o utilizador, e por fim, deve ter um bom motor de busca (ver <u>eSelf-Help</u>). Por oposição, é importante que não apareçam mensagens de erro (estranhas ao cliente, como por exemplo, mensagens de erros de *scripts*), os textos com instruções não devem ser longos (mas sim curtos e directos), a utilização de tecnologia excessiva é nociva para a experiência do utilizador, porque este pode não saber utilizá-la, pode necessitar de *plug-ins* ou *Java applets* irrelevantes. Um aspecto bastante importante é a imperatividade de se conseguir fazer a *claim online* até ao fim, sem aparecerem *Fatal errors*, pois essa situação afecta negativamente a imagem de todo o serviço da empresa. Não devem existir elementos no ecrã que distraiam a atenção, elementos irrelevantes ou *flashy* não servem para nada. Nunca se deve incorrer em erros ortográficos (imagem pouco profissional) e os resultados de pesquisas não devem ser excessivos ou imprecisos (ver eSelf-Help). Por fim, não se deve incorrer em erros Web básicos, como links desactualizados.

As páginas devem ser dinâmicas. A utilização de *templates* é imprescindível, quer ao nível do desenho da página, quer ao nível dos formulários – definindo a estrutura da informação a ser pedida, e um conjunto de dados dinâmicos que vai populando esse *template* e o personaliza ao indivíduo. É claro que existirão diferenças nos *templates*, consoante o utilizador (papel, gostos, etc.), mas convém aproveitar ao máximo as propriedades comuns.

Personalização

A personalização não tem de ser abusiva mas deve existir. Cada pessoa gosta de ser tratada como tal.

Pode ser criado um modelo extremamente personalizado e interactivo, mas que apenas funciona com um cliente de cada vez, o que não serve os propósitos de uma empresa.

Neste capítulo pode ser considerado um gabinete virtual de atendimento ao cliente (3D) com agentes virtuais num ambiente amigável (ver *http://www.activeworlds.com/* ou *http://www.vr-shop.iao.fhg.de/*). Esta solução contudo ainda está pouco desenvolvida, requer o download de plug-ins e não apresenta a rapidez necessária, o que não é o ideal (pelo menos nos dias de hoje).

Terá sentido fazer a separação neste campo no que diz respeito aos utilizadores, pois o agente, o cliente e os Parceiros de negócio têm necessidades diferentes.

Tecnologia

Em relação aos servidores, quero frisar que estes têm de estar operacionais o máximo de tempo disponível (numa perspectiva de serviço 24x7), não podendo a companhia dar-se ao luxo de os ter indisponíveis. Do mesmo modo, estes têm de estar consonantes com picos na procura, bem como têm de possuir escalabilidade.

Ao nível da rede, esta deve ter largura de banda suficiente para adoptar o sistema, optimizando a capacidade de resposta aos pedidos e tempo de *download* das páginas (estas questões afectam directamente a produtividade e a moral dos trabalhadores).

Canais de negócio

O acesso ao *site* deve ser possível a partir de qualquer plataforma, pervasive e-business, ou seja, dada a evolução que estamos a ter ao nível Web, deve ser facultado um modelo que permita o acesso e transferência de dados a qualquer objecto com um chip e ligação à Internet.

Browser

Em relação ao *browser*, devemos ter em conta que muitos cibernautas utilizam *browsers* diferentes, como o Internet Explorer, Netscape Navigator, Opera, etc. Nessa medida, não devemos privar o acesso daqueles que não utilizam por exemplo o Netscape Navigator, pois assim o serviço é limitado a alguns.

WAP

O WAP ainda está numa fase embrionária, mas aparenta já ser uma coisa do passado. A tendência, no entanto, permanece no caminho para uma *wireless Web*, talvez não através de telemóveis, mas através de outros *net-enabled handsets,* embora isso ainda demore uns anos a ser realidade, prevê-se que em 2003 existam mais de 600 milhões de aparelhos de mão, em contrapartida com 500 milhões de PC's previstos. Devemos ter esta evolução em linha de conta já que estes aparelhos vão permitir saber ou fazer o que se quer, exactamente quando se quer (por exemplo: participar sinistro imediatamente após o acidente). Uma programação que permita o acesso universal ajudaria muito na evolução de soluções de CRM.

Hoje, o WAP apresenta-se como pouco prático para introduzir e visualizar informação, e pode ser mais caro que um telefonema.

Instant messaging

É um bom meio de comunicação, contudo apresenta um contra, necessita de um *download* e instalação. Para os que lidam mais com computadores essa é uma situação normal, mas a verdade é que para quem não percebe de computadores, uma mensagem a informar da necessidade do *download*, pode assustar e desorientar a pessoa. Devemos manter o ambiente fácil, como tal, a solução que considero melhor é um *chat* através de um *Java Applet*, mas se for possível a existência de *Instant messaging* sem quaisquer *plug-ins* porque não utilizá-lo.

Voice Recognitioin

Já existem portais de voz. Esta é uma situação que pode contribuir para a eliminação de muita da carga dos call centers. Esta situação pode também ser aproveitada para os clientes invisuais, no entanto é pouco pessoal quando comparado com um call center e teria de ser realmente bem feito para valer a pena, pois, caso contrário, o *call center* é a melhor alternativa.

Phone – VoIP

Numa perspectiva de redução de custos, esta solução apresenta-se como uma boa alternativa, à medida que a capacidade das larguras de banda vai aumentando, vai sendo possível melhorar a qualidade neste capítulo, inclusive através da possibilidade de reservar largura de banda.

Assim, no âmbito do *call center*, devem ser estudadas alternativas viáveis, para adicionar esta tecnologia a soluções futuras.

e-mail recognition

O sistema ideal irá ter a capacidade de reconhecer o conteúdo de um e-mail, reencaminhar para a pessoa indicada, e se for caso disso, enviar de imediato uma resposta –

quanto mais não seja para informar que o email foi recebido e que em breve será dada a resposta ao pedido, deste modo o cliente não se sente abandonado.

Chat

Temos duas possibilidades aos olhos do utilizador: a maneira fácil ou a maneira complicada. A fácil é um *chat* por meio de um Java Applet. A difícil é através do IRC que requer alguns conhecimentos adicionais. Qual a melhor? A mais fácil para o utilizador.

Videoconferencing

A videoconferência é um modo mais pessoal de lidar com os clientes, mas não os clientes de hoje, os clientes do médio-longo prazo. Porque este meio implica uma largura de banda elevada para que o nível de qualidade se mantenha e requer algum conhecimento (e material) por parte dos utilizadores. Assim, esta solução deve ser analisada porque apesar da desvantagem mencionada tem a grande vantagem de ser dos canais mais pessoais e cómodos para o cliente.

eSelfService e eSelfSupport

Para o cliente final não existe distinção entre serviço e suporte, apenas a empresa o distingue. Assim, mais uma vez, convém estruturar estas funcionalidades de acordo com o que o cliente quer e não da forma como a empresa está organizada. É claro que nós podemos distingui-los, mas devemos apresentá-los ao cliente como um único.

eSelf-help

Um modelo, de self-help reduz custos e é mais conveniente, por outro lado, um agente ao vivo é mais pessoal e satisfaz melhor as necessidades do cliente.

Existem já no mercado boas soluções para procurar adicionar as características de um agente ao vivo, num modelo Web. Por exemplo, no eServiceSuite 3.0 da Service-Ware, é oferecido um sistema de inteligência artificial, que inclui *Natural Language Parsing, Neural Network* e *Fuzzy Logic Engine* que pesquisa a *knowledge base* bem como outros fontes de data, de modo a devolver respostas apropriadas às questões colocadas pelos clientes. Neste sistema consegue-se obter essencialmente duas vantagens: Satisfação das questões e pedidos de serviço por parte dos clientes através do *site*, sem ter de sobrecarregar o *call center*; e o cliente obtém a informação mais rápido sem ter de pesquisar por várias páginas de resultados.

Este sistema pode ainda ser valorizado, por meio de *live text chat*, *instant messaging*, Videoconferência e uma boa FAQ.

Se o *Web site* for apenas um intermédio, para depois o cliente telefonar para o *call center*, então não faz sentido utilizar a Web.

Conclusão

Em modos de conclusão gostaria de referir que ao longo deste artigo abordei uma série de conceitos que gostaria de realçar.

Os conceitos de CRM e mais recentemente eCRM são conceitos que fazem as empresas repensar e por vezes redenhar os processos de trabalho em torno do cliente. O cliente é de facto o grande vector centralizador de toda a actividade da empresa. Qualquer Solução de CRM ou eCRM a desenhar/implementar deverá ter o cliente no centro de todas as atenções bem como deverá reflectir a estratégia que uma empresa assume em relação aos seus clientes.

A Solução de CRM só será bem sucedida se for pensada para os seus utilizadores finais quer sejam os empregados dos diversos departamentos da empresa quer sejam os parceiros de negócio. Tendo esta premissa, o sucesso da Solução dependerá do envolvimento dos utilizadores na sua definição e configuração.

Com o despoletar do canal Web, o conceito de CRM sofre uma nova dinâmica, os responsáveis pelo departamento de Marketing passam a preocupar-se com novos conceitos como o Web Marketing, o Customer Web profile bem como os responsáveis pelas vendas por conceitos como o eSales, eServices, eSupport e eHelp.

O artigo apresentado foi desenvolvido com base na minha experiência de trabalho na Methodus, Sistemas de Informação e com o suporte dos meus colegas Nuno Dias e João Prego.

Gestão Documental e Arquivo Óptico num ERP

Vanda de Moura Ferreira

e

Pedro Rebelo

Microfil – Tecnologias de Informação, Lda.

Poder-se-ia descrever o número de árvores que são abatidas diariamente tendo como fim o papel, ou então, e numa realidade bem mais próxima das empresas, os custos que existem com o arquivo físico das Empresas, com a quantidade de fotocópias que se tiram diariamente, ou o tempo desperdiçado na procura de um documento. Se contabilizarmos tudo isto chegaremos a valores impressionantes. Para dar resposta a este problema surgem as soluções de Gestão Documental após a implementação de um sistema ERP como se de um ciclo natural se tratasse.

ERP, Gestão Documental, arquivo óptico, documentos, dados, workflow, COLD, implementação, Internet.

1. Introdução

O volume de papel que circula nas empresas começa a preocupar os seus gestores. Quanto maior é a empresa mais documentos tem que administrar e guardar. Estes documentos podem ser contratos, propostas, ordens, facturas, guias de remessa, notas de encomenda, correspondência, etc. Como estes documentos são produzidos uma vez, arquivados num ficheiro e nunca mais vistos, a Empresa não precisaria de ajuda para lidar com eles. Contudo, os problemas podem acontecer assim que alguém procura por uma factura do ano fiscal anterior.

A disponibilidade dos documentos além fronteiras representa um importante papel na internacionalização de muitas empresas. As filiais têm necessidade de arquivar e classificar as cópias dos documentos originais.

A Gestão Documental e o arquivo óptico aparecem como formas de controlar e organizar toda a informação dentro de uma empresa, englobando várias soluções (arquivo de documentos, arquivo de base de dados, *Workflow*, COLD) para complementar os sistemas ERP.

2. ERP – Presença de um passado bem recente

Num passado ainda bem recente, as empresas preocuparam-se com o problema do *bug do ano 2000* e mais actualmente com a conversão da moeda interna para o EURO. Foram muitas as empresas que obtiveram a solução para este problema na implementação de um ERP (*Enterprise Resource Planning*).

Não é objectivo deste texto falar sobre os ERPs, por isso deixa-se tal tema para os entendidos na matéria. Aqui pretende-se mostrar uma visão dos sistemas que emergem pós ou durante a referida implementação como se de um ciclo natural se tratasse. Até ao presente a preocupação das Empresas focalizava-se na implementação de um ERP, agora essa preocupação virou-se para a Gestão Documental e Arquivo Óptico.

A implementação dos ERPs levou a grandes oportunidades de negócio para as empresas de Gestão Documental e Arquivo. O aumento da produção de documentos è significativa com a utilização dos chamados "Sistemas de Gestão Integrados".

Poderíamos pensar que, já que os ERPs cobrem todas as áreas de uma organização, também poderiam oferecer soluções para as novas necessidades emergentes relacionadas com os documentos. Mas os produtores de ERPs têm uma boa estratégia relativamente a este assunto. Um dos pontos mais críticos na implementação de qualquer sistema é a interligação com os outros sistemas que as empresas já têm ou virão a ter. Portanto, é simples a posição de alguns produtores de ERPs: em vez de ser o ERP a interligar-se com outros sistemas, são os sistemas de terceiros que se ligam ao ERP. Acrescentando a esta razão, há o facto de os ERPs crescerem tão depressa, estando sempre a criar novas funcionalidades, que os produtores de ERPs não se podem preocupar com outras áreas como a de arquivo e de Gestão Documental, deixando-as para os especialistas no ramo.

3. SGD – Solução para gerir e arquivar papel

Não se pode falar em arquivar papel sem pensar na sua gestão. Por esta razão o arquivo e a Gestão Documental caminham tão juntos formando uma Solução de Gestão Documental – SGD.

Quando as empresas saem de um projecto de ERP, normalmente querem que uma só solução lhes responda a todas as suas necessidades que ficaram por satisfazer: Gestão documental, arquivo óptico, interligação com antigos sistemas proprietários que continuam a produzir grandes quantidades de listagens, ligações à Internet. Tudo isto exige uma adaptação dinâmica do software de Gestão Documental e de arquivo. Já para não falar daqueles documentos que não têm associação directa com o sistema ERP, como é o caso da correspondência. Resumindo, o cliente deseja uma solução que lhe "limpe" todo o arquivo, sem excepção.

Semelhante à implementação de um Sistema ERP, na implementação de um projecto de arquivo óptico e de Gestão Documental, é necessário haver uma educação prévia dos utilizadores. O impacto nos utilizadores finais é grande, pois basta olhar em frente para a sua secretária, imaginá-la sem nenhum papel e ter que elaborar todas as suas tarefas diárias com a imagem digital. Parece uma boa visão, e realmente é, mas extremamente complicada de tratar se não existir uma boa preparação de quem lida com este cenário diariamente.

Como em qualquer outro projecto relacionado com as Tecnologias de Informação deve-se começar por implementar aquilo que se sente mais necessidade. Delinear bem as fases, começando, por exemplo, por *database store*, passando pelo *document store* seguido pelo *COLD (Computer Output to Laser Disc)* e terminando com o *Workflow* de forma a que os clientes se possam ir habituando a trabalhar com os documentos em formato digital e começar a ganhar confiança no fornecedor do sistema de Gestão Documental.

Já falámos tanto de Gestão Documental, mas o que entendemos aqui por documento? Hoje em dia o termo documento corresponde a qualquer tipo de ficheiro que pode ser criado ou guardado electronicamente incluindo texto, gráficos, imagens, folhas de cálculo, linhas de código ou mesmo som e vídeo. Os Sistemas de Gestão Documental (SGD) mantêm a informação de documentos de qualquer tipo, fornecendo ferramentas para trabalhar o seu ciclo de vida: criação, modificação, aprovação, distribuição e arquivo.

A Gestão Documental torna-se mais importante à medida que as pessoas vão aumentando a sua confiança nos documentos electrónicos e nas conexões on-line nos seus dias de trabalho. Os documentos estão a ser criados nos mais diversos formatos e são mantidos em repositórios distribuídos em todo o mundo. Os SGD são precisos para garantir a segurança e o tempo de acesso a estes documentos em formato legível. A Gestão Documental tem-se tornado no ambiente de integração para outras tecnologias como *Workflow*, Gestão de Imagens, *e-mail, groupware.* etc.

Como foi referido anteriormente não se pode falar em Gestão Documental sem falar de arquivo. Já imaginou como seria óptimo na sua organização poder consultar um documento, ao mesmo tempo que outro utilizador numa filial da Europa, sem a

necessidade de tirar uma fotocópia, o receba por correio interno (electrónico)?
Passamos a enumerar algumas vantagens de arquivo óptico:

- Pessoas em locais diferentes podem aceder à mesma documentação simultaneamente;
- A disponibilidade via electrónica reduz o tempo de procura e acesso consideravelmente. O próprio sistema é que é responsável pelo acesso, não sendo necessário a deslocação do utilizador;
- O arquivo pode conter documentos de entrada e saída de todos os tipos, como
documentos provenientes de um *scanner*, documentos de Office (*mail, Word*), em
formato multimédia (vídeo, som) e documentos do próprio sistema ERP;
- O arquivo óptico garante que os documentos arquivados não são modificados;
- A visualização do documento electrónico é independente do formato (OTF, FAX,
TIFF);
- A disponibilidade electrónica traz benefícios à organização ao nível de
armazenamento, custos e segurança;
- O *Business Workflow* atinge o seu benefício máximo ao integrar-se com um
sistema de arquivo de documentos;
- Aplicações de Internet podem criar documentos virtuais, ou seja, o sistema arqui-
va a factura de uma venda on-line e envia ao cliente pela Internet.

A título de curiosidade, podemos ver os valores percentuais obtidos em média com
base num estudo da AIIM (*Association for Information and Imaging Management*):

- 0-90% redução no tempo de processamento;
- 10-35% redução do número de colaboradores;
- 10-75% incremento na produtividade;
- 20-40% redução de custos por processo;
- 30-50% redução do espaço no escritório.

4. ERP e SGD

4.1. Os ERPs e o crescimento dos arquivos

Os ERPs dominaram por completo as grandes empresas a nível mundial, estando agora a invadir o mercado das PMEs. Após a implementação de um ERP numa organização, os benefícios e os malefícios de um software desta abrangência, fazem-se sentir após algum tempo da sua implementação. Os ERPs trouxeram grandes benefícios para análise da produtividade das empresas em tempo real, com os mais diversos tipos de relatórios abrangendo todas as áreas desde a produção, gestão de materiais, vendas, contabilidade, etc., para além dos mais diversos tipos de formulários: cartas, contactos, facturas, guias de remessa, listagens, etc.

Toda esta informação é utilizada pelo utilizador final em papel, devido à fraca legibilidade dos relatórios nos monitores de computador e principalmente devido ao aumento da rapidez na produção de documentos, dando origem a um aumento exponencial do arquivo de papel após a implementação dos ERPs. Daqui surge a necessidade de implementar um projecto SGD, após a implementação de um projecto ERP. Em todo o mundo, os arquivos que são necessários estar organizados e bem conservados são os da Contabilidade. O departamento Contabilístico e Financeiro é garantidamente, em todas as empresas, o departamento que gera mais papel e que mais tem necessidade de o guardar e organizar.

4.2. ERP e Arquivos Legais

Portaria nº 118/90 de 15 de Fevereiro
Estabelece as condições a que deve obedecer a microfilmagem de documentos <u>para efeitos fiscais</u>:

> "(...) Os documentos de suporte dos livros e registos contabilísticos podem, decorridos três exercícios após aquele a que se reportam e obtida autori-

zação prévia do DGCI, ser substituídos, para efeitos fiscais, por microfilmes que constituam a sua reprodução fiel e obedeçam às condições estabelecidas nos números seguintes (...)"

"(...) As reproduções em papel obtidas a partir das imagens microfilmadas terão, para feitos fiscais, a mesma força probatória dos documentos originais (...)"

Em Portugal é obrigatório conservar os documentos contabilísticos dos últimos dez anos. Enquanto os últimos três anos têm de existir obrigatoriamente em papel, os sete anos anteriores podem-se guardar em microforma graças à portaria nº 118/90 de 15 de Fevereiro. Esta portaria também estabelece as regras para eliminação dos documentos fisicamente desde que exista o arquivo em outro tipo de suporte sem ser o papel. Se por um lado se consegue reduzir o arquivo com a utilização do microfilme é possível também organizá-lo através da imagem digital.

A solução SGD vem beneficiar os ERPs através do arquivo em formato digital de qualquer documento emitido pelo sistema, permitindo assim construir um arquivo contabilístico virtual, conservado em boas condições, com acesso rápido e independente da situação geográfica de quem o consulta, de acesso controlado e legal, constituindo uma solução mais verde para o planeta.

Deixamos agora aqui uma curiosidade que traduz em muito uma das grandes vantagens destes sistemas: uma solução SGD, inclua-se aqui o microfilme, pode diminuir entre 92 a 98% do espaço de arquivo. Vinte dossiers A4 podem armazenar aproximadamente 8000 documentos, que ocupam 148 480 cm^3. Estes dossiers correspondem a uma bobine de microfilme, que ocupa apenas 250 cm^3. Em termos de imagem digital, 375 dossiers A4, que contenham cerca de 150.000 documentos, ocupam perto de 2,8 m^3 que se podem armazenar num disco de 5.2Gb, que tem um volume de 0,000 210 cm^3, um pouco maior do que um CD vulgar.

4.3. Impacto de uma solução SGD num ERP

A diminuição no consumo de recursos de impressão, a diminuição do espaço da empresa dos recursos afectos à organização do arquivo são os impactos imediatos ao nível dos custos.

Ao nível do utilizador final a passagem do processamento do trabalho do documento papel para o documento digital é a fase principal num projecto desta natureza ao nível dos recursos humanos. A habituação ao documento digital tem de ser persuasiva e bem acompanhada para que a implementação não seja um fracasso. Uma boa formação, uma boa documentação, um suporte técnico e funcional activo, a qualidade do monitor são factores envolventes ao utilizador final para se sentir seguro e apoiado durante a fase de transição.

4.4. Estrutura tecnológica envolvente num projecto de arquivo

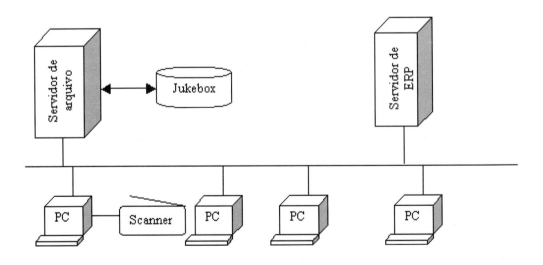

Fig. 1 – Arquitectura de um sistema de arquivo integrado com ERP

Fonte: Microfil,Lda.

A estrutura tecnológica mais importante nestes projectos é o meio de armazenamento da informação e os meios de captação da informação.

A tecnologia laser tem contribuído fortemente para a segurança da informação nos media desta natureza. Os media mais comuns utilizados actualmente são os discos ópticos e os CD-ROM. Este último é essencialmente importante como meio de distribuição de informação devido a sua portabilidade. Contudo, esta opção está limitada relativamente à sua capacidade de armazenamento face ao disco óptico. O disco óptico por natureza de construção do próprio disco oferece uma segurança maior devido à protecção dupla da faixa de escrita dos dados, assim como da protecção através de uma caixa plástica como a existente em disquetes.

A tecnologia de gravação mais avançada, conhecida por WORM (*Write Once Read More*), consiste na gravação dos discos uma única vez, não permitindo alterar e apagar a informação posteriormente, sendo apenas possível a leitura.

Existem outras soluções de armazenamento como *tapes*, ou mesmo disco magnético, embora não ofereçam o nível de segurança elevado como um disco óptico oferece. As *tapes* estão limitadas à pesquisa sequencial e à degradação da fita devido ao contacto com a cabeça de leitura, o disco magnético tem uma pesquisa aleatória como o disco óptico, mas pode corromper com mais facilidade devido à leitura ser realizada por contacto de superfícies como no das *tapes*.

Os meios de capturação de informação mais comuns actualmente nos projectos SGD são os *scanners*. Não esquecendo que uma solução SGD pode guardar arquivos nos mais diversos formatos, permitindo um arquivo ter ficheiros de filmes, sons e documentos associados a um único registo. Aos *scanners* exige-se uma alta qualidade de captação em baixa resolução para os documentos contabilísticos normais, podendo ser aumentada a capacidade de resolução conforme o grau de rigor exigido pelos documentos como os documentos técnicos ou documentos mais degradados. Outra característica importante é a capacidade de digitalizar grandes quantidades de documentos em pouco tempo (digitalização em lotes), para dar resposta aos documentos com um maior número de páginas. A apoiar estes sistemas de capturação existem as tecnologias OCR (*Optical Character Recognition*) e ICR (*Intelligent Character Recognition*), que permitem acelerar o processo de indexação dos documentos.

Não menos importante são os monitores. Principalmente nos postos de entrada de informação. O responsável por digitalizar os documentos, é quem tem de verificar se o documento original está correctamente reproduzido no monitor. Este passo elimina o documento físico e cria o documento digital. Se a reprodução não for fiel pode dar origem a processamento errado da informação. Os benefícios da qualidade dos monitores são extensíveis a qualquer utilizador do sistema SGD, seja para visualizar, processar ou digitalizar.

Além da gravação em discos WORM, a forma de garantir a segurança dos dados numa solução SGD, não se resume somente ao hardware. A segurança é extensível a outros recursos. Um sistema SGD deve gravar simultaneamente em dois discos ópticos de forma a que quando o disco estiver cheio se possa retirar a cópia de segurança e guardar num local mais seguro. Para reforçar a segurança dos dados é necessário que a informação guardada só possa ser lida pelo sistema que a gravou. Deste modo evitam-se fugas de informação. A ponte entre os sistemas ERPs e o sistema SGD está na estrutura de índices gerada pelo SGD, sendo de vital segurança para todo o sistema a realização de cópias de segurança a estes ficheiros.

4.5. Implementação SGD num ERP

O primeiro passo para realizar um projecto de arquivo passa pela análise da documentação que entra, circula e sai da empresa. É preciso definir à partida que tipo de documentos existem, quais os utilizadores que lhes têm acesso e quem são os operacionais. É importante referir que a implementação de um projecto de Gestão Documental e arquivo reflecte muitas vezes o que se passa em termos físicos, tentando apenas melhorar e optimizar os processos que nem sempre são os mais adequados.

Inicialmente verifica-se quais são os pontos de entrada física dos documentos na Empresa. Normalmente, é nesses locais que se coloca um posto de digitalização para que os documentos passem a circular em formato digital, não havendo mais papéis em cima das secretárias ou dentro das gavetas esquecidos. Conforme as empresas, pode-se optar por um ou mais arquivos físicos centrais onde toda a documentação está arquivada de uma forma sequencial, por assunto, por fornecedor, etc. Tudo isto resulta da análise atrás referida e que vai condicionar toda a arquitectura do arquivo.

E desta forma é dado o pontapé de saída para a Gestão Documental. O que chega aos sistemas ERPs são imagens digitais que servirão de base para a criação de um registo no módulo correspondente.

Todos os documentos que são digitalizados, são enviados para o sistema ERP, onde o utilizador irá registar no sistema a nova entrada. Assim que tal acontece, a imagem digital fica automaticamente associada ao registo no sistema, ficando disponível para que todos os utilizadores acedam, desde que tenham permissões para tal, é claro.

Tal como com os documentos de entrada na Empresa, ou tal como são conhecidos neste domínio, documentos de terceiros, o processo é idêntico com os documentos produzidos pelo sistema ERP, como sejam os formulários e as listagens. Estes são também passíveis de serem arquivados no momento da impressão gerando-se assim uma cópia para o arquivo.

4.6. Arquivo de Base de Dados em disco óptico

O uso dos sistemas ERPs dentro de uma empresa atinge em alguns casos centenas de utilizadores, originando grandes volumes de dados, atingindo os *tetrabytes* de informação. A transferência de dados de outros sistemas e a geração automática de informação num sistema ERP também são a causa de crescimento de grandes volumes de dados. O grande volume de dados existente numa base de dados pode levar à criação de 'gargalos', diminuindo de uma forma drástica a performance não só da base de dados mas sim de toda a infra-estrutura técnica do sistema.

Uma empresa, com três anos de implementação de um sistema ERP, tem a maioria das consultas aos dados já lançados, centradas no ano corrente e no ano imediatamente anterior, sendo as consultas anteriores a estes anos esporádicas e excepcionais. Daqui deduzimos que existe uma série de registos que não têm qualquer interesse para o desenvolvimento do negócio do dia a dia, contribuindo somente para arrastar a base de dados durante as pesquisas solicitadas pelos utilizadores aos registos mestres, e aumento do trabalho dos administradores das base de dados para manter tão volumosa quantidade de dados operacional.

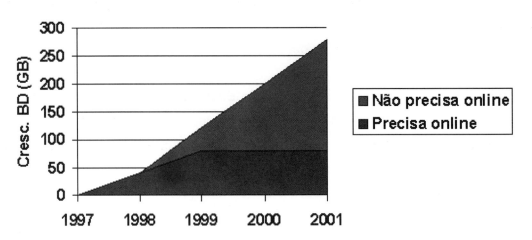

Fig. 2 – *Case study* demonstrativo do crescimento da base de dados

Fonte: Microfil,Lda.

Dados não necessários: 200 GB

Cópias de segurança sem arquivo: 200 GB

Cópias de segurança com arquivo: 70 GB

Desta forma, toda a informação que já não é necessária deve ser retirada da base de dados. Mas apagá-la não é a melhor opção, já que por vezes é necessário ler esta informação. Por este motivo, os dados devem ser removidos da base de dados e armazenados num media de arquivo externo, como WORM, CD-ROM, etc., tendo em atenção os requisitos legais, técnicos e funcionais para proceder a esta remoção de dados, por exemplo, para realizar auditorias fiscais.

4.6.1. Requisitos para arquivar

Ao nível legal é exigido que os dados arquivados possam ser analisados e consultados numa qualquer futura auditoria fiscal, embora estes requisitos variem fortemente de país para país. É preciso salientar que o arquivo da BD não funciona como uma ferramenta de auditoria. Contudo, suporta os requisitos das auditorias já que armazena os dados e possibilita a sua consulta durante um longo período. Deve-se arquivar os dados após se definir uma política de auditoria a longo prazo. Os ERPs fornecem agora algumas ferramentas próprias para lidar com as situações de auditoria.

Ao nível técnico é exigido o poder aceder e analisar os dados arquivados independentemente do hardware utilizado quando se realizou o arquivo e da versão do software em vigor na altura do arquivo. Para garantir este ponto, o sistema ERP tem de arquivar informação adicional sobre o hardware que foi usado para realizar o arquivo e o tipo de estrutura de dados que foi utilizada.
Ao nível do negócio é exigido que sejam só arquivados os dados que estejam associados a processos de negócios concluídos, mantendo assim a consistência de toda a base de dados.

4.6.2. Implementação do arquivo da base de dados num sistema ERP

Os principais benefícios que os utilizadores retiram de um projecto de arquivo de base de dados é o incremento dos tempos de resposta do sistema e a redução do tempo para pesquisa de informação. O tempo de pesquisa de um *query* é proporcional ao tamanho da base de dados.

Ao nível técnico a redução da base de dados permite realizar *upgrades* ao sistema operativo, base de dados ou ERP, em menos tempo e numa base de dados de menor dimensão. Também permite realizar as tradicionais operações de reorganização da base de dados e cópias de segurança em menos tempo.

O crescimento controlado e em menor volume da base de dados corresponde a uma despesa menor na aquisição de disco e consumíveis para cópias de segurança e um aumento de segurança da informação, ao ser mantida em sistemas de arquivo electrónico mantendo o seu controlo de acesso e garantirem a segurança dos dados noutro meio fora do ambiente do sistema ERP.

O arquivo de dados envolve mais do que a simples remoção dos dados da BD. Dado que isto implica a impossibilidade de modificar os dados removidos, é necessário envolver desde o início grupos de utilizadores que analisem bem os dados e criem um catálogo de requisitos de forma a que o projecto seja bem sucedido.

A equipa deve ser constituída por representantes dos utilizadores finais que trabalham diariamente com os dados que serão arquivados para garantirem os requisitos legais e de negócio. Os representantes do departamento de Sistemas de Informação são os responsáveis pelas operações de arquivo da base de dados.

Existem dois aspectos a ter em conta num projecto desta natureza: o aspecto técnico e o aspecto do negócio. Ao nível técnico é preciso garantir que os programas de arquivo estão actualizados com a última versão. Ao nível de negócio tem de ser definido o tempo de residência da informação no sistema após os processos a ela associados estarem terminados.

A introdução do EURO ainda confere mais importância ao arquivo de dados. A conversão da moeda numa determinada data vai levar a que o sistema produtivo esteja completamente parado enquanto se convertem todos os campos de moeda de todas as tabelas. O tempo despendido nesta operação vai ser proporcional ao tamanho da BD. Por esta razão se recomenda que as empresas incluam no seu planeamento um processo de arquivo antes da conversão da moeda.

5 Integração com tecnologias emergentes
5.1 Workflow e Solução SGD

O *workflow* consiste num conjunto de processos de trabalho automatizados, isto é, uma gestão eficiente dos processo de trabalho. Não é uma mudança dos processos de negócio, mas sim uma mudança dos meios de passagem de informação dentro dos processos de negócio. São substituídos os processos manuais por processos electrónicos.

Quando integrado com um SGD, os arquivos e documentos não são simplesmente localizados e armazenados, mas sim utilizados para melhor gerir as etapas que constituem o negócio.

Uma boa parte dos ERPs já possuem um sistema de *Workflow* integrado. Embora durante a implementação do sistema ERP não sejam abrangidos os circuitos de *Workflow*, estes surgem como importância vital posteriormente por controlar de uma forma eficiente a troca de documentos e informação verticalmente e horizontalmente dentro da empresa. Aliado a uma Solução de Gestão Documental, consegue-se atingir um maior rendimento num sistema de *workflow*.

Assim, o arquivo de documentos pode ser o primeiro passo para o processo de Workflow, dentro de um sistema ERP.

5.2 COLD – Computer Output to Laser Disk

A criação de uma grande quantidade de listagens provenientes de sistemas antigos é uma realidade das Empresas. O que fazer com tanto papel processado diariamente? É uma questão preocupante principalmente numa era na qual as empresas tanto desejam terminar com o papel. É neste cenário que surgiu a tecnologia COLD, para dar resposta aos problemas das grandes quantidades de papel produzidas nas Empresas. Basicamente trata-se de uma forma de transformar as listagens em imagem digital, podendo pesquisar pelos campos que mais se necessita.

Os ficheiros em vez de serem enviados para a impressora são depositados numa determinada directoria. No momento em que esta acção ocorre os ficheiros são lidos e interpretados de acordo com parâmetros predefinidos. É possível indexar os mapas de forma a possibilitar quer a pesquisa por determinados valores, quer a organização dos documentos numa estrutura lógica. Toda esta parametrização é criada de forma a responder às necessidades dos diversos clientes. Agora é só imaginar a possibilidade de aceder às listagens com um simples clique do rato, podendo, de um modo fácil, encontrar qualquer informação que se precise no momento.

5.3 Arquivo electrónico e Internet

Ainda vai ter de se dar longos passos em questões de segurança para que se possa trocar documentos via WEB de uma forma descansada, com a garantia que nenhum *hacker* quebrou a barreira da segurança. Para lá caminhamos.

Os dados estão lançados e a tecnologia está pronta a aceitar os acessos remotos aos documentos. Criou-se uma plataforma base comum de modo a que todos os sistemas comunicassem da mesma forma. Já se tinha tentado fazer algo semelhante com o EDI *(Electronic Data Interchange)*. Este sistema electrónico de troca de dados ajudou a desenvolver o *background* para novos *standards* emergentes para a comunicação de transacções *business-to-business* através da rede. O problema com o EDI é que se trata de um standard pouco comum, se assim se pode dizer, e as empresas que desejem trabalhar com este sistema têm de adoptar o VAN *(Value Added Networks)*. O processo para utilizar VANs é caro e requer que quer o emissor quer o receptor no negócio, utilizem o mesmo VAN e exactamente o mesmo software de EDI. O EDI é simples no conceito mas torna-se complicado na sua implementação devido aos diferentes sistemas utilizados pelos vários parceiros de um negócio.

De forma a conduzir transacções *business-to-business* através da Internet, algo tem de traduzir as mensagens entre os dois pontos de modo a que a mensagem esteja no formato correcto para se processar o pedido. O HTML possui uma forma de transferir os documentos tipo texto, com um formato não muito complexo através de uma rede TCP/IP. Mas o HTML não tem a capacidade de transportar mensagens complexas pela rede. Para ir de encontro a estes documentos complexos e formatos de mensagens de sistemas de comércio electrónico foi criado o XML. O XML (*Extensible Markup Language*) foi aprovado como standard pelo *World Wide Web Consortium* (W3C) em Fevereiro de 1998, dando resposta a algumas questões que se encontravam abertas.

Uma coisa é certa: em termos teóricos, tudo corre muito bem quando se pensa em aceder a documentos que estão armazenados num media distante, via Internet. Mas em termos práticos o que acontece é que somos barrados à entrada pelas *firewalls* que não nos deixam aceder aos tão apetecidos documentos. A partir do momento que tal seja possível de forma, digamos, "pacífica", também os *hackers* pacificamente lhes poderão aceder. Acreditamos contudo, que da forma como a tecnologia evolui não tardará muito tempo em que tal acesso à informação seja passível de ser feito de uma forma segura.

5.4 Factura, assinatura electrónica e comércio electrónico

Cada vez mais as empresas alargam os seus mercados, utilizando para tal as potencialidades que as novas tecnologias lhe oferecem. O comércio electrónico é uma das formas utilizadas pelas empresas para aumentar a sua competitividade perante os concorrentes.

Em Portugal já existe legislação sobre a factura electrónica, documentos electrónicos e assinatura digital. Desta forma, Portugal pode ultrapassar as barreiras impostas durante muitos anos por ficar na cauda da Europa, aumentando os seus horizontes comerciais.

O comércio electrónico, ou *e-commerce*, pode reduzir custos já que se torna um canal de distribuição muito mais barato do que o convencional, elimina algum papel, e diminui a interacção pessoal.

O objectivo é libertar nas transacções e nas empresas o máximo possível do papel, tornando as transacções mais rápidas e menos custosas.

Assim como todos os outros sistemas, os ERPs apanharam também o comboio do comércio electrónico. Nada melhor do que complementar um sistema de Gestão Integrado, com uma solução que permite muito mais rapidamente realizar um negócio e estar mais perto de quem interessa: os clientes.

Mas antes de se passar ao comércio electrónico é necessário que exista uma base comum, em que todos, desde os clientes aos empregados das empresas, estejam educados para a nova vaga de comércio. Assim como em todos os outros projectos tecnológicos, a chave para o sucesso, na passagem para o ambiente electrónico, depende do envolvimento do utilizador final e do cliente, de uma boa comunicação, de uma análise cuidadosa, sem esquecer os testes e o âmbito educacional.

Os processos de negócio dependentes do papel vão ter que evoluir rapidamente para documentos digitais ou terão então que sofrer um processo de reengenharia de forma a atingir esse formato.

De forma a garantir a segurança dos documentos electrónicos, diferentes técnicas têm sido desenvolvidas de forma a garantir a autenticidade da identidade de quem envia: assinatura digital e cartões inteligentes, etc. Contudo, actualmente as questões de segurança ainda se baseiam, vezes demais, no nome do utilizador e palavras-chave.

6. Conclusão

Nos últimos cinquenta anos produziu-se mais papel do que em toda a história da humanidade até ao início do nosso século. Sabendo que a informação é dos valores mais elevados da sociedade de hoje e do futuro, a necessidade de uma solução de arquivo electrónico em que este valor esteja totalmente organizado e protegido será uma necessidade de todos os sectores empresariais.

A evolução tecnológica irá modificar progressivamente o conceito de arquivo electrónico, como o caso das assinaturas ou facturas electrónicas. Esta evolução irá contribuir para uma importância cada vez maior do arquivo na realidade das empresas, sendo hoje em dia algo de obsoleto neste contexto, onde se acumulam papéis sem qualquer classificação e se evita ir buscar qualquer documento. O arquivo conforme se transforma da existência física para a existência digital, irá passando progressivamente do estático para o dinâmico, permitindo consultas universais, arquivo de documentos de processos de negócios ainda activos e não somente os relativos ao arquivo morto.

Os ERPs, ao permitirem acelerar as tomadas de decisões nas empresas, permitem que o negócio seja realizado a uma velocidade maior, originando mais informação num curto espaço de tempo e consequentemente mais documentos para gerir e guardar. Inevitavelmente que uma solução SGD associada a um sistema ERP é uma optimização do próprio sistema ao nível da máquina e uma optimização dos processos de negócio ao nível da organização, permitindo um retorno de investimento da implementação do ERP mais rápido e mais valorizado.

Se até à pouco tempo implementar um ERP numa empresa a tornava mais competitiva, pois conseguia ter um maior controlo sobre os dados de todas as áreas de negócio, torna-se importante que se criem outras condições para que as empresas se possam distinguir perante os seus concorrentes. Com a utilização de um SGD, o controlo é atingido não só ao nível dos dados, mas mais importante ainda ao nível dos documentos que lhes deram origem.

A Tecnologia evolui tão depressa que é difícil pensar no que podem ser os dias de amanhã. Para onde se caminha, nas áreas de Tecnologias de Informação, é sempre uma incógnita. Aquilo que parece impossível, poderá ser feito. Se calhar o melhor será mudar o tempo dos verbos, o que parecia impossível já está feito, pois nestes segundos já grandes passos foram dados.

Implementações ERP

António Manuel Cruz Nogueira da Silva*
Optimus – Telecomunicações, SA*

As implementações de sistemas ERP funcionaram como uma escola para muitos dos actuais técnicos de informática. A experiência adquirida deverá no futuro ser aplicada, de forma a evitar que erros do passado se voltem a repetir. Dado que os ERP´s terão no futuro um peso consideravelmente menor nas implementações de novos sistemas de informação, considero que as futuras implementações, em particular de outros tipos de sistemas de informação CRM, DW, SFA, etc... terão na minha opinião mais sucesso e os resultados serão atingidos mais rapidamente. Em suma, a maturidade destes novos sistemas atingir-se-á muito mais rapidamente comparativamente aos ERP´s, razão pela qual o sucesso será daqueles que agora apostarem nos sistemas de informação que se seguirem.

Sistemas, Pacotes, Standard, Migrar, Alterar, Configurar, Feitio, Clientes, Fabricantes, Manutenção, Técnicos.

Introdução

A nomenclatura ERP – Enterprise Resource Planning surgiu da necessidade de diferenciar as soluções informáticas dos fins a que se destinam. Esta situação foi particularmente visível a partir do momento em que começaram a aparecer produtos cujas empresas alvo, independentemente do negócio, têm em comum as mesmas necessidades do ponto de vista dos sistemas de informação. Por exemplo, empresas prestadoras de serviços eléctricos e operadores de telecomunicações, têm somente em comum a prestação de serviço, no entanto negócios profundamente diferentes. A componente comum que me refiro terá, se analisarmos com maior detalhe, necessidades também elas "muito" parecidas. Por exemplo, a gestão contabilística e financeira, controlo orçamental, gestão de projectos, compras, apoio ao cliente, recursos humanos, gestão de forças de vendas, vendas, etc....

Que me perdoem os fabricantes de software mas grosso modo os ERP abrangem as áreas administrativas e logísticas das empresas, sendo as áreas de apoio a clientes suportadas por ferramentas CRM – Customer Relationship Management, SFA – Sales Force Automation para a gestão de forças de vendas, entre muitas outras. As fronteiras entre cada uma das nomenclaturas anteriormente referidas (bem como outras que não referi), estão longe de estar definidas. A cobertura (abrangência) das aplicações associadas a cada uma delas, depende muito dos fabricantes de software, mas também dos clientes que as adquirem. Pois se para um dado cliente a componente logística do seu ERP é suficiente, para outro cliente na mesma área de negócio, a mesma componente poderá não ser.

Para além das áreas referidas anteriormente existem aquelas que são específicas dos negócios de cada empresa as quais deverão ser suportadas por produtos informáticos especificamente destinados para esses fins, por exemplo os sistemas de facturação, fundamentais nas empresas de Telecomunicações.

Um outro factor que considero relevante é o de neste momento os produtos ERP estarem a atingir alguma maturidade, (pelo menos ao nível das grandes empresas) em termos de número de instalações, o que forçou os fabricantes a desenvolver soluções verticais para determinados negócios, outras complementares aos respectivos produtos de forma a mantê-los competitivos e por último soluções que acompanhem as novas tecnologias, Internet por exemplo.

O texto que se segue focar-se-á fundamentalmente em soluções ERP, contudo considero que alguns dos princípios enumerados podem também ser aplicados a outras famílias de produtos.

1. Enquadramento histórico das aplicações ERP

Os "Pacotes" ERP tiveram nos últimos anos um fortíssimo crescimento em termos de instalações no mercado nacional bem como no Europeu.

No início da década de 90, quando pela primeira me deparei com a necessidade de identificar no mercado Português uma solução ERP, verifiquei que o mercado estava "mais ou menos" coberto por soluções baseadas em plataformas AS/400, com soluções aplicacionais "mais ou menos" do formato Package. Refiro "mais ou menos" porque na altura não era possível identificar um efectiva estratégia de desenvolvimento de Pacotes, nos fabricantes existentes. Os fabricantes para ganharem e fidelizarem os clientes, por vezes efectuavam desenvolvimentos muito significativos aos respectivos produtos, criando várias versões incompatíveis entre si. Os custos de manutenção de várias versões era muito elevado, o que inevitavelmente se viria a reflectir nos custos de manutenção cobrados aos clientes.

De uma forma geral, todas as aplicações analisadas cobriam razoavelmente bem as necessidades do negócio, (dado que se tratava de uma solução para as tradicionais áreas de gestão interna de uma empresa), era então necessário analisar outros factores de fundamental importância, tais como a capacidade de implementação local (dimensão e competências da equipa). O binómio qualidade da aplicação e capacidade de implementação eram os factores determinantes na identificação da solução.

Os fabricantes e simultaneamente implementadores de software, sentiam enormes dificuldades em manter os recursos técnicos com as competências e em número necessário para fazer face às solicitações do mercado. O número de recursos estava indexado ao número de projectos de implementação e suporte de "On Going" que cada empresa conseguia obter, sendo o recrutamento e fidelização dos recursos factor determinante para o sucesso das empresas de desenvolvimento e implementação de software.

Foi também no início dos anos 90 que foram efectuadas as primeiras implementações em Portugal da aplicação ("Pacote") SAP R/3.

Este produto para além das qualidades que lhe são reconhecidas do ponto de vista funcional (não sendo no entanto isento de defeitos), teve também do ponto de vista da abordagem do mercado a melhor estratégia de implementação. A subcontratação de terceiras entidades, que não o próprio fabricante do software, fez com que cada parceiro se especializasse somente em algumas das componentes de uma implementação, ou seja, o fabricante focou-se no desenvolvimento do software enquanto que os implementadores se especializaram na correcta implementação do mesmo.

Com o aparecimento de Pacotes Standard configuráveis, casos do SAP R/3, Baan, People Soft e J.D. Edwards, teve início uma nova filosofia de implementação, a re-engenharia de processos nas empresas. Esta nova realidade teve como objectivo encontrar um compromisso entre os processos de negócio e as soluções informáticas de suporte (Pacotes) tendo por base as melhores práticas em cada uma das componentes.

2. Tipo de implementação de sistemas ERP

Existem duas abordagens possíveis para a implementação de sistemas ERP: Desenvolvimento a feitio ou implementação de pacotes configuráveis.

Aplicações desenvolvidas a feitio.
Este tipo de aplicação caracteriza-se por uma total adequação às necessidades dos negócios para os quais se destinam, no entanto, os tempos de desenvolvimento são normalmente muito significativos, não sendo por exemplo, aconselháveis para empresas *start-up*. Por outro lado, o custo associado ao desenvolvimento de raiz de uma aplicação ERP é extremamente elevado a que não é alheio o facto de os recursos da área de IS e IT se encontrarem numa fase de fortíssima procura. Ainda relativamente a este último ponto gostaria de realçar a volatilidade dos recursos de IT e IS, o que faz com que projectos que dependam de recursos de perfil fortemente técnico, seja um projecto de risco.

Dependendo muito da forma como o desenvolvimento da aplicação é efectuado, os desenvolvimentos futuros poderão em grande parte depender da intervenção de programadores o que poderá ser um factor penalizador dos tempos de resposta às solicitações dos utilizadores internos. Caso o desenvolvimento da aplicação seja efectuado baseando-se nas melhores práticas de desenvolvimento de software, (os processos de negócio são customizáveis, não necessitando da intervenção de programadores) a resposta às necessidades dos utilizadores será neste caso substancialmente mais rápida. No entanto, diz-me a experiência que devo ser cauteloso, pois a realidade é de que normalmente a pressão exercida pelo negócio faz com que nem sempre se cumpram as regras básicas de desenvolvimento de software.

Resumindo:

Aspectos positivos:

— Cobertura das necessidades de negócio a 100%.

Aspectos negativos:

— Não está disponível no imediato;

— Depende de técnicos especializados;

— Investimento bastante elevado de desenvolvimento;

— Manutenção dependente de técnicos especializados;

— Desenvolvimentos (novas funcionalidades) também fortemente dependentes de técnicos especializados;

— Custo de manutenção e desenvolvimento elevado;

— Projecto de risco em alguns casos.

Implementação de pacotes configuráveis

Este tipo de produto contrariamente ao desenvolvimento a feitio, não cobre todas as necessidades de todos os diferentes negócios em que pode potencialmente ser instalado. Contudo, verificou-se ao longo dos anos que o "delta" de negócio não coberto pela aplicação, em grande parte dos casos foi compensado por outros factores que irei descrever de seguida.

Ao ser deixado por parte dos fabricantes de software a responsabilidade de implementação para outras entidades, fez com que o número de empresas que se posicionaram na área de implementação de pacotes standard foi bastante elevado, tendo gerado enormes oportunidades de negócio para estas.

Quando apareceram os primeiros pacotes configuráveis, os tempos de implementação não eram propriamente curtos, 6 meses a 1 ano; contudo, esta realidade tem vindo a ser alterada, para melhor, veja-se 2 a 6 meses em média dependendo do negócio. Esta situação deve-se em grande parte ao melhor e maior conhecimento da aplicação, por parte dos implementadores, a forte concorrência entre eles, uma maior apetência para mudança por parte dos clientes, entre outros factores.

Uma outra característica deste tipo de aplicações é o facto de serem bastante fiáveis, dado que em princípio serão utilizadas por um número elevado de empresas, permitindo que a activação de cada nova funcionalidade tenha elevada probabilidade de sucesso, não devendo contudo ser menosprezados os testes prévios à entrada em produção.

A evolução da aplicação é feita com base em novas versões, disponibilizadas pelo fabricante. Para que tais funcionalidades sejam disponibilizadas para os utilizadores de cada empresa, ter-se-á que efectuar um processo de migração de versão.

Relativamente ao investimento inicial de uma implementação de pacotes configuráveis, verifica-se que o mesmo ainda é significativo, dado que se divide em três componentes, licenciamento de software, serviços de implementação e por último hardware, potencialmente fornecidas por também 3 diferentes entidades. Contudo, já existem entidades que providenciam as três componentes, podendo por esta razão reduzir o investimento inicial para o cliente com a vantagem para este de só existir um interlocutor. Apesar de grande parte das soluções para as solicitações dos utilizadores serem possíveis efectuar através da customização da aplicação, será sempre necessário um técnico para desenvolvimento de código, para, por exemplo, aplicações complementares à solução principal (satélites), interfaces, formulários, programas de migração de dados de outros sistemas, carregamentos de dados inicias, etc..

Resumindo:

Aspectos positivos:

— Implementações rápidas e seguras;
— Múltiplas opções de escolha em termos de implementador;
— Desenvolvimentos de novas funcionalidades relativamente rápidos e fiáveis;
— Custo de manutenção relativamente acessível com a vantagem de dar acesso a novas versões.

Aspectos negativos:

— Cobertura das necessidades de negócio de 60% a 90% dependendo do negócio;
— Investimento inicial não desprezável, tende no entanto a baixar;
— Necessidade de recorrer a desenvolvimentos satélites à aplicação, de forma a cobrir necessidades de negócio não suportadas pelo pacote.

3. A realidade actual

Os dois pontos anteriores tiveram como objectivo dotar o leitor dos dados necessários à correcta interpretação desta alínea.

Efectivamente verificou-se uma evolução extremamente significativa nos últimos 10 anos em termos de sistemas de informação e em particular dos ERP. A componente

ERP "pacote" verificou um crescimento absolutamente exponencial de instalações até 1999, tendendo neste momento para alguma acalmia, em particular porque neste momento a "nata" do tecido empresarial Português de média e grande dimensão, já instalou ou está a instalar um dos novos "pacotes" de software ERP disponíveis no mercado. Um dos factores comuns a grande parte das implementações anteriormente referidas, foi que as empresas, e em particular as respectivas administrações ou responsáveis pela área de sistemas de informação, optaram pelo "pior dos mundos"!!!!

O que significa o "pior dos mundos", é de que as empresas foram sensíveis às vantagens dos "pacotes" tendo decidido pela respectiva implementação, contudo durante a implementação e após a mesma trataram o dito "pacote" como uma aplicação desenvolvida a feitio.

As 4 figuras seguintes exemplificam de uma forma gráfica o que refiro anteriormente. Recorri a figuras de um puzzle de forma a facilitar a leitura. A primeira figura, mostra um Pacote Standard de forma quadrada com reentrância na parte superior. A reentrância referida, será o local onde futuras versões irão encaixar.

Na segunda figura é apresentado o Pacote Standard após ter sido sujeito a alterações de funcionalidade, as quais também originaram a alteração do encaixe de futuras versões.

Na terceira são apresentadas duas figuras que representam o Pacote Standard alterado (em baixo) e a nova camada de software que esteve na origem das alterações efectuadas ao standard (parte superior da figura). Uma outra característica da camada de software é que será através dela que se fará o interface entre o utilizador e o pacote Standard. A nova camada de software deverá à priori ter origem numa necessidade específica não suportada pelo Standard.

Uma das primeiras conclusões possíveis nesta fase é de que um *upgrade* de versão não estando comprometido, estará contudo dificultado. Uma solução para este problema seria tentar encontrar uma solução alternativa no standard (compromisso entre o negócio e aplicação), ou por outro lado desenvolver interfaces com aplicações externas que não alterem o standard.

O domínio da tecnologia de API – Application Program Interface é uma das soluções para o problema descrito, contudo só se encontra disponível nas versões mais recentes dos ERP´s actuais. De uma forma resumida as API são "portas" que permitem a utilização de transacções dos pacotes standard, por parte de aplicações externas. Esta situação faz com que os resultados obtidos sejam utilizados por outros sistemas podendo estes trabalhá-los da forma que entenderem e para os fins que necessitarem. Desta forma, a integridade dos dados do pacote standard manter-se-á salvaguardada. Por último é apresentada a figura em que o software standard funciona de uma forma integrada com uma nova camada de software, através de alterações efectuadas ao primeiro.

Gostaria de desde já realçar que nestas situações não existem verdades absolutas. Ou seja, que não pretendo dizer que alterações aos Pacotes Standard significa o fim destes, mas devem ser muitíssimo bem ponderadas as razões de tais alterações, analisadas alternativas e assumidas as consequências. Este tipo de avaliações devem envolver os responsáveis pela empresa, pois será a eles que os informáticos irão mais tarde solicitar, somas avultadas para processos de migração.

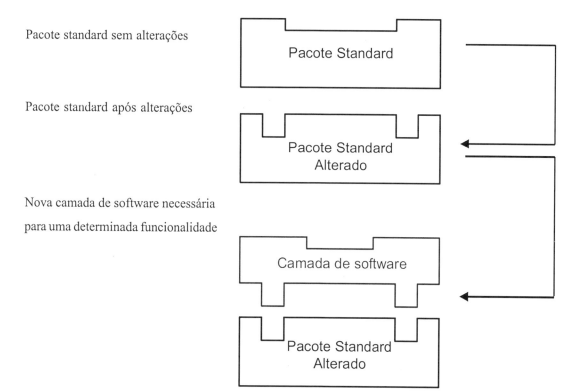

Camada de software adicional, integrado com o pacote standard através de alterações operadas neste.

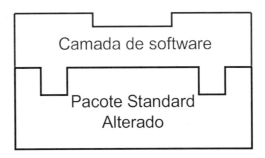

Em termos práticos, o que poderá ter acontecido foi que a reengenharia de processos fez-se, mas não se aplicou ou simplesmente não se fez. As razões para que tal tenha acontecido poderá ter sido, por exemplo, não ter havido vontade política dos órgãos decisórios das empresas de aceitarem compromissos entre as necessidades do negócio e as soluções informáticas. As empresas de consultoria que efectuaram as implementações, poderão não estar também isentas de responsabilidades, dado que deveriam ter alertado para as consequências de tais desenvolvimentos.

Conforme referido anteriormente determinadas alterações ao software standard, originam que perante novas solicitações dos utilizadores, e para as quais existem soluções no software de base, se tenha que efectuar desenvolvimentos de software em particular na camada já entretanto criada, dado que sem ela o utilizador deixaria de conseguir executar determinado conjunto de transacções (ver exemplo seguinte).

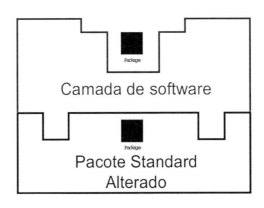

Este efeito bola de neve é na minha opinião extremamente grave, dado que penaliza fortemente a evolução das aplicações e por consequência a resposta dada pelos Sistemas de Informação às respectivas empresas. Um outro exemplo desta situação é o das migrações de versão. Conforme referi anteriormente, as migrações de versão permitem às empresas evoluir funcional e tecnologicamente, havendo ainda por parte dos fabricantes o compromisso de disponibilizarem as soluções para os requisitos legais de cada país ou globais em termos europeus como foi o caso do Euro. As novas versões são automaticamente disponibilizadas pelos fabricantes, ficando ao critério do cliente a altura em que pretende instalá-la. Se por acaso o cliente tiver efectuado alterações ao "pacote" standard, a nova versão deixará de encaixar, situação que requer significativos ajustes, tenham que ser feitos, existindo o risco de se perderem dados e ou funcionalidades.

Os dois puzzles seguintes mostram graficamente as dificuldades que as equipas de informática poderão encontrar em processos de migração de versão, caso se tenham efectuado alterações ao standard. Uma das soluções possíveis seria voltar a activar a versão original do software standard, instalar a nova versão deste, alterar a nova versão de forma a permitir activar de novo a camada de software anteriormente em funcionamento. Este conjunto de processo poderá significar um incremento significativo no tempo de migração de versão. Este tipo de migração requer a intervenção intensiva de técnicos de desenvolvimento de software, contrariamente a um processo de migração, sem que o standard tenha sido alterado.

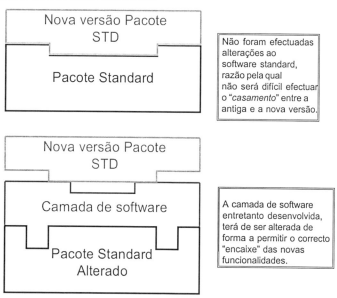

Os custos de manutenção e desenvolvimento bem como o número de recursos alocados a estas tarefas são muito maiores. O peso dos perfis de desenvolvimento nas equipas acentua-se. As tarefas de investigações de novas soluções nas novas versões da aplicação tornam-se impossíveis. As tarefas de suporte da aplicação absorvem quase 100% do tempo das equipas técnicas, em detrimento das tarefas de inovação e configuração de novas soluções de negócio (ver gráfico seguinte).

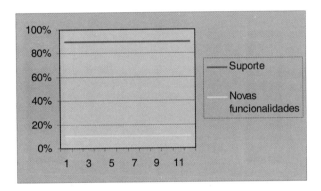

Técnicos de informática:
Comparativo da % de tempo dedicado a tarefas de suporte e tarefas de inovação, em ambientes informativos cujos sistemas ERP standard foram sujeitos a fortes desenvolvimentos.

Os problemas que anteriormente referi e que infelizmente afectam grande parte das empresas que nos últimos anos instalaram ERP´s, terão que ser rapidamente corrigidos de forma a permitir migrações para novas versões do software de base. Estas intervenções são fundamentais e urgentes, dado que mudanças profundas no funcionamento dos sistemas urgem ser efectuadas, por um lado para suportar o Euro, por outro lado para não perderem o comboio da evolução tecnológica. Alguns fabricantes de software estão desde há alguns anos a desenvolver soluções verticais para determinados negócios. A ver: Serviços, Telecomunicações, Distribuição, Logística, Saúde, entre outros.

Este tipo de soluções poderá fazer com que as empresas possam eliminar alguns sistemas obsoletos, centralizando num menor número de aplicações, reduzindo a diversidade de ambientes e rentabilizando os recursos. Todas estas situações terão que ser analisadas cuidadosamente pelos responsáveis pelo pelouro das tecnologias de informação, contudo terão que fazê-lo rapidamente dado que quando falamos de tecnologias de informação, *o que hoje é uma novidade, amanhã está obsoleto.*

4. Futuro

O futuro dos sistemas ERP será de certo diferente do que hoje se verifica. Conforme é referido no início deste documento, a maior parte das grandes empresas Portuguesas já efectuaram a migração dos seus sistemas para novos ERP's, restam as pequenas e médias empresas, (que em Portugal são efectivamente pequenas) as quais tal como as grandes também têm necessidade de sistemas de informação e em particular ERP's. Estas empresas têm as mesmas necessidades que as grandes contudo denotam uma hiper sensibilidade (para não dizer renitência) aos investimentos em sistemas de informação. O desafio será conseguir replicar o que foi sendo feito nas grandes empresas, e aplicá-lo nas pequenas com a dificuldade adicional, de tudo ter que ser feito em muitas simultaneamente. A solução para este problema, poderá passar por uma nova abordagem de implementação e utilização de software. O aluguer de software ou por outras palavras ASP – Application Service Provider. Dado se tratar de um tema recente que procura os primeiros clientes em Portugal, deixarei para outra oportunidade a análise detalhada desta matéria.

Relativamente ao futuro das outras famílias de produtos, CRM, DW, SFA, etc... considero que o mesmo será também ele risonho, dado que este tipo produtos nasce do avançado estado de amadurecimento dos ERP's e de por outro lado as empresas começarem a estar preocupadas com outro tipo de necessidades informáticas. A orientação para o cliente nas empresas, fará das aplicações CRM um investimento obrigatório para os fabricantes e um fruto apetecível para as empresas (clientes).

5. Conclusão

Este documento baseia-se na minha experiência pessoal, fundamentada em 11 anos de envolvimento directo em projectos de ERP's, e com responsabilidade directa da implementação dos sistemas ERP's de 3 operadores de Telecomunicações em Portugal. O que refiro neste documento baseia-se em casos reais, os quais ainda se mantêm em funcionamento, tendo tido a oportunidade de experimentar todas as diferentes abordagens de implementação de software que aqui refiro.

Gostaria também de realçar que cada caso é um caso, o que significa que por vezes a única solução possível é o desenvolvimento puro, enquanto noutro é uma solução mista (pacote standard mais desenvolvimento). O fundamental é a noção das consequências de cada uma das soluções possíveis.

Por último sugiro também que as empresas de uma determinada área de negócio que optem pela implementação de Pacotes standard, se unam em associações que efectuem a defesa dos interesses comuns, junto dos fabricantes de software. Esta abordagem tem-se mostrado lenta, contudo já foram possíveis identificar resultados destas acções, como é o caso do desenvolvimento de soluções verticais para determinados negócios. Para os próprios fabricantes esta é uma forma de sentirem o palpitar das empresas no que concerne ao funcionamento das respectivas aplicações. Existem portanto interesses convergentes dos clientes e fornecedores, sendo esta uma das melhores formas de garantir a correcta evolução das aplicações no sentido das necessidades dos clientes.

Pós-implementação ERP

Mário Pinto Ribeiro

PDSL - Papelaco Equip. para Teletrat. de Informação, S.A.

Este artigo incide principalmente na fase da Pós-Implementação, onde conseguimos, de certa forma classificar este Projecto, como uma implementação de sucesso. Este Case-Study que apresento é hoje uma realidade na Empresa PDSL-Papelaco.

A PDSL implementou um Sistema ERP em 1999, cuja implementação abrange as seguintes fases: Estratégia, Especificação, Planeamento, Organização, Configuração, Desenvolvimento, Migração, Testes, Formação, Arranque, Suporte e Pós-Implementação.

Estas fases, à medida que se foram concretizando, tornaram-se processos cíclicos, orientados para uma melhoria contínua e uma actualização tecnológica constante, mantendo o ciclo de vida do Sistema de Informação na fase mais longa, a Pós-Implementação.

Não é só na fase anterior à Implementação que detectamos:

— Falhas Organizacionais.

— Aplicações pessoais sem qualquer integração.

Na fase pós implementação é um risco não empreender esforços de melhoria contínua e uma dinâmica constante em alinhamento ao Negócio, pois caso a aplicação não acompanhe esta dinâmica, rapidamente florescem as aplicações paralelas e falhas nos Processos Organizacionais.

As Empresas que têm uma visão mais ampla deste fenómeno, serão as Empresas líderes do futuro, pois serão aquelas que conseguem agilizar e mudar os seus Recursos Empresariais de uma forma mais dinâmica, rápida e eficiente, assim como visionar como um todo o conjunto da informação integrada da Empresa.

Pretendo também apresentar ferramentas e métodos para suportarem e justificarem os valores do Retorno de Benefício uma metodologia dos Sistemas de Informação da PDSL e registos das diversas fases de auditoria.

Os Processos de Auditoria e Retorno de Benefício foram elaborados 3 meses após o Arranque da implementação nas Áreas de Logística e Produção.

Melhoria contínua, Comunicação e Suporte, Auditar Processos, Indicadores e Sistema, Evolução Tecnológica, Objectivos Tangíveis e Intangíveis, Brainstorming, Acções correctivas, Métricas do Negócio, Retorno de Benefício.

1.   **Pós-Implementação**

1.1.   **Como garantir a continuação de resultados e a melhoria contínua.**

    1.1.1.   **Implementar estrutura de apoio.**

Após a implementação e o arranque do Sistema, a Direcção de Sistemas de Informação reformulou a sua estrutura de pessoal ao criar

➤ *Consultor de Área.*

Com funções e responsabilidades bem definidas no apoio operacional, junto das respectivas Áreas, na fase pós-implementação, com capacidade de acompanhamento permanente, junto dos utilizadores.

➤ *Suporte tecnológico*

O Administrador de Sistema e os Técnicos de Micro-informática, tiveram particular atenção aos constrangimentos peculiares de um arranque sem percalços, nomeadamente garantirem prontidão no suporte imediato de configuração de Impressoras, definição de Acessos, óptima gestão de rede sem qualquer estrangulamento de tráfego. Pois identificámos que alguns utilizadores reagiam negativamente atribuindo responsabilidades de desempenho ao ERP, aquando da ocorrência de pequenas anomalias exógenas ao próprio ERP.

    1.1.2.   **Envolvimento dos elementos operacionais.**

➤ *Deve-se envolver os elementos operacionais em conjunto com os consultores internos, no apuramento dos resultados práticos.*

Neste aspecto a colaboração e empenho dos responsáveis das Áreas Logística, Produção e Financeira foi fundamental para o envolvimento dos utilizadores-chave em conjunto com os Consultores de Área, no apuramento dos resultados práticos.

➤ *Compreender a evolução dos processos face ao negócio.*

Os utilizadores foram instruídos, através de sessões de *"Brain-Storming",* para participarem e colaborarem nas sugestões de evolução dos processos. Sem esta colaboração, o Sistema ERP rapidamente torna-se um componente difícil de configurar, se não acompanhar a evolução do Negócio.

1.1.3. Auditorias aos procedimentos.

➤ *Auditar o Sistema e os processos com dados concretos definidos na fase de especificação conjunta com os utilizadores.*

A ferramenta de Especificação de Macro Indicadores, elaborada na fase de Especificação, ilustra apenas alguns exemplos utilizados no Projecto de Controlo de Existências. Estes indicadores são obviamente controlados e testados durante a fase de implementação, mas servem também de suporte para as auditorias ao Sistema e Processos, para aferir os níveis de sucesso na fase da pós-implementação.

Estes objectivos são claramente definidos, para apurar duas situações, se se cumpriu a implementação dos referidos indicadores e qual o nível de exequibilidade na fase pós-implementação.

Especificação de Macro Indicadores

Indicador	Objectivo	Presente	Futuro
Logística			
Controlo de Existências	Controlo de Stocks on-line	**Não Disponível**	Controlo On-line **Stock Físico = Stock Sistema**
Produção			
Definição de prioridade de abastecimento	Manter planeamento de rotas de produção	**Não Disponível**	Abastecimento conforme necessidade de Produção
...	...	...	...

Fluxo de um Processo Funcional

Este Processo é um dos exemplos dos processos funcionais que foram definidos e desenhados, na Implementação do ERP na PDSL-Papelaco. Garante à Equipa de Projecto, uma definição clara das actividades operacionais que devem estar alinhadas com a realidade do Negócio, assim como o mapeamento das funcionalidades do Sistema de Informação.

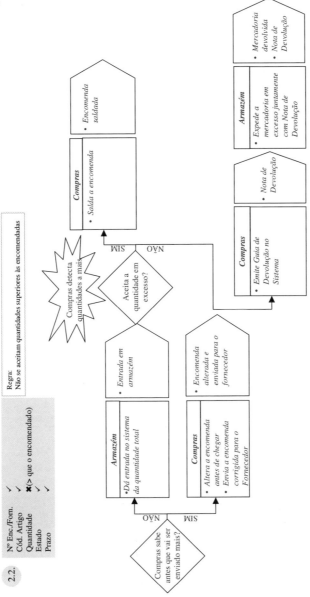

(Processo de Recepção de artigos no Armazém)

1.1.4. Acções Correctivas aos desvios.

➤ *Definir e implementar acções correctivas imediatas – ERP e funcional.*

Através de um relatório de auditoria, conseguimos identificar os constrangimentos e/ou actividades do processo não implementadas correctamente, permitindo desde logo, sugerir uma acção correctiva ou ao Processo, ou automatizando validações no ERP através de parametrização. Reflectindo de imediato aos utilizadores o impacto global ao nível Organizacional e de Sistemas de Informação.

PROCESSO	ACTIVIDADE	RESPONSAVEL	OBSERVAÇÕES
Recepção	Consulta de Encomendas c/quantidades pendentes	Gestão de Stocks	Aprovado
	Regra: Não Aceitar quantidades superiores ás encomendas	Armazém	Parcialmente Aprovado
	Recebe quantidade total – Entrada em Armazém	Armazém	Parcialmente Aprovado
	Decisão: Aceita Quantidade em Excesso	Compras	Parcialmente Aprovado
	Sim Salda a encomenda	Compras	Verificou-se que as encomendas por vezes não são saldadas por incumprimento da Área de Armazéns ao não respeitar a Regra
	Não Emite Guia de Devolução	Compras	Parcialmente Aprovado
	Expedição de mercadoria em excesso	Armazém	Parcialmente Aprovado

1.1.5. Análise de Feedback dos utilizadores.

➤ *Disponibilizar mecanismos de feed back dos utilizadores para sugestões de melhorias.*

Através do Correio Electrónico qualquer utilizador tem acesso a divulgar as suas sugestões de melhoria, face aos processos e/ou solicitar Informação que queira disponibilizada no Sistema ERP.

➤ *Analisar, comunicar e encetar acções a curto prazo.*

A nossa metodologia, requer por parte do Departamento de Sistemas de Informação uma análise, resposta e acção de melhoria rápida e eficaz. Neste sentido é essencial manter um bom relacionamento e canal de comunicação privilegiado com o fornecedor da aplicação, pois algumas alterações sugeridas, não dependiam directamente da Equipa de Sistemas.

1.2. Quais os pontos orientadores da gestão pós-implementação.

1.2.1. Estrutura Organizacional

➤ *A maioria das Empresas assume os Projectos de ERP como temporários.*

Na PDSL, a estratégia foi de consolidar a estrutura para garantir uma melhor eficácia na resolução de potenciais falhas, assim como manter uma monitorização permanente dos Processos do Negócio face aos Sistemas de Informação.

1.2.2. Conhecimento dos Processos

➤ *Identificar se a Gestão Funcional está mais orientada para os processos.*

Na PDSL verificámos esse fenómeno, quando efectuámos uma análise exaustiva com os Directores das Áreas da Logística, Produção e Financeira. Deparámos com um forte entrosamento transfuncional entre as respectivas áreas, concluindo assim que estava de facto assimilado o espírito de integração global.

1.2.3. Infra-estrutura do ERP

➤ *Planos para expandir as funcionalidades do sistema ERP*

Elaborar uma estratégia de evolução tecnológica, em conjunto com o fornecedor do ERP, para determinar novos planos de investimentos com equipamentos adequados à performance e nível de serviço pretendido com o ERP, nomeadamente:

- o *Mais Servidores*
- o *Maior capacidade de Impressão*
- o *Melhorar a performance de processamento*
- o *Integração de novas tecnologias*

1.2.4. Reciclagem permanente

➤ *Formação aos operacionais dos processos face ao ERP.*

➤ *Implementar melhorias do ERP, em áreas funcionais (novas versões, funcionalidades, etc..).*

➤ *Pesquisa constante das tecnologias de integração, de forma a flexibilizar e integrar o ERP, com outras aplicações específicas ao Negócio. Neste contexto, a PDSL, desenvolveu internamente algumas aplicações específicas com interfaces ao ERP.*

1.2.5. Formação

➤ *A formação dos utilizadores é orientada para o negócio (e não simplesmente saber operar com a aplicação).*

Periodicamente, na PDSL, são programadas formações de reciclagem, para manter o conceito de integração e conhecimento.

1.2.6. Utilizador Chave

➤ Apoiar o utilizador chave nas suas novas funções:

Na metodologia dos Projectos de implementação na PDSL, o Utilizador-Chave é um elemento operacional inserido na Equipa de Projecto. Este elemento garante:

o   *A melhoria contínua.*

o   *Formação de novos elementos.*

o   *Interface com os Sistemas de Informação*

o   *Identificação de novas oportunidades, nas Áreas Operacionais*

o   *Suporte de 1ª linha*

1.3. Como determinar e classificar o Retorno de Benefício do sistema ERP na PDSL-PAPELACO.

1.3.1. Identificação das Áreas Funcionais com maior índice de Retorno de benefícios.

➤ *Definir e identificar quais as áreas consideradas mais críticas em termos de Sistemas de Informação.*

Foram identificadas as Áreas da Logística e Produção, como sendo as mais críticas do ponto de vista de maior risco de aceitação, participação e implementação de um Sistema de Informação, para uma potencial relevância no apuramento do retorno de benefício na operacionalidade da Empresa.

Como chegámos a essa conclusão ?

Através de uma tese desenvolvida internamente na PDSL pela Direcção de Sistemas de Informação.

Definimos Parâmetros Dependentes e respectivas escalas. Considerámos que a Empresa com os Parâmetros Dependentes teria uma forte influência directa, através de directivas estratégicas, ao invés dos Parâmetros Independentes onde a Empresa tem influência indirecta.

Os factores, escalas e ponderadores foram definidos pelos Sistemas de Informação com base na experiência da simbiose Processos/Sistema/Recursos, que reflectem na implementação de um ERP.

Escalas Parâmetros Dependentes

Escalas Parâmetros Independentes

Factores	Significado	Escala
Impacto	Qual o impacto que o objectivo infere nos componentes	1 baixo 10 alto
Capacidade	Qual a escala de capacidade empreendida para atingir o objectivo	1 baixo 10 alto
Utilização	Qual o grau de utilização dos componentes	1 baixo 10 alto
Adaptabilidade	Qual o nível de adaptação a novos objectivos ou modificações de estratégia	1 baixo 10 alto

Nº Funcionários	Ponderador
10 a 20	3
20 a 50	4
50 a 100	5
100 a 200	6
200 a 300	7
> 300	10

Cultura	Ponderador
Conservadora	10
Familiar	8
Industrial	6
Participativa	4

Média Etária	Ponderador
20 a 25	2
30 a 35	4
35 a 45	6
> 45	10

Formação	Ponderador
Superior	2
Secundária	6
Básica	8

Estrutura	Ponderador
Industrial	8
Matricial	6
Horizontal	4

Expectativa	1 - Baixo / 10 - Alto

1.3.2. Métricas do Negócio

➤ Os seguintes indicadores foram definidos pelos Sistemas de Informação em conjunto com as Áreas Operacionais. Pretendia-se aferir no final da implementação um conjunto de resultados com base nos indicadores e objectivos especificados. Reflectindo, o impacto matricial que os componentes nucleares - Processo, Sistema, Recursos, têm sobre os indicadores, factores e objectivos.

Médias Indicativas dos Indicadores Independentes e Dependentes

Cálculo das médias indicativas das Métricas do Negócio:

Max = *(Valor máx. da escala de parâmetros dependentes)*(nº de Indicadores da métrica do negócio)*(nº de factores dos parâmetros dependentes)* = **10*6*4**

Med = *(Valor med. da escala de parâmetros dependentes)*(nº de Indicadores da métrica do negócio)*(nº de factores dos parâmetros dependentes)* = **5*6*4**

Macro		Componentes			
Indicador	Objectivo	Recursos	Sistema	Processo	Factores Beneficio
Competitividade	Quota de mercado, aumento de vendas				
		1	1	1	Impacto
		1	1	1	Capacidade
		1	1	1	Utilização
		1	1	1	Adaptabilidade
Performance finaceira	Rentabilidade, Lucro, Estrutura capital, Custos				
		8	6	6	Impacto
		6	8	6	Capacidade
		8	6	6	Utilização
		8	8	8	Adaptabilidade
Qualidade do Serviço	Fiabilidade, Competência, Disponibilidade, Resposta, Segurança, etc..				
		8	4	6	Impacto
		9	6	8	Capacidade
		9	6	6	Utilização
		8	5	6	Adaptabilidade
Flexibilidade	Adaptação, Especificação, Volume, Entrega, etc...				
		8	5	5	Impacto
		9	6	6	Capacidade
		6	8	8	Utilização
		6	8	8	Adaptabilidade
Utilização de Recursos	Produtividade, Eficiencia,etc...				
		9	8	8	Impacto
		9	7	8	Capacidade
		9	8	8	Utilização
		6	8	6	Adaptabilidade
Inovação	Produto, Processo, Individual, etc..				
		1	1	1	Impacto
		1	1	1	Capacidade
		1	1	1	Utilização
		1	1	1	Adaptabilidade
	Total	35	25	27	Impacto
	Total	35	29	30	Capacidade
	Total	34	30	30	Utilização
	Total	30	31	30	Adaptabilidade
	Total Geral	**134**	**115**	**117**	

Min = *(Valor min. da escala de parâmetros dependentes)*(nº de Indicadores da métrica do negócio)*(nº de factores dos parâmetros dependentes)* = **1*6*4**

Cálculo das médias indicativas dos Indicadores Independentes:

Max = *Soma dos ponderadores máximos dos parâmetros independentes (nº de funcionários + Média Etária + Expectativa + Formação + Estrutura + Cultura)* **56**

Med = *Soma dos ponderadores médios dos parâmetros independentes (nº de funcionários + Média Etária + Expectativa + Formação + Estrutura + Cultura)* **36**

Min = *Soma dos ponderadores mínimos dos parâmetros independentes (nº de funcionários + Média Etária + Expectativa + Formação + Estrutura + Cultura)* **16**

Indicadores Independentes

Max	56
Med	36
Min	16

Médias Indicativas das Métricas do Negócio 6

Max	240
Med	120
Min	24

1.3.3. Retorno de Benefício

Áreas	Nº de Funcionários	Formação Maioritária	Média Etária	Estrutura Organizacional	Cultura	Expectativa do Benefício	Total	Parâmetros Dependentes			Retorno de Benefício
								Recursos	Sistema	Processo	
								134	115	117	
Produção	5	6	4	8	6	7	36	170	151	153	**127,5**
Logistica	3	6	2	8	10	7	36	170	151	153	**127,5**
Desenvolvimento	5	2	2	8	4	3	24	158	139	141	115,5
Financeira	3	6	2	6	8	3	28	162	143	145	119,5
Assistência Técnica	3	2	2	8	4	3	22	156	137	139	113,5
						Média	29,2				

Tabela 1

O total da pontuação das escalas da (**Métrica do Negócio**), MN = **134, 115, 117,** somado à pontuação dos indicadores (**Parâmetros Independentes**) que dá um indicador por Área Operacional,

Média Indicativa

Produção	170	151	153	**120**
Logística	170	151	153	
Desenvolvimento	158	139	141	
Financeira	162	143	145	
Assistência Técnica	156	137	139	

Tabela 2

é depois comparado com as médias indicativas dos indicadores, determinando assim o grau de retorno de benefício da implementação do ERP. Como poderemos observar na Tabela 2, obtemos valores por Área, superiores à **média indicativa de 120 pontos.**

Conclusão

Nas Áreas da Produção e Logística onde incidiu a implementação foram as que tiveram um Retorno de Benefício médio de 127,5 superior à média ponderada de 120 Ver (Tabela 1).

Concluindo assim que houve no espaço de 3 a 6 meses após a implementação na PDSL-Papelaco, um claro Retorno de Benefícios, sobre Factores Tangíveis (Sistema, Processos) e Intangíveis (Recursos).

Simbiose da empresa com os seus Sistemas de Informação

António Jorge de Almeida Nunes
Procensus - Consultores em Sistemas de Informação, S.A.

A implementação de um sistema ERP começa muito antes da fase que habitualmente se chama de implementação; começa com a própria escolha do software mais adequado à empresa utilizadora. Por outro lado, a implementação é uma tarefa que exige uma atenção contínua que ajuste constantemente o ERP às alterações de negócio da empresa. Neste artigo são abordados vários momentos da instalação de um novo sistema ERP, desde a escolha até ao pós-instalação e consequente manutenção. Sem terem sido utilizadas referências directas, todos os pontos analisados têm como base casos reais de implementação de sistemas ERP de vários tipos.

Expectativa, selecção, atraso, segmento, fases, solução, implementação, funcionalidades, evolução, e-business.

Introdução

Sistemas ERP

É normal falar-se no papel que os sistemas de informação representam nas empresas e na consequente importância que estes têm para as mesmas empresas. Os sistemas de informação são considerados como elementos cruciais para a sobrevivência das empresas e uma das chaves para a sua competitividade. Assim, quando a empresa decide organizar-se ou reorganizar-se, para melhorar os seus processos têm normalmente como objectivos um melhor controlo dos seus processos para que seja mais competitiva, podendo não só prestar um melhor serviço aos seus clientes e parceiros como também reduzir custos desnecessários. Paralelamente à estruturação dos processos há normalmente que considerar também alterações na infra-estrutura que suporta o fluxo de informação ou seja a base tecnológica e aplicacional. As empresas que usam um leque alargado de aplicações as quais são por vezes isoladas ou quando integráveis exijam um grau de intervenção manual elevado, optam por substituir o núcleo de sistema de apoio à gestão por sistemas integrados e de geração mais actual. É neste momento que entram os sistemas ERP[1] para permitir uma cobertura alargada das funções nucleares da gestão das empresas. Esta é uma referência às funções de gestão financeira e contabilidade, processamento de salários e facturação. Para lá destas áreas que são necessidades de todas as empresas, embora com variações devido a especificidades de cada empresa, existem necessidades que advém do sector de actividade em que a empresa se insere. Por exemplo, uma empresa de construção civil tem necessidades específicas de gestão de obras que, por exemplo, um supermercado não tem.

Neste artigo serão abordados os sistemas ERP do ponto de vista da sua implementação nas empresas relativamente a algumas considerações que estas deverão ter durante este tipo de processos. A literatura que se encontra normalmente é parca em situações que precedam ou que sejam posteriores à fase de implementação propriamente dita deste tipo de sistemas. Encontra-se facilmente bastante material de qualidade a abordar as metodologias de realização de projectos de implementação de sistemas ERP, mas encontra-se muito pouco sobre todos os procedimentos que os antecedem. Neste artigo, e apesar de não ser feita propriamente uma análise de casos, são feitas algumas considerações para as três grandes fases do ciclo de vida de um sistema de informação, baseadas de algum modo em casos concretos. Assim, os diversos pontos serão abordados neste artigo sem a preocupação de entrar num grau de detalhe técnico demasiado pormenorizado.

---

[1] *Enterprise Resource Planning*

Factores evolutivos

Existem no mercado já há diversos anos sistemas ERP que, suportados sobre diversas plataformas, têm tido uma evolução em que tendencialmente é feito um alargamento a diversas áreas das empresas. Após a satisfação das necessidades nucleares de qualquer empresa, como já referido, estes sistemas têm vindo a alargar o seu leque de funcionalidades tornando-o cada vez mais abrangente. Há muito poucos anos atrás encontravam-se produtos ERP de desenvolvimento internacional e nacional que não integravam por exemplo funcionalidades essenciais como o processamento de salários. Hoje em dia é quase impensável que um sistema ERP não integre este tipo de funcionalidades. Pode-se facilmente concluir que os sistemas ERP são pacotes de *software* muito completos em termos do leque de funcionalidades que permitem. Têm ainda uma característica muito importante que é o elevado grau de integração destas funcionalidades. Permite-se assim ganhos ao evitar a re-digitação de informação bem como ganhos por ter a informação actualizada e sincronizada entre as várias áreas funcionais da empresa.

A evolução das tecnologias de informação, tanto na vertente dos equipamentos e co-municação, como a nível dos conceitos de bases de dados, auxiliaram de algum modo alguma massificação na utilização dos ERP. Assim, se numa fase inicial os ERP se desenvolveram no sentido de uma cada vez maior abrangência das suas funcionalida-des, com o consequente desenvolvimento da sua fiabilidade e facilidade de utilização, passou-se mais recentemente a assistir a uma evolução de outros tipos de produtos que vêm completar a oferta dos ERP. Falamos agora de sistemas CRM[2], sistemas orientados para o *e-business* e outros como sistemas GIS[3] e *data warehouse*. O êxito destes diversos tipos de sistemas está muito ligado à sua integrabilidade entre eles bem como a sua integrabilidade com os sistemas ERP.

---

[2] *Customer Relationship Management*

[3] *Graphical Information System*

O momento actual

Este é um ponto em que qualquer coisa que se escreva ficará rapidamente desactualizada. Contudo mesmo apesar deste risco poderemos perfeitamente afirmar que se está neste momento a assistir ao *boom* do *e-business* e dos sistemas CRM. Será assim, neste cenário de mudança, pertinente abordar o assunto dos sistemas ERP?

Após contactar com as necessidades de muitas empresas, de dimensões grandes, médias e até pequenas, constata-se haver ainda muito a fazer no campo dos sistemas ERP. Não só os sistemas ERP têm um terreno enorme para evoluir como de facto muitas empresas não utilizam ainda correctamente os seus ERP. Também muitas empresas utilizam sistemas que são desadequados para a sua dimensão ou para a sua área de negócio. Por estranho que possa parecer a alguns de nós ao ler este artigo, há ainda neste momento empresas que não controlam de um modo eficiente algo que por ser tão essencial poderemos quase classificar como elementar que são os seus *stocks*. Após os JIT[4], os MRP[5] e todos os conceitos imediatamente implementados pelos ERP, existem empresas que não conseguem saber o valor real do seu *stock*; ou que não conseguem determinar de um modo minimamente fiável indicadores tão importantes como sejam a rotação e o *stock* morto.

Por vezes os sistemas ERP utilizados são adequados à empresa e ao seu negócio, havendo contudo problemas básicos a nível de organização que não permitem tirar partido do seu potencial. Estes sistemas necessitam de ser alimentados atempadamente com a informação correcta. Ao faltar informação nesta cadeia de alimentação, ou se esta for errada, as consultas e pesquisas que se possam efectuar estarão necessariamente deturpadas. Encontram-se por vezes alguns utilizadores que criam análises com base em folhas de cálculo para tratar a informação que obtém do ERP. Este processo tem o risco da informação não estar sincronizada com a base de dados perden-

---

[4] *Just In Time*

[5] *Materials Requirement Planning*

do-se assim um elemento chave que é a "actualidade da informação". Há contudo que ponderar: Se a informação que está a ser analisada não for muito volátil, considerando que as folhas de cálculo possam ser mais flexíveis, continuam estas últimas a ser um instrumento importante de análise. Contudo, se a quantidade de transacções é elevada, o ERP deverá conter ferramentas poderosas e suficientemente flexíveis para substituir as folhas de cálculo com vantagem.

Focando o caso do *e-business* que regista crescimentos elevados, há que considerar que, embora haja empresas que implementam o *e-business* como mais um canal para colocação dos seus produtos ou para trocar informação com os seus parceiros comerciais, existem neste momento muitas empresas criadas para efectuar negócios apenas neste tipo de canal. Também estas empresas, tal como constroem a face visível para o mundo através da sua presença na Internet, terão de acompanhar obrigatoriamente este processo com a implementação de um ERP.

Considere-se como exemplo o caso de uma empresa que efectua operações logísticas usando a Internet. Este é o canal de diálogo que tem com os seus clientes utilizando mecanismos de *e-business*. Esta empresa continua a ter a necessidade de um sistema ERP para a sua contabilidade, que auxilie nas tarefas de facturação e análise de resultados e custos. Estas são de algum modo áreas administrativas. Também a gestão dos produtos dos clientes que estejam no seu armazém será efectuada com o sistema ERP.

Segmentos de mercado

É possível fazer várias segmentações das empresas que de um modo horizontal poderão ser classificadas através da sua dimensão económica. Embora este não seja o único critério é contudo uma boa aproximação e é utilizado frequentemente. Podem-se considerar três grandes segmentos:

As empresas grandes, as médias e as empresas pequenas. Esta divisão é demasiado abrangente pelo que estes segmentos são habitualmente subdivididos. Qualquer que seja contudo a subdivisão encontram-se sistemas ERP que, por diversos motivos, se concentram em determinados segmentos. Normalmente os ERP que se encontram no segmento das pequenas empresas não se encontram nas grandes e vice-versa. Embora cada vez mais, e isto é bastante visível no nosso país, o que poderemos classificar como duas gamas de produtos tendam cada vez mais a encontrar-se. Isto é, os produtos ERP até agora usados em empresas de menor dimensão estão a evoluir para que possam ter funcionalidades atractivas para as empresas com mais dimensão. Os ERP até agora usados em empresas de grande dimensão tendem a chegar ao mercado de empresas mais pequenas. O que é conseguido através de políticas de licenciamento apropriadas e da flexibilização da sua configuração e utilização.

Também é fundamental uma segmentação vertical para que se possam agrupar necessidades que são comuns a uma determinada área de actividade. Um ERP que seja "generalista" terá de ser de alguma forma complementado para que possa por exemplo ser utilizado por uma indústria petrolífera.

A implementação de um sistema ERP

A implementação de um ERP numa empresa recém criada não encontra as mesmas dificuldades de uma implementação que mude o seu sistema. Neste último caso a mudança encontra tipicamente resistências dentro da empresa. E não pensemos que a resistência está apenas nos utilizadores finais. Também está, mas são as pessoas envolvidas directamente no processo que criam as primeiras resistências. Os utilizadores virão depois!

O processo de mudança exige um projecto em que, de acordo com a dimensão da empresa, são envolvidas várias equipas onde se encontram competências distintas. Há assim uma estruturação da equipa de projecto que obriga a um esforço de coordenação que não deve ser evitado. A fórmula que se tem revelado mais eficaz é uma dupla de coordenação com um colaborador de cada uma das empresas intervenientes no processo de implementação: O utilizador do ERP e o implementador.

Importância da empresa

A importância da empresa para o seu sistema de informação está na sua utilização correcta, e na sua melhoria constante. Sem uma atenção permanente o sistema de informação torna-se um elemento moribundo deixando de ter pouca utilidade para esta. Deixa assim de cumprir a sua função e o que deverá ser uma simbiose revela-se um problema de dois gumes pois a própria empresa é afectada.

A Escolha

Expectativas

À escolha do ERP adequado têm sido dedicadas poucas linhas na literatura. Mas é nesta fase que se encontram as duas entidades intervenientes que são a empresa que procura o sistema mais adequado às suas necessidades e por outro lado encontram--se as empresas que são especialistas na implementação de sistemas ERP. De um modo genérico pode-se dizer que se encontram o comprador e os vendedores. O processo de compra e venda neste campo não é nada trivial. Os produtos envolvidos são complexos e o grau de serviço necessário é muito elevado.

Quais as minhas expectativas quando inicio este processo de escolha de um ERP? Estas expectativas terão de conter não só o que será normal que qualquer produto tenha (área financeira, processamento de salários, facturação e outros), como terá de contemplar expectativas diferenciadoras. De acordo com as expectativas poder-se-á elaborar uma matriz para classificar e ponderar as características consideradas determinantes para a avaliação:

Características		Pontuação			Ponderação
		A	**B**	**C**	
● **Características Gerais**					
	Preço	1	2	3	2
	Facilidade de Uso	3	3	4	1
	Curva aprendizagem	3	4	2	1
	Tempo de implementação	2	3	4	2
	Custos de manutenção	4	2	5	2
		20	**21**	**30**	
● **Financeiro (funcionalidade)**					
		23	**26**	**21**	
● **Compras**					
		20	**24**	**27**	
● **RH**					
		15	**17**	**15**	
● **Empresa implementadora**					
	Experiência em projectos similares	3	2	3	2
	Consultores mais experientes	2	3	3	2
		10	**10**	**12**	
	TOTAIS:	**88**	**98**	**105**	

Foi considerada uma pontuação de 1 a 5 numa ordem crescente o que simplifica a classificação visto ser uma escala a que já estamos habituados. Para simplificar o factor de ponderação este foi considerado apenas em dois níveis: 1 ou 2. No caso ilustrado a empresa C será a que estará melhor posicionada para responder às expectativas colocadas na coluna de características avaliadas. Para se conseguir ter uma percepção melhor das diferenças poder-se-á ampliar ligeiramente o factor de ponderação para por exemplo 3 níveis correspondendo assim a uma relevância baixa (1), média (2) e alta (3).

Esta grelha tem um *mix* de características: características do sistema e características da empresa que concorre à implementação. Assim nas colunas de pontuação (A, B e

C), vai-se classificar e pontuar a mistura destes dois factores. Esta é a situação mais real quando se escolhe um sistema ERP. Mesmo que seja avaliada a mesma empresa concorrendo com sistemas diferentes (em colunas diferentes) poderá chegar-se a uma pontuação diferente (o que será mais natural). Um factor que é normalmente dos mais decisivos para a decisão é o *know-how* que existe no país para a implementação de uma solução e posterior manutenção. Assim, além da segurança de todo o processo, diminui-se consideravelmente a dependência relativamente à empresa que faz a implementação. Existem no nosso país, e noutros concerteza, muitos casos em que uma empresa que faz a implementação de um ERP, não é a mesma empresa que posteriormente colabora na manutenção do mesmo. Por um lado o cariz da implementação é diferente do da manutenção e pode-se dizer que algumas empresas estão focadas em implementações enquanto que outras se dedicam mais à manutenção. Por outro lado há um certo desgaste no processo de implementação em que por vezes é necessário tomar algumas decisões menos "populares".

Arquitectura

A informação dada pela grelha apresentada é uma informação de síntese que terá obviamente que estar devidamente suportada e documentada. O que se poderá cha-mar de "Arquitectura global da solução" é uma peça importante para a comparação suportada pelo quadro anterior. As necessidades da empresa poderão levar a um con-junto de expectativas que ultrapassem as funcionalidades normalmente encontradas em sistemas ERP devendo por isso ser complementadas por outro tipo de aplicações. Assim cada solução identificada nas colunas em A, B e C tem subjacente uma arqui-tectura em que surja adicionalmente ao sistema ERP sistemas de CRM, Data *Wharehouse* ou outros que sejam específicos como são por exemplo módulos de integração com relógios de ponto.

Fases na escolha

Todo este processo de escolha, como já vimos, não só do produto mais adequado como da empresa mais adequada para a implementação, é realizado em várias fases ou etapas donde se podem destacar as seguintes como ilustrando razoavelmente este processo. Contudo, e antes de avançar com este *"procurement"*, há que identificar as necessidades da empresa, tanto a nível geral como ao nível de detalhe das necessidades mais críticas.

Processo de aproximação e conhecimento mútuo para um dimensionamento com o mínimo risco para ambos interlocutores	*INICIAL - É obtido pela organização o conhecimento genérico dos produtos e empresas reconhecidas no mercado. Toma-se conhecimento de experiências similares e de métodos de "pricing". Comparando com um processo de recrutamento, esta fase é semelhante à análise curricular de candidatos. Aqui é feita a primeira triagem.*
	GERAL - Contacto com os vários produtos ainda numa perspectiva genérica. Assiste-se a demonstrações e workshops genéricos.
	DETALHE - Após seleccionar dois ou três produtos e empresas, faz-se o "benchmarking" de acordo com uma grelha, tal como já referido. O contacto é aprofundado sendo finalmente detalhado o nível de análise dos produtos e empresas concorrentes.

Durante este processo de escolha é efectuado o dimensionamento de todo o projecto e também das fases que o seguem. A própria pós-implementação, em que se inicia a manutenção do sistema é dimensionada. Neste caso ainda sem muito detalhe, pois o conhecimento das necessidades de manutenção irá sendo determinado ao longo do processo de implementação. No limite, as necessidades de manutenção e o seu consequente dimensionamento serão determinadas no final do projecto.

Assim esta fase de escolha, que é por vezes considerada como "menor" no processo de implementação, é contudo muito crítica. As decisões tomadas vão influenciar todas as restantes fases. A análise dos curricula dos participantes é também ela fundamental pois mesmo após a escolha estar já feita é fundamental garantir a equipa mais adequada. A constituição da equipa de projecto trás normalmente a necessidade de assumir algumas soluções de compromisso. A empresa seleccionada para a implementação estará também empenhada em outros projectos e noutros clientes pelo que não poderá disponibilizar apenas os seus colaboradores mais experientes. Por outro lado a disponibilidade de colaboradores internos para o projecto tem dificuldades de certo modo semelhantes pois as pessoas terão de largar as suas tarefas habituais e portanto terão de ser substituídas nessas tarefas. Pelo menos serão parcialmente substituídas. Tanto de um lado como de outro, é crítico garantir os melhores colaboradores, os que conhecem melhor o negócio, os mais dinâmicos.

Fazendo uma pequena referência aos aspectos de custos do projecto, existem hoje em dia, não só subsídios a que se poderá recorrer, mas sobretudo esquemas de financiamento que cobrem não apenas o *leasing* de *hardware* e *software* mas que permitem também de um modo relativamente simples financiar a própria componente de serviços de implementação. Estes esquemas de financiamento poderão tornar acessível a algumas empresas a implementação de um sistema de que necessitam com um esforço financeiro que não é efectuado de uma só vez, normalmente durante a implementação, amortizando os custos totais durante um período relativamente alargado, tipicamente 3 a 4 anos.

Os sistemas ERP, CRM e outros são actualmente de uma complexidade elevada. As suas funcionalidades são bastante alargadas; por sua vez as empresas são também elas complexas, é assim por sua vez muito difícil reflectir em termos de uma proposta ou de um contrato toda a informação acerca do que se vai implementar sendo completamente exacto nesta matéria. Apenas no final do projecto se conhecerá em detalhe esta matéria a qual deverá também estar documentada. Assim tanto a empresa cliente como a empresa implementadora terão de ter a mente aberta para decisões de pormenor que não estarão necessariamente reflectidas numa proposta ou num contrato.

A Implementação

Identificação de requisitos

A implementação do sistema ERP segue uma metodologia que seja adequada e que deverá ter em consideração o tipo de ERP e o tipo de implementação. As metodologias também diferem de acordo com o objectivo: Para uma implementação nova, em que se substitui ou instala o ERP, ou para um projecto de migração, as metodologias usadas são naturalmente diferentes, se não em termos das grandes fases sem dúvida já a nível de detalhe. Seja qual for a metodologia adoptada, é necessária uma identificação dos requisitos do sistema a implementar, agora no detalhe, para que as necessidades e expectativas da empresa e seus utilizadores possa estar perfeitamente contemplada no sistema a implementar.

O termo implementação é normalmente usado neste texto com um significado lato envolvendo todos os passos, de acordo com uma metodologia, que englobam a configuração, a programação, o treino de utilizadores, a documentação, a instalação do *software* e infra-estruturas, e todas as tarefas necessárias para que no final se obtenha como produto último um sistema de informação que possa ser usado em produtivo na empresa.

A identificação de requisitos e a sua análise orientada para o ERP escolhido vão permitir balizar o resultado final da implementação. Constituem assim a base para uma métrica de aderência do ERP às necessidades da empresa.

Faseamento da implementação

De acordo com a dimensão das necessidades, o que está muitas vezes também relacionado com a dimensão da empresa, há por vezes que optar por fasear a implementação. Este faseamento poderá ser decidido tanto pelo motivo de fasear os custos da implementação como pela necessidade de fasear o próprio impacto da implementação. Este faseamento poderá ser necessário devido à curva de aprendizagem dos utilizadores no novo sistema, a questões orçamentais, ao risco que um *big-bang* poderá trazer ao negócio, a questões de *timing* para implementar um núcleo base de funcionalidade. Como os sistemas ERP têm um grau de integração muito elevado, há sempre que considerar que, ao efectuar a sua implementação em fases, haverá um esforço adicional ao encontrar modos de contornar algumas necessidades que só em fase posterior serão implementadas. Deve-se ter em atenção que haverá também futuramente um trabalho adicional de substituição destes "estratagemas" pela funcionalidade pretendida. Assim, o faseamento traz também alguns custos que deverão ser ponderados:

- Ao desenvolver e implementar soluções alternativas, normalmente provisórias, poderá ser necessário fazê-lo com ajuda de programação à medida, ou desenvolvimento de interfaces com sistemas externos. Por vezes alguns procedimentos e controlos manuais são mantidos de acordo com a solução alternativa adoptada.

- As soluções provisórias terão de ser substituídas o que tem sempre um custo associado.

Assim, é obviamente necessário que os ganhos associados ao faseamento sejam superiores aos seus custos, o que nem sempre tem uma análise muito trivial nem objectiva.

Formação

Um sistema ERP novo é sempre um desafio para a empresa no respeitante à adaptação necessária dos seus utilizadores. Em todo este processo de implementação, as necessidades são transmitidas por vários intervenientes. Os utilizadores são os interlocutores privilegiados pois são quem lida de perto, muitas vezes numa base diária, com as virtudes e defeitos dos sistemas que utilizam. Ao ouvi-los temos contudo que ser críticos. Há por vezes a tendência de expectativa de um sistema de informação que seja igual ao sistema que está a ser substituído, havendo a expectativa de ter alguns aspectos melhorados. Esta tendência tem de ser desmontada ajustando as expectativas dos utilizadores para um sistema que deve ser mostrado como globalmente melhor. Há assim que manter um diálogo constante que ilustre e demonstre ser o balanço positivo. Esta comunicação é tanto mais crítica quanto maior e complexa seja a empresa. Quer se trate de uma empresa em início de actividade quer seja uma empresa em processo de mudança do seu sistema de informação, a formação correcta dos utilizadores é um tema muito importante e factor crítico para o sucesso da implementação. A formação deverá ser realizada o mais próximo possível do início de utilização em ambiente produtivo. Assim os assuntos que são abordados estarão frescos na mente dos utilizadores. Apesar deste pressuposto genérico há que considerar as tarefas de testes do sistema antes de este ser utilizado em ambiente produtivo. Ao envolver os utilizadores nestes testes podem-se simular situações reais o que permite detectar precocemente necessidades de alteração na configuração. Por motivos que não se irão detalhar neste artigo, os testes poderão ter um desfasamento significativo da entrada em produção. Há por isso que tomar algumas precauções ou acções para que a formação se revele útil pelo princípio geral de dever ser dada o mais próximo possível da sua utilização. Há assim dois vectores a considerar: a formação tem de ser útil para quem realiza os testes e por outro lado a formação tem de ser útil para os utilizadores que não participem nos testes. Quando o número de utilizadores o justifica pode-se fazer uma divisão de acordo com o tipo de audiência.

Atrasos

Evidentemente que toda a implementação será gerida para que não haja atrasos. É no entanto um risco demasiado elevado a não existência de soluções para eventuais atrasos. É por vezes necessário criar um plano de contingência para que não haja prejuízos se alguma tarefa se atrasar. O fundamental é manter as tarefas mais críticas controladas. Há que cuidar no entanto para que as tarefas que não são críticas agora não se tornem por sua vez críticas no futuro. Para efectuar este controlo é preciso basicamente que se sigam os seguintes passos:

- Determinar pontos em aberto;
- Quais os pontos abertos que são críticos (para o início de produção);
- Estabelecer prioridades;
- Datar as prioridades.

Significa assim que se pode entrar em produção com alguns pontos em aberto. Após o dia D de entrada em utilização do sistema, a equipa envolvida não se desmobiliza imediatamente. Há que acompanhar mais algum tempo, já com situações e dados reais, para que qualquer ajuste possa ser imediatamente detectado e efectuado. Assim os pontos pendentes poderão continuar a ser resolvidos pela mesma equipa. Mas, põe-se a questão: se a equipa está dimensionada para acompanhar os primeiros tempos de trabalho produtivo, terá capacidade para também concluir o que esteja pendente?

Esta abordagem aos atrasos tem de ser efectuada muito precocemente. Diria que deve ser iniciada com o início da implementação. Se assim não for pode sempre haver o risco de se chegar a uma altura em que a única saída é atrasar o início da utilização em produtivo.

A Evolução

Enquadrada na implementação de um novo sistema de informação, a sua evolução tem normalmente cuidados específicos e o seu sucesso depende evidentemente de todos os passos anteriormente referidos. Existe assim a evolução do "nosso" sistema e existe a evolução natural dos sistemas e tecnologias considerados num contexto global. Num contexto global de evolução das organizações e dos negócios e consequentemente (ou simultaneamente), a evolução a nível de conceitos e ferramentas a nível de sistemas de informação. Abordando neste capítulo a evolução do "nosso" sistema após a sua implementação é necessário que haja um bom dimensionamento desta fase. Como se referiu anteriormente, esta fase, que se confunde com uma fase de manutenção, deverá ser preparada após a empresa adquirir um conhecimento suficiente do ERP implementado. Só então estará em posse da maioria das informações necessárias para dimensionar as suas necessidades para manutenção do sistema.

Esta é a fase em que o sistema está a ser utilizado realmente pela empresa. Passados os testes baseados em algumas situações simuladas durante a implementação, é com a entrada em utilização real do sistema que surgem os casos concretos do dia a dia das empresas. É este o "teste de fogo" para o qual se deve cuidar de:

- Infra-estrutura (base de dados, sistema operativo, rede);
- Manutenção da aplicação;
- Evolução de funcionalidades;
- Novas funcionalidades;
- Mudanças no negócio;
- Correcções.

Conclusão

Até este momento foram tecidas algumas considerações para as três grandes fases do ciclo de vida de um sistema de informação. De um modo necessariamente resumido foram abordados alguns cuidados que, tomadas algumas considerações, deverão ser cuidadosamente ponderados e avaliados. Estas fases poderão ser consideradas para qualquer tipo de sistema de informação, seja um sistema ERP, CRM ou outro. Contudo pode-se constatar que para um grande número de empresas se está actualmente a considerar, após a implementação do sistema ERP, o avanço para outro tipo de sistemas como sejam os sistemas CRM e sistemas de *e-business*, estes últimos quer na sua vertente de B2B[6] como B2C[7]. Assim os sistemas ERP, os quais permitem suportar um conjunto de funcionalidades ou processos empresariais de uma forma integrada, evoluem por sua vez para se integrarem com sistemas com funções por si só mais específicas ou que de outro modo ampliem as funcionalidades dos ERP tornando-os assim mais potentes e flexíveis.

Neste caso, e dando apenas um exemplo simples, as funcionalidades de "sales" e "support" já existentes na maior parte dos ERP são ampliadas de modo a poderem dar resposta a necessidades específicas das empresas. São assim, como exemplo, empresas com uma força técnica de manutenção (support) ou assistência técnica que se encontram permanentemente ou maioritariamente deslocadas em tarefas de manutenção nos seus clientes.

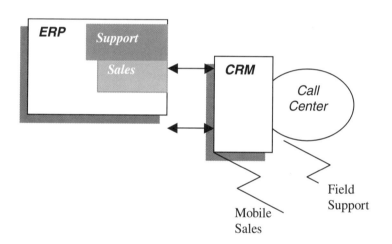

As empresas que promovem este tipo de produtos (CRM, e-business), através das suas estratégias de marketing, colocam neste momento uma pressão no mercado para que evidentemente as empresas suas potenciais clientes se manifestem e possam também justificar internamente a procura por este tipo de produtos. Por outro lado estes produtos, vindo de facto ao encontro de necessidades das empresas, necessitam contudo de uma ampla divulgação para que as empresas possam avançar, dentro da escolha de um novo sistema, para a primeira etapa (INICIAL). Deste modo, através de

---

[6] Business to Business

[7] Business to Consumer

acções comerciais, seminários e debates especializados é transmitida a informação necessária para a sensibilização das empresas.

Ao avaliar a possibilidade de implementar um novo sistema de informação, e isto normalmente antes da "Escolha" propriamente dita, há que determinar:

- Quais os produtos adequados de acordo com a dimensão da empresa – Por analogia: não adianta comprar um camião quando um pequeno veículo comercial é suficiente para as necessidades actuais dentro de um horizonte de tempo determinado. O mesmo se passa com os sistemas de informação e nomeadamente com os ERP e CRM.
- O nível de organização da empresa permite rentabilizar um sistema de informação? – Não adianta implementar um "super" sistema de gestão de *stocks* quando o armazém tem um controlo de acessos deficiente ou, no limite, inexistente; sem que primeiro se proceda a uma organização da empresa nessa matéria.
- Não adianta registar os tempos de atendimento e resposta na resolução de questões do cliente quando essa informação não vai servir para melhorar o processo ou, no limite, quando ninguém analisa essa informação.

Assim e de maneira geral, é fundamental que a implementação de um sistema de informação seja acompanhada ou precedida de uma reflexão sobre os processos de negócio da empresa. Assim, e face às expectativas normalmente criadas à volta da implementação de um novo sistema de informação, constata-se que um ponto crítico é não só a pouca disponibilidade para a empresa acompanhar a implementação, como também a pouca disponibilidade para após a implementação, usar o sistema e melhorá--lo.

Os ERP's e as "Melhores Práticas" em Recursos Humanos

Luís Manuel Rocha Branco
PricewaterhouseCoopers

O autor faz uma breve análise do enquadramento actual dos recursos humanos nas organizações e do que têm sido os principais factores de inovação adoptados pelas empresas ao longo da última década, nesta área, acentuando os pontos de contacto que têm mantido com os ERP's.

Conhecimento, Melhores Práticas, Tecnologia, Informação, Estratégia, Outsourcing, Competências, Recursos Humanos.

Num seminário realizado recentemente em Lisboa um orador referia, sintetizando 1000 anos de história económica, que o principal factor de criação de riqueza até cerca do ano 1600 teria sido a *terra*, daí até 1800 o *trabalho*, desde então até aos primeiros anos do século XX o *capital* e que actualmente esse papel caberia ao Conhecimento.

O conceito de Conhecimento está hoje no centro das atenções daqueles que se dedicam a estudar as organizações, quer para utilizarem este recurso como potencial gerador de mais-valias nas empresas quer como tema para dinamizar seminários, conferências e revistas dedicadas a temas de gestão (o que nalguns casos também pode ser tomado como estratégia de criação de valor).

Numa formulação simplificada poderíamos caracterizar o valor de mercado de uma empresa como a resultante do valor gerado pelo Capital Financeiro e pelo Capital Intelectual. Nesta óptica, considera-se que a Gestão do Conhecimento é a criação de valor a partir do capital intelectual.

A frequência com que têm surgido nos últimos anos referências ao tema do Conhecimento é ilustrativo do lugar central que ocupa hoje nas preocupações dos gestores e vem tornar saliente a ideia de que os recursos humanos e os sistemas de informação não são realidades autónomas, antes constituindo os dois vectores fundamentais na produção desse capital intelectual que a empresa pode fazer crescer se for capaz de definir uma estratégia de gestão do conhecimento.

Mas vejamos resumidamente o que tem sido feito ao longo da última década na óptica da transformação dos processos em recursos humanos e como essa transformação tem sido acompanhada pelos ERP's.

Flash Back

Não é preciso recuar até aos anos 60 para encontrarmos exemplos de empresas organizadas segundo os modelos hierárquicos tradicionais – Divisões, Departamentos, Secções, com sucessivos níveis de chefia e responsabilidades delimitadas.

A cadeia de comando era clara, bem definida e acima de tudo estável. Os funcionários conheciam desde o início as possibilidades de carreira existentes e progrediam nessas carreiras à medida que os lugares fossem ficando vagos pelos seus superiores, geralmente porque estes atingiam a idade da reforma.

As pessoas passavam muitos anos na mesma empresa e tornavam-se especialistas em áreas bem delimitadas ou ascendiam a lugares de chefia onde continuavam a exercer um controlo sobre a qualidade do trabalho produzido pelos colaboradores. Os arquivos residiam nas unidades que tinham necessidade de os utilizar. Eram facilmente localizáveis e geralmente legíveis. As metodologias de trabalho tinham um período de validade significativo e eram dominadas pelos técnicos.

Nos anos oitenta este panorama foi largamente alterado. As sucessivas oscilações dos mercados obrigaram as empresas a reestruturarem-se e fizeram-no sobretudo recorrendo a estratégias de redução de custos com pessoal (Downsizing) e investimentos massivos em tecnologias de informação muitas vezes com o objectivo de substituir a intervenção humana em tarefas repetitivas e de pouco valor acrescentado.

Nos anos 90 as estruturas organizacionais tiveram tendência a reformular-se abandonando progressivamente o modelo hierárquico tradicional e evoluindo para formas mais flexíveis de estruturação na procura de uma maior capacidade de resposta às exigências do mercado.

Torna-se claro, num primeiro momento para as empresas de serviços, depois para a generalidade das empresas, que o factor humano é essencialmente um factor produtivo e mais ainda, diferenciador entre as organizações.

Um dado relativamente fácil de observar é que actualmente 75% a 95% dos que trabalham em empresas industriais desenvolvam actividades não directamente produtivas como as de Marketing, Vendas, Manutenção, Sistemas de Informação, Compras, Distribuição, Financeira, Recursos Humanos, Vigilância e outras.

Quando uma destas empresas procura reposicionar-se no mercado para aumentar a sua competitividade, não apenas necessita de se dotar dos instrumentos financeiros adequados e de incrementar o nível de eficiência da sua tecnologia mas também de melhorar o seu nível de prestação de serviços. Neste domínio o denominado capital intelectual é um factor crítico. Ele pode ser visto como um conjunto de capacidades e processos internos à empresa que visam melhorar o desempenho fazendo uso efectivo da experiência.

De que forma este recurso que, à falta de melhor expressão, designamos de "humano" está a ser gerido por empresas que se adaptam rapidamente à economia globalizada?

Sem querer ser exaustivo enunciarei um conjunto de práticas que têm vindo a ser adoptadas, no decurso dos últimos anos por organizações que procuram reduzir os seus custos com pessoal e em simultâneo melhorar a qualidade do serviço aos seus próprios colaboradores e contribuir para a melhoria do seu desempenho, visando, em última análise, incrementar o seu capital intelectual.

1 – Estratégia de Recursos Humanos

Talvez a mais crítica de todas as acções que possam ser adoptadas seja a de definir uma estratégia de Recursos Humanos para a empresa. Esta é uma prática a que as maiores empresas recorrem, muitas vezes solicitando a intervenção de entidades externas que possam trazer a contribuição de outras experiências ou simplesmente um ponto de vista alternativo. É fundamental ter em conta a definição de uma estratégia global da empresa que sirva de referencial à de Recursos Humanos. Efectivamente se há uma estratégia global, ela integra uma estratégia de Recursos Humanos.

Quatro factores críticos têm sido determinantes na definição da estratégia de RH:

- caracterização do papel das pessoas na estratégia do negócio;
- empregabilidade dos recursos;
- relação custo/valor acrescentado da função RH;
- capacidade tecnológica da empresa para suportar os novos processos a desenvolver.

2 – Reengenharia de Processos de Negócio

Provavelmente a ideia mais difundida da década de 90 no domínio da gestão. Parece hoje um lugar comum afirmar que os processos atravessam horizontalmente as organizações e como tal devem ser exaustivamente analisados. Os primados da simplificação, da concentração nas tarefas com boa relação custo-benefício e da redução de tempos ("lead-time") têm sido sistematicamente aplicados em contexto de projectos, com resultados, na maioria dos casos, positivos. Convém talvez referir que o mais difícil neste domínio é garantir, na empresa, o incentivo à prevalência da atitude crítica sobre a burocrática após a conclusão dos projectos.

No domínio dos processos que relacionam estreitamente as pessoas e as estratégias de negócio é de salientar a importância reconhecida ao papel do conhecimento e da experiência das pessoas e a sua transformação em activos da empresa. Esta ideia assumiu duas formulações teóricas principais:
* "Knowledge Management" (KM);
* "Organizational Learning" (OL).

No domínio dos processos de recursos humanos deve reconhecer-se que a adopção do referencial de "competências" se revelou profícuo ao permitir definir ou reformular processos de RH como suporte do tratamento das competências existentes na organização e estabelecer pontes com a gestão do conhecimento. A lógica subjacente é um movimento em três ciclos – caracterização do quadro de competências, análise do "gap" de competências na organização e, finalmente, desenvolvimento da estratégia de aprendizagem ou conhecimento (OL, KM).

A maior dificuldade para as organizações que decidem enveredar por este caminho surge normalmente na definição de um referencial de competências que se enquadre na lógica do negócio e que possa utilizar-se como instrumento para finalidades concretas, por exemplo para estabelecer um perfil em recrutamento ou definir um programa de formação para um colaborador, tendo em conta um determinado modelo de carreira.

3 – Centralização e "Call Centers"

Uma das tendências consistentes da década em RH, provavelmente como resultado dos estudos realizados sobre os processos conduzindo à sua simplificação e ainda pela melhoria global dos processos de comunicação na empresa, tem sido a centralização de processos, acompanhada da criação de "call centers". Estes vieram criar uma dinâmica de resposta mais abrangente, mais rápida e sobretudo mais especializada que a existente anteriormente, quando os processos se encontravam descentralizados justamente para garantir uma maior proximidade entre os empregados e a área de RH através dos seus representantes locais.

A tendência para a centralização é hoje evidente em empresas multinacionais que decidem adoptar um ERP e optimizar a sua utilização. Um conjunto significativo de processos passa a ser centralizado – exemplos típicos são os processos de processamento salarial, recrutamento, formação e planeamento de carreiras – permitindo que os Departamentos de RH nacionais se reformulem para responder a outras exigências e garantindo a partilha de recursos internos e de informação assentes numa base comum.

4 – Sistemas de Informação em Recursos Humanos

Nos anos 80 as médias e grandes empresas dispunham de sistemas de informação que procuravam responder aos requisitos das diferentes áreas funcionais assentes em sistemas fechados que requeriam recursos altamente especializados para a sua administração, manutenção e exploração. A maioria dos empregados limitava-se a utilizar os sistemas como ferramentas de apoio às suas actividades diárias. Para necessidades suplementares requeria-se com frequência a intervenção do Departamento de Informática e esperava-se pelas listagens em papel contínuo que constituíam o seu produto emblemático.

Ao longo da década de 90, os grandes sistemas fechados foram sendo substituídos por sistemas abertos e as soluções informáticas integradas ou Enterprise Resource Planning (ERP) trouxeram a possibilidade de integrar informação de processos anteriormente restritos às diferentes áreas funcionais e de repensar os processos transversalmente.

O nível global de domínio de ferramentas informáticas aumentou exponencialmente e a generalidade dos empregados passou a ter capacidade não só para explorar directamente os dados como também de intervir na sua estruturação como resposta a novas necessidades dos negócios.

Os investimentos em ERP's foram marcantes na década de 90. Impulsionadas pelas necessidades imperiosas colocadas pelas áreas logísticas, comercial e financeira as empresas tomaram consciência das vantagens da sua utilização em Recursos Humanos ou simplesmente estenderam o seu sistema de informação a todas as áreas da empresa, ponto capital para obter informação integrada e coerente.

5 – Sistemas automáticos de leitura e avaliação de tempos

Os sistemas automáticos de controlo de presenças têm reconhecido um interesse crescente por parte de muitas empresas, não apenas industriais. É comum encontrar em empresas de serviços sistemas baseados em software que se destina a controlar tempo efectivo no posto de trabalho e sistemas que se baseiam nos tradicionais relógios de ponto. Anteriormente estes constituíam ferramentas independentes que comunicavam com um software do próprio fabricante; este não apenas controlava as rotinas de captação de dados dos terminais como ainda desenvolvia toda a análise comparativa entre os tempos teóricos e os reais para apurar os desvios (factor crítico para o processamento salarial). Os resultados eram depois transpostos para um software de salários, no melhor dos casos via interface.

Actualmente esta solução coexiste com outras em que a conectividade entre sistemas é maior, permitindo a ligação directa a ERP's e um alargamento da sua utilização a outros processos como o controlo de acessos a instalações ou o controlo dos tempos de obra.

A utilização plena das capacidades dos ERP's é, neste caso, particularmente potente porque permite associar directamente o controlo dos tempos de presença aos tempos de tarefa e reflectir os resultados dos cálculos no processamento salarial (sob a forma de prémios associados à produtividade) e no controlo de gestão (pela possibilidade de determinar com muito maior rigor os custos de produção e os custos do não-trabalho).

6 – Self-Service para o Empregado

A introdução de ERP's em processos relacionados com a área de RH veio também redefinir o enquadramento tradicional das trocas de informação entre os empregados e o Departamento de RH. Uma das actividades mais consumidoras de tempo e recursos nos Departamentos de RH tradicionais tem sido a manutenção dos dados mestres dos empregados, bem como a execução de rotinas administrativas associadas à recolha da informação, ao seu registo e à sua posterior disponibilização quer aos órgãos de gestão quer a entidades externas.

Dependendo de diversos factores, a proliferação de tarefas de carácter administrativo nos Departamentos de RH das empresas tradicionais situa-se normalmente acima dos 60% do total de tarefas desenvolvidas na área, pelo que é fácil perceber o impacto que se pode obter introduzindo o sistema de Self-Service para o empregado.

Actualmente os ERP's que dominam o mercado contêm já esta funcionalidade e, estamos em crer que num futuro próximo ela estará presente em qualquer software minimamente credível na área de RH. A ideia de base consiste em transpor para os próprios empregados a responsabilidade de manter actualizados os seus dados pessoais, possibilitando-lhe o acesso ao sistema de RH; além disso, é possível fazer consultas aos mais diversos dados que lhe digam respeito, desde os dados salariais actuais ou históricos, aos resultados de avaliações do desempenho, consultar os planos de formação da empresa, requerer a sua participação e validar a inscrição, aceder a informação sobre os benefícios a que tem direito e consultar a sua conta corrente com a empresa.

As empresas de serviços em que a maioria dos colaboradores têm acesso a meios informáticos têm sido pioneiras na introdução deste serviço mas actualmente ele está a estender-se a todo o tipo de empresas e isso é possível em grande parte devido à utilização de tecnologias de mais fácil acesso a utilizadores com menor nível de formação ou a empresas em que o acesso a meios informáticos é menos generalizado.

7 – Quiosques e Sistemas de Resposta por Voz

De entre as tecnologias adoptadas para descentralizar o acesso aos dados de RH merecem destaque os quiosques e os sistemas automáticos de resposta por voz.

Os quiosques são terminais, geralmente com ecrãs sensíveis, em que as diversas opções são apresentadas de forma mais ou menos linear e o acesso é conseguido através de cartão magnético, cartão de proximidade ou "password"; é também possível utilizar um vulgar PC. A opção entre um e outro deve ter em conta a sua localização interior/exterior e a sua acessibilidade pelo público em geral (o que coloca a questão da segurança do equipamento).

Os sistemas de resposta automática por voz comportam um menor investimento em equipamento e têm a virtude de serem mais facilmente acessíveis de qualquer ponto dentro ou fora da empresa mas são mais limitados em termos de diversidade de operações que podem ser efectuadas, sendo escolhidos geralmente para difundir informação e reduzir o acesso personalizado a serviços internos especializados.

Qualquer destes sistemas pode ser montado com relativa facilidade e, a adopção de um ou outro deve ser ponderada tendo em conta vários factores, dos quais destacamos:

- o tipo e variedade de informação a tratar;
- existência na empresa de sistemas análogos em outras áreas;
- existência de um ERP com cobertura extensiva de processos de RH;
- infra-estrutura de comunicações existente.

Não apenas a opção por um destes sistemas como a definição do seu enquadramento e a caracterização da informação a disponibilizar devem ser objecto de estudo detalhado nunca descurando os seus aspectos mais críticos – o acesso a informação confidencial e o impacto que essa informação pode ter sobre aspectos críticos das relações laborais.

8 – Recrutamento "on-line"

Um dos processos mais facilmente delimitáveis na área de RH é o de Recrutamento e Selecção (R&S). A prática de recorrer a serviços externos para recrutar e seleccionar é comum na Europa desde, pelo menos, os anos 40. A maioria das empresas com alguma dimensão tem vindo a utilizar um sistema misto, em que uma parte do serviço é assegurado por um parceiro externo especializado (empresa de recrutamento) e outra parte pela empresa que pretende contratar o colaborador.

O tradicional recurso ao exterior procura optimizar três capacidades relevantes para levar a cabo este trabalho que nem sempre estão presentes na empresa contratante:
- identificar as pessoas que interessam;
- avaliar com alguma objectividade as pessoas identificadas;
- manter sigilo quanto à empresa.

Já os aspectos finais do processo de R&S, como a escolha e a negociação são geralmente assumidos pela empresa que contrata.

Os anos 90 caracterizaram-se por uma contínua diversificação de serviços nesta área:

- no âmbito das empresas especializadas em recrutamento assistiu-se a uma especialização das empresas por mercados (profissionais da área financeira ou informática, por exemplo) e por serviços (recrutamento tradicional, "executive search" e "head-hunting");

- no âmbito das empresas em geral tem-se registado nos últimos anos um recrudescimento do interesse pelo contacto directo com os candidatos, já que muitas delas se preocupam com a sua imagem institucional.

Mas como assegurar um contacto efectivo com os candidatos, cada vez em maior número, assegurando uma resposta (a ausência de resposta a uma candidatura ou um tempo de resposta superior a duas semanas não são admissíveis hoje em empresas que se preocupam com a sua imagem) sem aumentar os encargos com trabalho administrativo?

As respostas mais comuns têm sido:

1 – software especializado para recrutamento:
- este tem sido o sistema geralmente adoptado pelas empresas especializadas neste tipo de serviço.

2 – utilização de um ERP com módulo de recrutamento:
- esta tem sido a opção mais comum em empresas que investem em tecnologias de informação com utilização abrangente dos ERP's.

3 – serviços via Internet:
- as empresas que têm o seu próprio "site" criam uma área de recrutamento e as respostas dos candidatos entram directamente na Base de Dados de Recrutamento (eventualmente num ERP).

Em qualquer das opções descritas tem-se acentuado a opção de recorrer ao "scanning" e por vezes à micro-filmagem dos Curricula Vitae dos candidatos.

Os sinais visíveis destas mudanças podem ser apreciados pelos candidatos – menor tempo de espera, acesso directo a informação sobre o *status* da sua candidatura no processo – e pelas empresas – menos recursos administrativos, resposta mais rápida, cartas automatizadas ou mesmo garantia de informação sem custo de resposta, identificação efectiva de candidatos reincidentes e exploração efectiva de informação disponível na Base de Dados.

9 – Avaliação do desempenho 360º

A avaliação do desempenho tradicional constitui hoje um modelo geralmente desacreditado, sobretudo nas empresas mais tradicionais, com baixo *turn-over*, dado que as relações de trabalho e também as pessoais tendem a cristalizar com o tempo e isso reflecte-se de forma visível na apreciação do desempenho. Nestas circunstâncias é relativamente difícil que as avaliações mudem substancialmente.

O feed-back 360º foi talvez a novidade mais saliente que surgiu na última década e que tem vindo a ganhar adeptos, sobretudo nas organizações que compreenderam a importância do serviço ao cliente.

Este método de avaliação que se centra na obtenção de informação com origem em múltiplas fontes, internas e externas à empresa, protege o avaliado dos efeitos subjectivos da tradicional avaliação pelo superior hierárquico mas não de outros efeitos igualmente subjectivos quando se centram em outras fontes internas à empresa.

A possibilidade de usar um ERP como ferramenta de trabalho no apoio a este processo constitui uma vantagem significativa já que facilita a utilização simultânea por parte dos avaliadores internos e pode fazer funcionar um conjunto de rotinas automáticas associadas, garantindo a ligação a processos como a formação e os salários.

Provavelmente o aspecto mais importante desta metodologia seja a possibilidade de encurtar o tempo que medeia entre o trabalho desenvolvido e a medida do sucesso expressa através deste mecanismo; mais do que punir ou premiar o empregado no final do ano é desta forma possível dar-lhe informação que lhe permita corrigir atempadamente os aspectos avaliados como mais negativos criando assim condições para o êxito individual e para a melhoria do desempenho da empresa.

10 – Incorporação e desenvolvimento de novos recursos

Um dos aspectos sub-avaliados pela maioria das organizações refere-se à incorporação de novos colaboradores. Mesmo aquelas empresas que procuram manter elevados padrões de comunicação com os clientes e estendem essa preocupação aos candidatos externos se esquecem frequentemente de votar a devida atenção aos recém contratados. Conhecemos até organizações que dedicam tempo e esforço a elaborar um manual de acolhimento e após uma entrevista de meia hora com o recém--chegado lhe entregam o referido manual e dão por terminada a tarefa de integração. As coisas não têm necessariamente de ser assim, senão vejamos o que procuram fazer as empresas que se preparam para contratar e motivar os melhores recursos:

- estabelecer canais de comunicação efectivos com os recém-chegados (acções múltiplas num programa de acolhimento, fazer apresentações pessoais com elementos chave da organização, disponibilizar um contacto de primeira linha com o empregado);
- assegurar que uma efectiva comunicação bidireccional (relações hierárquicas) tem lugar com o recém-chegado;
- assegurar o acesso às fontes de informação disponíveis na empresa;
- proporcionar apoio no desenvolvimento pessoal e profissional (planeamento de carreira, formação);
- garantir que o processo de avaliação do desempenho decorre normalmente e que o novo empregado está ciente do resultado das avalia-

ções e dos seus impactos sobre o seu salário, o seu plano de desenvolvimento e de carreira;

- avaliar a satisfação pessoal com o trabalho e a empresa e providenciar alternativas de carreira;

- assegurar que os contratados a prazo que deixam a firma mantêm uma boa impressão acerca dela, em parte devido à maneira como foram acompanhados ao longo de todo o processo.

Naturalmente pressupõe-se que haja um efectivo investimento em tempo e recursos nesta área e isso é muitas vezes possível como resultado de um processo de redefinição da função RH na empresa. Assegurar este nível de prestação de serviços exige não apenas uma clara definição da função RH mas também um sistema de informação estruturado de forma a dar resposta a esta necessidade. Este tem sido o papel reservado aos ERP's.

11 – Outsourcing

O recurso aos serviços externos especializados não é novo na área de RH (como já referimos, por exemplo na área do recrutamento). Esta tendência tem-se acentuado nos últimos cinco anos na generalidade das economia desenvolvidas, em grande parte porque as empresas vêem neste serviço um caminho rápido para atingir objectivos estratégicos (através de uma focalização no "core business"), reduzir custos e obter melhorias de eficiência (em actividades especializadas).

A opção por esta solução não deve ser tomada de ânimo leve, sendo fundamental prever os impactos que pode comportar sobre os clientes, fornecedores e empregados da empresa.

De entre os processos de RH mais frequentemente oferecidos pelas empresas de "outsourcing" destacam-se o processamento salarial, a formação, o recrutamento, o trabalho temporário, a administração de benefícios, a gestão de expatriados, a gestão de serviços de saúde, a administração de fundos de pensões, e os sistemas de informação de Recursos Humanos.

As empresas multinacionais que têm adoptado a compra destes serviços em larga escala tendem a estruturar os seus serviços de forma centralizada e asseguram a troca de informação com os responsáveis locais de RH através de "Call Centers" garantindo uma efectiva diminuição de recursos a par de um serviço de elevado valor acrescentado.

Aspectos críticos na contratação do "outsourcing" passam pela capacidade de escolha dos prestadores de serviços e pelo estabelecimento de uma relação contratual interessante não apenas do ponto de vista do preço mas também do âmbito dos serviços prestados; aconselha-se a constituição de um grupo de trabalho na empresa contratante que deve ter como atribuições desenvolver todo o processo de escolha e negociação bem como de auditoria aos serviços prestados pela entidade escolhida.

Também neste domínio os ERP's têm constituído uma importante ferramenta de trabalho podendo intervir normalmente nas seguintes modalidades:

- **ERP no Cliente – Aplicações específicas no Outsourcing**
  Esta representa a situação típica de clientes que instalaram um ERP que não cobre a área de Recursos Humanos ou que decidiram não implementar o respectivo módulo. O cliente tem neste caso de garantir o controlo da informação relevante dos processos contratados em "outsourcing" e de o enviar à empresa prestadora do serviço.
- **Aplicações específicas no cliente – ERP no outsourcing**
  Esta modalidade ocorre geralmente quando o cliente não pretende continuar a investir na modernização das suas aplicações em RH ou simplesmente pretende estender o âmbito dos seus serviços de recursos humanos recorrendo a serviços especializados de elevado valor acrescentado que

dispõe de soluções já testadas e prontas a funcionar. A empresa de outsourcing dispõe normalmente de um sistema potente assente num ERP.

- **ERP no Cliente – ERP no Outsourcing**

Esta modalidade tende a ocorrer num quadro de partilha de serviços quando a empresa cliente implementa um ERP com funcionalidades em Recursos Humanos mas não dispõe das competências necessárias em processos específicos que necessitam de uma intervenção muito especializada. Contrata então um serviço de "outsourcing" preferencialmente baseado no mesmo ERP e estabelece uma interface entre os dois sistemas para partilha dos dados relevantes para o funcionamento dos processos. Neste sistema os dados de origem são validados pelo cliente, enviados ou acedidos pela empresa de "outsourcing que os processa e finalmente são enviados de novo ao cliente que os regista no seu ERP.

Conclusão

Começámos por abordar o tema do conhecimento e da importância que actualmente se lhe atribui na estratégia das empresas e passámos em revista algumas das tendências registadas na última década na área de RH. É facilmente reconhecível, na maior parte dos casos, o papel da informação e a sua ligação aos recursos humanos da empresa. Convém referir que a gestão do conhecimento não se limita a constituir uma resultante, ela autonomizou-se como processo e automatizou-se.

É hoje possível encontrar ERP's que contêm funcionalidades específicas para a gestão do conhecimento. No essencial são bases de dados melhoradas que procuram captar o essencial da informação e combater a grande ineficiência presente – o excesso de informação, adequando ofertas selectivas a perfis de utilizador. Está ainda por provar a sua efectividade.

Para encomendar qualquer título do Centro Atlântico queira preencher esta folha de enc. e enviá-la por fax ou correio com o seu pagamento.

Sem Despesas de envio: As encomendas directas ao Centro Atlântico não pagam custos de portes.

www.centroatlantico.pt/titulos

Título	Quant.	Preço	Total
Colecção O Melhor da Internet			
O Melhor da Internet sobre o Euro	_____	* 950$ =	_____
O Melhor da Internet para o Direito	_____	* 950$ =	_____
O Melhor da Internet para Informáticos	_____	* 950$ =	_____
O Melhor da Internet para Engenheiros	_____	* 950$ =	_____
O Melhor da Internet para o Marketing	_____	* 950$ =	_____
O M.Internet p/ Gestores e Empresários	_____	* 950$ =	_____
Colecção Sociedade da Informação			
Crónicas da InforFobia	_____	* 1.800$ =	_____
Homo Conexus	_____	* 1.950$ =	_____
Marketing Político na Internet	_____	* 2.450$ =	_____
CRM e e-business	_____	* 2.450$ =	_____
Colecção Tecnologias			
*Guia do Internet Explorer versão 5	_____	* 2.950$ =	_____
*Guia do Netscape Communicator v 4	_____	* 2.950$ =	_____
Agentes Inteligentes	_____	* 2.950$ =	_____
**TOP 100 Internet 2000	_____	* 2.250$ =	_____
Programação Web com ASPs	_____	* 3.950$ =	_____
Técnicas p/ Hackers - Sol. p/ Segurança	_____	* 4.950$ =	_____
Manual de Segurança em Redes Linux	_____	* 2.950$ =	_____
Colecção Direito das Novas Tecnologias			
Direito da Informática nos tribunais .pt	_____	* 2.450$ =	_____
As Leis do Comércio-Electrónico	_____	* 2.950$ =	_____
Colecção Desafios			
Vertigem - Tendências para o Séc. XXI	_____	* 4.950$ =	_____
O Futuro da Internet	_____	* 2.950$ =	_____
Euro e Informática	_____	* 2.950$ =	_____
ERP e CRM	_____	* 3.950$ =	_____
Colecção Soluções			
O Guia do Telemóvel: 99 sugestões	_____	* 1.250$ =	_____

* Inclui CD-ROM   ** Inclui *mouse-pad*   TOTAL = _____

SIM, desejo receber os títulos que assinalei sem qualquer despesa de envio.

☐ Junto envio cheque/Vale nº _____ à ordem do Centro Atlântico

☐ Prefiro que debitem no meu cartão de crédito emitido em nome de

_____

Número do cartão de crédito _ _ _ _   _ _ _ _   _ _ _ _   _ _ _ _   Validade _ _ / _ _

Nome _____

Morada _____

CP _____   Localidade _____

Tel _____   E-mail _____

(Caso alguns dos títulos não estejam disponíveis enviaremos os que existirem em)

Colecção O Melhor da Internet

Os melhores sites nacionais e internacionais
da Internet organizados por profissão
ou área de interesse

Colecção Sociedade da Informação

Os temas de fundo da Sociedade da
Informação apresentados pelos maiores
especialistas nacionais

Colecção Tecnologias

Todas as tecnologias de destaque da
Internet tratadas pela equipe de técnicos
convidados pelo Centro Atlântico

Colecção Direito das Novas Tecnologias

A nova economia, dependente das tecnologias
da informação, traz consigo novos desafios e
ameaças.
Quais as respostas dos nossos Juristas, tribunais,
compêndios e legislação?

Colecção Desafios

O que nos reservam os tempos que se aproximam
em que as novas tecnologias invertem muitas das
certezas adquiridas

Colecção Soluções

Soluções práticas para resolver novas
questões levantadas pelas tecnologias
da sociedade da informação